U0932758

国家社会科学基金一般项目（15BSH132）
天津市教委社会科学重大项目（2016JWZD009）赞助

公共服务供给与居民获得感

社会治理精细化的视角

何兰萍　傅利平　等｜著

中国社会科学出版社

图书在版编目（CIP）数据

公共服务供给与居民获得感：社会治理精细化的视角／何兰萍，傅利平等著．—北京：中国社会科学出版社，2019．3

ISBN 978－7－5203－3934－6

Ⅰ．①公…　Ⅱ．①何…　②傅…　Ⅲ．①社会管理—研究—中国　Ⅳ．①D63

中国版本图书馆 CIP 数据核字（2019）第 001899 号

出 版 人　赵剑英
责任编辑　张　林
特约编辑　郑成花
责任校对　周　昊
责任印制　戴　宽

出　　版　中国社会科学出版社
社　　址　北京鼓楼西大街甲 158 号
邮　　编　100720
网　　址　http://www.csspw.cn
发 行 部　010－84083685
门 市 部　010－84029450
经　　销　新华书店及其他书店

印　　刷　北京明恒达印务有限公司
装　　订　廊坊市广阳区广增装订厂
版　　次　2019 年 3 月第 1 版
印　　次　2019 年 3 月第 1 次印刷

开　　本　710×1000　1/16
印　　张　15.5
插　　页　2
字　　数　239 千字
定　　价　68.00 元

前　言

加强社会治理，是当前我国实践部门和理论界共同关注的热点。地方部门在不断探索的过程中积累经验，摸索出各具特色的治理之路。在相当大的意义上，可以用基层社会对社会治理的探索来代表我国社会治理进程的发展，这是因为与居民生活息息相关的社会治理，最后都需要通过可感可见的基层工作反映出来。因此本书从基层社会的层面来切入关于社会治理的探讨。习近平在 2018 年两会期间表示，要创新社会治理体制，把资源、服务、管理放到基层。可见，推动治理中心下移，提升基层社会治理水平，是当前的重要任务。

在社会治理进入新阶段后，精细化治理已经成为新的工作导向。其中，就内容而言，提升公共服务供给水平是社会治理的核心领域，或者说是社会治理的重要落脚点。以往粗放式的公共服务供给方式，留下了很多有待细化的空间地带。随着人们物质文化生活水平的提高，居民对公共服务的需求和理解也越来越差异化、个性化、层次化，并且希望能够参与到基层公共服务的过程中去。在公共服务领域推行精细化治理，符合社会治理的根本目标和价值取向。

当我们关注社会治理和公共服务供给的时候，“获得感”是绕不过去的一个词。近年来，人们对获得感进行了各种解读。根据历史唯物主义的原理，存在决定意识。从本质上说，“获得感”不仅有物质层面的，也有精神层面的。在经济社会改革的过程中，人们切身体会到改革的实惠和社会的变迁，从而产生获得感。在这个意义上，以社会治理精细化为中介，公共服务供给的便利化、科技化、人性化等与居民获得感之间事实上存在着天然的联系。

本课题组在研究过程中，深感关于社会治理、公共服务供给与居民获得感之间关系的研究还不够丰富。因此在依托相关课题开展细致研究的基础上，我们决定合力撰写一本专著。本书围绕着三个核心概念展开，其基本思路是：通过社会治理的精细化，在提升公共服务供给水平的基础上，能够进一步促进居民获得感的提升，最终促进共建—共治—共享的治理结构和治理格局的形成。然而，如果说获得感是一个不容易定义的概念，那么对获得感的测量就更是一项复杂的工作。这意味着本书的操作化过程是很不容易的。

经过课题组的多次探讨，在确定了本书思路之后，我们也确定了几个核心概念之间的关系，以及实证研究的具体领域和研究方式。主要的研究方法包括文献法、案例法、统计分析、结构方程等。

本书的内容分为六章。第一章是导论，介绍社会治理精细化的背景、社会治理精细化的解释框架等。第二章是相关理论和学术发展，介绍社会治理与社会治理精细化、社会治理精细化与公共服务供给、公共服务供给与居民获得感彼此之间的学术渊源以及已有研究观点。第三章是基于精细化治理的公共服务供给提升获得感案例研究，选取了全国知名的5个典型案例，从本书的角度分析案例背后社会治理过程中的精细化要素，基于精细化治理的公共服务供给提升获得感的方式，以及基于精细化治理的公共服务供给提升获得感的经验。第四章是基于精细化治理的公共服务供给提升居民获得感的内在逻辑。此章构架了本书的理论构想，并通过天津中新生态城的案例，探讨“从供给到需求：居民获得感提升的逻辑”。第五章是基于精细化治理的公共服务供给提升获得感的路径研究。在前文的基础上，本章提出公共服务供给提升获得感的路径假设与概念模型，设计问卷进行问卷调查，对数据进行分析，通过结构方程模型验证路径假设。第六章是结论与对策，对本书进行总结，重点是提出基于精细治理化的公共服务供给提升居民获得感的政策建议。

本书的成果具有以下几个方面的特色：

一是从社会治理精细化的视角，创新性地构建了关于公共服务供给与居民获得感之间的理论模型。这一模型的得出，一方面来源于对社会治理典型案例的分析，通过案例分析框架，抽取出其中蕴含的精细化治理要素；另一方面来源于实地调查，通过运用扎根理论，对质性资料进行逐级编码，从而找到精细化治理、公共服务供给、获得感这几个核心概念之间的内在关联。在此基础上，吸收了已有理论研究关于精细化治理、公共服务供给以及居民获得感的各种观点。因此本书构建的理论模型具有一定的深度和广度。

二是关于居民获得感的解析与测量指标的构建。本书梳理了关于获得感的已有研究，进一步深化了对获得感的解读。在案例分析的基础上，区分了基于“服务供给—需求满足”的获得感提升，和基于“居民参与—需求满足”的获得感提升两种不同的模式。关于获得感的测量，是本书的一个特色。借鉴了已有关于居民满意度的测量要素，在此基础上进行丰富，提出从可及性、公平性、回应性、有效性、满意度五个维度对获得感进行测量，从而把获得感的测量落地化、可操作化。

三是本书聚焦公共文化服务领域，通过问卷调查的方式对所构建的理论模型进行实证分析。通过科学的问卷设计和预调查等过程，确定了基于精细化治理的公共服务供给的测量指标。本书构建了潜变量之间的结构方程模型，通过对模型的检验与修正，确定了各潜变量间的路径关系：公共服务供给对获得感产生正向影响，公共服务供给力度的增加将提升居民获得感；公共服务供给对居民参与产生正向影响；居民参与对获得感产生正向影响；验证了居民参与在公共服务供给影响获得感的过程中具有部分中介作用。此外，公共服务供给对公共服务期望产生正向影响。

因此，本书具有定性研究与定量研究相结合的特点，是关于社会治理精细化、公共服务供给、居民获得感之间逻辑关系的一项全面探索。希望通过我们的努力，能够推进关于社会治理精细化的学术研究，也从特定的角度推进对于居民获得感的理解。

目　录

表目录

图目录

第一章

绪　论

第一节　社会治理精细化的背景

一　我国社会治理的起源和解读

“社会治理”在我国的起源与“社会管理”有很大的渊源。1993 年十四届三中全会通过的《关于建立社会主义市场经济体制若干问题的决定》首次使用了“社会管理”概念，并提出要加强政府的社会管理和公共服务职能。1998 年的《关于国务院机构改革方案的说明》中，正式将“社会管理”“宏观调控”“公共服务”一起列为政府的基本职能。随后，“社会管理”一词频繁出现在党和政府的文件中。

2002 年，中共十六大报告将社会管理明确放在政府四项主要职能之一的位置上，社会管理被列为维护社会稳定的具体途径。

进入 2003 年，我国人均 GDP 历史性地突破 1000 美元。这标志着中国社会已经走过温饱阶段，初步实现了小康。与此同时，根据国际经验，人均 GDP 从 1000 美元向 3000 美元迈进的阶段既是经济社会发展的黄金期，也是矛盾凸显期。事实上，我国的社会管理在之后的几年中面临诸多挑战，各种社会矛盾易发多发，各种利益诉求不断涌现，各种不稳定因素交织叠加。失业下岗、社会保障、拆迁安置、征地补偿、人口流动、环境问题、社会治安、安全生产……这些问题使得社会管理格局日益呈现出碎片化、分散化、矛盾化的特点。为应对社会管理中的现实压力，党和政府不断进行改革探索。2003 年，中共十六届三中全会第一次提出了“社会建设和管理”的概念，并且提出“完善政府社会管理和公共服务职能，为全面建设小康社会提供强有力的体制保障”，这一提法把社会管理和全面建设小康社会紧密联系起来。

2004 年，中共十六届四中全会首次提出“建立健全党委领导、政府负责、社会协同、公众参与的社会管理格局”。

2005 年，中共十六届五中全会提出“加强社会建设和完善社会管理体系是构建社会主义和谐社会的必要条件”。从建设和谐社会的角度，社会建设和社会管理被提到同等的高度。

2007 年，中共十七大报告继续强调构建社会主义和谐社会，提出“要最大限度激发社会创造活力，最大限度增加和谐因素，最大限度减少不和谐因素”。

2010 年，中共十七届五中全会从建立健全基本公共服务体系的角度提出“加强和创新社会管理”。

2012 年，中共十八大报告将社会管理和民生并列为社会建设的重要内容，实现了从社会管理格局向社会管理体制的转变。

从回溯中可以看出，“社会管理”的提出过程，与维护社会稳定、建设小康社会、和谐社会，以及民生建设、社会建设、公共服务建设等主题词紧密联系在一起，推动了在创新社会管理的过程中改善民生和加强社会建设的共识形成。但是需要注意的是，社会管理的主要内容究其根本在于政府对社会进行管理，政府承担主要职责，重点工作是政府职能下的民生建设。虽然社会管理本身是对以往政府管理的改进和创新，但在新的历史时期以及经济社会格局下，却没有强调多元化主体共同承担社会建设的责任。

时间进入 2013 年，“我国改革已经进入攻坚期和深水区”①。各界普遍认为，经过 30 多年的改革，改革的难度不断加大，留下来的都是比较难啃的硬骨头②。就社会领域而言，随着城市化进程的加快，外来人口和流动人口持续涌入（参见图 1—1），以及人口老龄化的加速（参见图 1—2），使得处于转型关键期和改革攻坚期的中国社会，社会利益诉求日益多元，社会问题错综复杂。2013 年，流动人口已经达到 2.45 亿，65 岁以上老年人口达到 1.3 亿；同时还有几千万的残疾人口、农村留守儿童、大

① 2013 年全国两会期间，习近平表示：改革已经进入深水区，要敢于啃硬骨头。

② 参见《改革进入攻坚期深水区有四大具体表现》，《南京日报》2014 年 12 月 2 日。

量的空巢老人①……面对着如此庞大的各类人群，政府越来越难以依靠财政满足人们对公共服务的需求，公共服务供给过程中的各种问题不断涌现。有时政府在这些问题的应对上也显得力不从心，这是因为政府终归是“有限的”。

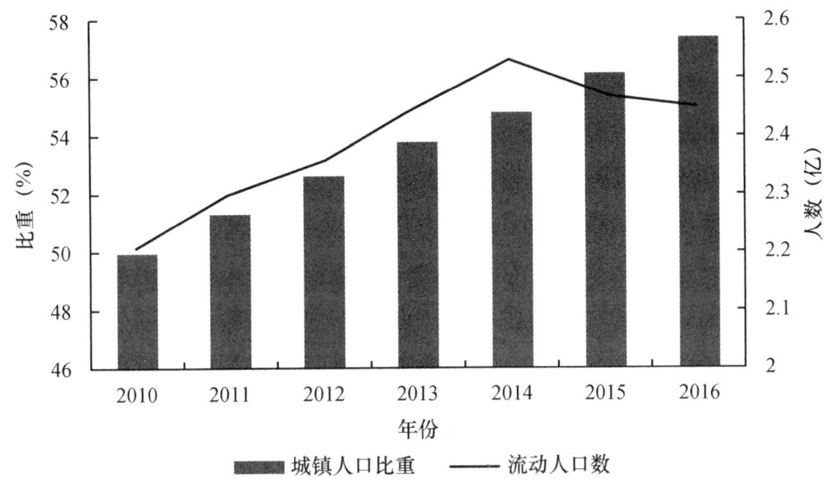

图 1—1 2010—2016 年我国城镇化进程与流动人口数

数据来源：《中国统计年鉴》（2017）。

就是在这样的背景下，2013 年年底召开的十八届三中全会发布《中共中央关于全面深化改革若干重大问题的决定》，明确提出：“全面深化改革的总目标是完善和发展中国特色社会主义制度，推进国家治理体系和治理能力现代化。”《决定》中多次提到“社会治理”一词，并且单列一章强调创新社会治理体制。以此为标志，“创新社会管理”转变为“创新社会治理”。社会治理取代社会管理正式成为我国社会建设的关键词与方法论，我国社会治理实践取得了一系列重大进展②。

---

① 中国人民大学老年学研究所 2014 年组织执行《中国老年社会追踪调查》（CLASS），调查数据显示，我国大陆地区 60 周岁及以上老年人中有近五成空巢老人，其中近 1/4 老人有孤独感。国家卫计委发布的《中国家庭发展报告（2015 年）》也指出，空巢老人占老年人总数的一半，其中独居老人占老年人总数的近 10%。

② 江必新：《以党的十九大精神为指导加强和创新社会治理》，《国家行政学院学报》2018 年第 1 期。

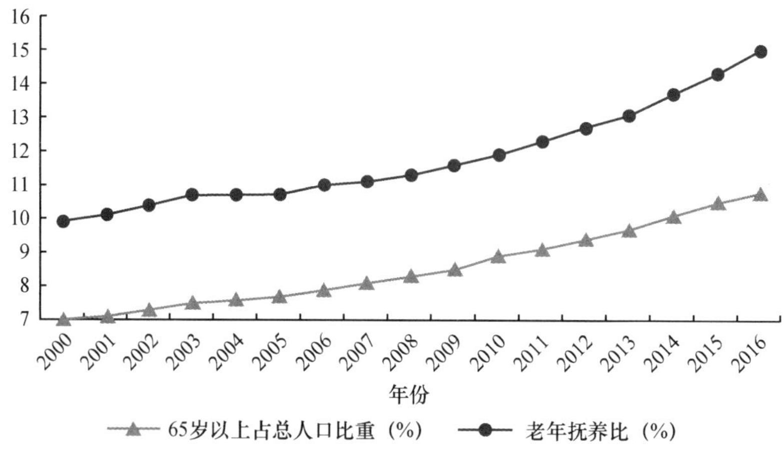

图1—2 我国人口老龄化的发展（2000—2016年）

数据来源：《中国统计年鉴》（2017）。

2013年之后，社会治理成为理论和实践部门重点探讨的对象。十八届六中全会进一步提出，加强和创新社会治理，推进社会治理精细化，构建全民共建共享的社会治理格局。

2017年，党的十九大召开，习近平新时代中国特色社会主义思想包含13个基本方略，提出了“打造共建共治共享的社会治理格局”。社会治理是十九大报告中的重要词汇，“提高保障和改善民生水平，加强和创新社会治理”被列入重要奋斗目标，即：完善公共服务体系，保障群众基本生活，不断满足人民日益增长的美好生活需要，不断促进社会公平正义，形成有效的社会治理、良好的社会秩序，使人民获得感、幸福感、安全感更加充实、更有保障、更可持续。

通过回顾党的文献，可以发现关于社会治理的表述经历了从社会管理到社会治理的发展过程。创新社会治理已经成为近年来我党执政理念的重大创新，这不仅是出于新时期经济发展与社会建设的现实需要，也是新时期党中央治国理政的重要内容，还是推进国家治理体系和治理能力现代化的题中之义①。周红云在系统地梳理改革开放以来我国从社会管理走向社会治理的转变历程后指出，“社会治理”理念取代“社会管理”，

① 王礼鹏：《社会治理创新的地方经验及启示》，《国家治理》2016年第6期。

意味着社会秩序的维护和达成不再是政府单方面的事务，而是政府与公民、社会共同的事务；政府不再是单一的管理主体，公民社会不再是被管理的客体；治理过程不再是自上而下的单向度管控，而是多元主体的平等协商与合作[①]。因此，对社会治理格局的倡导，从“共建共享”转变为“共建共治共享”。

从国际上看，“治理”（governance）与“善治”（good governance）从20世纪末开始，逐渐成为国际流行的概念，无论是在发达国家还是发展中国家都受到理论界和决策界的注意。社会治理的内涵丰富并具有弹性。联合国下属的全球治理委员会在1995年发布了一份题为《我们的全球伙伴关系》的研究报告，对治理作了明确的界定：治理是各种公的或私的个人和机构管理其共同事务的诸多方式的总和[②]。简言之，社会治理理论强调多元的分散主体达成多边互动的合作网络。

我国学术界对社会治理研究投入了极大的关注。在中国知网上，2013年以篇名为“社会治理”的文献有321篇，在十八届三中全会召开之后的2014年，则猛增到2180篇。近几年每年都新增2000多篇相关文献。很显然社会治理研究已经成为热点。

根据王浦劬的解读，从运行意义上，“社会治理”实际是指“治理社会”。或者换言之，所谓“社会治理”，就是特定的治理主体对于社会实施的管理。国家治理与社会治理之间具有交集联系。从广义上讲，国家治理几乎等同于社会治理，社会主义国家的治理几乎等同于社会主义社会的治理。从狭义上讲，国家治理是整个国家的治理，而社会治理只是社会领域的治理，为此，国家治理不仅包含社会治理，还规定和引领社会治理，而社会治理则在社会领域实现国家治理要求和价值取向，体现国家治理的状况和水平[③]。

---

① 周红云：《从社会管理走向社会治理：概念、逻辑、原则与路径》，《团结》2014年第1期。

② 全球治理委员会：《我们的全球伙伴关系》（*Our Global Neighborhood*），牛津大学出版社1995年版，第23页。

③ 王浦劬：《国家治理、政府治理和社会治理的基本含义及其相互关系辨析》，《社会学评论》2014年第3期。

目前人们一般认同，我国的社会治理是指在执政党领导下，由政府组织主导，吸纳社会组织等多方面治理主体参与，对社会公共事务进行的治理活动，是“以实现和维护群众权利为核心，发挥多元治理主体的作用，针对国家治理中的社会问题，完善社会福利、保障改善民生，化解社会矛盾，促进社会公平，推动社会有序和谐发展的过程”①。

就社会治理的外延来说，俞可平在2012年发布的《中国社会治理评价指标体系》中提出，社会治理的评价框架包括人类发展、社会公平、公共服务、社会保障、公共安全和社会参与六个基本维度。这一框架体现了民主、法治、公平、正义、稳定、参与、透明、自治等社会治理的重要价值和理念②。

研究者指出，社会治理的目标不止一个维度，不同目标可能指向不同的实现路径并使社会治理呈现出不同的面孔。其中，促进公平和社会凝聚（social cohesion）的使命使其具有趋向国家主导和福利国家的天然倾向。公共服务是考察社会治理的一个重要视角，在很大程度上可以说是考察社会治理的最为敏感和准确的领域③。现实层面上，社会对国家（政府）日益增加的期待，使得公共服务不仅是社会治理改革的试金石，更成为考察和评价社会治理领域诸多改革的重要评价指标。事实上，从社会治理的效果或者内容方面，人们十分重视公共服务尤其是社会保障在社会治理体系中的位置④。

社会治理的外延十分广泛。不过，所有的社会治理最后都要通过基层社会和社区，与居民发生各种关联。基层社会治理就是各种治理技术和方案的落脚点，是当前人们迫切关注的地带。人们不再满足于高楼大厦的现代化，而对与人们生活息息相关的治理效果越来越关注。所以，基层社会治理成为本书的出发点。

基层地方是社会治理创新的重要场域，是居民与他们眼中的国家进

① 姜晓萍：《国家治理现代化进程中的社会治理体制创新》，《中国行政管理》2014年第1期。

② 俞可平：《中国社会治理评价指标体系》，《中国治理评论》2012年第2期。

③ 王丽萍、郭凤林：《中国社会治理的两副面孔——基本公共服务的视角》，《南开学报》（哲学社会科学版）2016年第3期。

④ 郑功成：《加快社会保障改革 提升社会治理水平》，《社会治理》2015年第1期。

行互动，国家和社会直接面对面的场域。基层社会治理，顾名思义，即依托地方部门推进社会治理的创新。

具体来说，在基层社会，社会治理就是指政府通过与民众、社会其他组织的互动合作，通过整合政治、经济、教育、司法等社会资源，不断协调社会关系、化解社会矛盾、促进社会公正、应对社会风险、保持社会稳定，共同实现基层社会问题的协同治理。创新基层社会治理，是完善国家治理体系，解决体系中“短板”和“瓶颈”的重要途径；是助推新型城镇化建设，维护群众利益的必然选择[①]。因此，基层社会治理是推进国家治理体系和治理能力现代化的重要内容，是人民安居乐业的前提和保障。

二　社会治理精细化的提出与研究

从实践的角度以及现实需求来说，传统的政府治理由于靶向能力不足造成不能应对社会转型期的各种矛盾，因此各级地方政府在不断探索中寻求创新之道。其中，公共服务和社会治理受到了重点关注。

以“中国地方政府创新奖”为例，自 2000 年启动后，受到了官方和民间的双重认可。自 2015 年起，名称变更为“中国政府创新最佳实践”。作为中国政府创新奖项目的核心成员，何增科曾对前六届政府创新奖（2000—2012 年）进行分析，发现社会管理类创新获奖项目所占比例总体上呈现明显的上升趋势，从第一届排名最末，到第六届时已上升到排名第二[②]。何增科还对广东省申报历届中国地方政府创新奖四类项目的数量演变进行了统计。前八届的申报项目合计 114 项，其中公共服务类和社会治理类的申报项目分别占到 31% 和 32%。在第八届项目申报中，公共服务类项目占到 15%，社会治理类项目占到 44%[③]。

自 2012 年起，国家行政学院和人民网联合主办全国“创新社会治

---

① 参见《新时期基层社会治理创新应抓好四个着力点》，光明网，2015 年 3 月 14 日。

② 何增科：《中国地方政府创新的类型与趋势（2000—2012）——基于前六届“中国地方政府创新奖”获奖项目的定量研究》，《当代中国政治研究报告》（第 12 辑），社会科学文献出版社 2014 年版。

③ 何增科：《地方治理创新与地方治理现代化——以广东省为例》，《公共管理学报》2017 年第 2 期。

理典型案例”征集活动，旨在发现各地创新社会治理先进典型，研究和探索省、市、县社会治理创新规律，总结和弘扬社会治理的典型创新做法和先进经验，推进社会治理创新实践，提高社会治理水平（参见附录二）。自2013年开始，由民政部政策研究中心、人民网、新华网、中国社区发展协会、民政部基层政权和社区建设司共同举办的“社区治理创新奖”，每年进行申报和遴选，也涌现出很多典型成果（参见附录三）。

但是就整体而言，我国的社会治理水平还有待提升，地区差异也较大。基层治理效果不佳的问题日益凸显，表现在很多方面。比如，地方政府在决策过程中越来越公开透明，广泛采用专家论证会、听证制度等，但是对人们呼声较大的问题缺乏及时回应，对于以往工作中的遗留问题，纠正起来往往拖沓。在引入多元主体参与社会治理方面，往往形式大于内容。有学者将我国基层社会治理中面临的问题概括为几个方面，其中包括：治理主体的职能定位不够准确，权责关系不够清晰；基本公共服务非均等化导致基层社会治理水平的差异；基本价值取向在一定程度的偏差使得社会治理背离初衷；法治精神不够彰显甚至缺失，直接影响基层社会治理的有效性①。也有学者概括为，矛盾纠纷不易化解、安全防控压力不断加大、提供服务能力相对不足等②。在这些矛盾和压力之下，甚至出现了基层社会情绪日益政治化等问题。为什么曾经坚固而深入的社会治理体系如今却陷入困境？③ 这也是研究者聚焦基层社会治理的原因。

学术研究是对社会实践的回应。我国基层社会治理面临的各种现实问题，急需研究者进行回应与探讨。以“社会治理”为主题词，在知网中选择学术期刊进行查询，相关文献大约在2000年后逐渐出现，2013年之前文献的数量增长缓慢，2014年开始迅速增长，学术关注度日益提升（见图1—3）。

---

① 王岩、魏崇辉：《基层社会治理的理性认知与实践路径探究》，《中国行政管理》2016年第3期。

② 刘爽：《基层社会治理面临哪些突出难题》，《人民论坛》2017年第1期。

③ 张静：《中国基层社会治理为何失效？》，《文化纵横》2016年第5期。

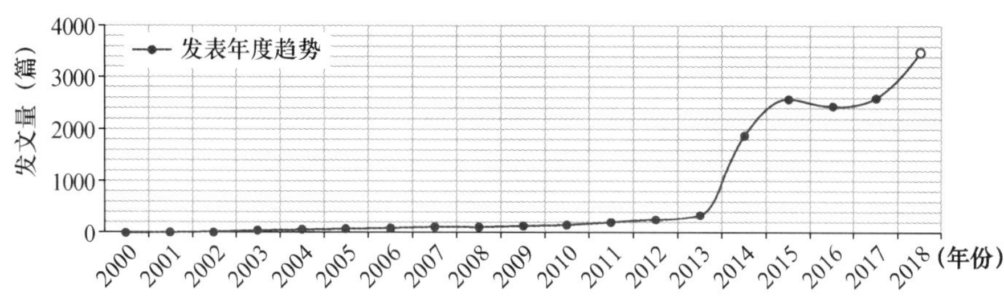

图 1—3　以“社会治理”为主题的发文数量

数据来源：中国知网。

对这些文献的关键词进行提取，排名最靠前的关键词（见表 1—1）。可以看出，在社会治理研究中，除了“社会治理”本身以外，社区治理、基层社会治理也是比较重要的关键词。研究者比较重视的是地方部门推进的社会治理创新。

表 1—1　　“社会治理”研究的关键词分布

序号	关键词	文献数（篇）
1	社会治理	3516
2	社会组织	429
3	创新	293
4	治理	238
5	社会治理创新	208
6	法治	206
7	社会管理	195
8	社区治理	183
9	国家治理	169
10	基层社会治理	141
11	合作治理	124
12	基层治理	111

资料来源：根据关键词分布进行整理。

当再聚焦到“基层社会治理”的专门研究时，我们就可以发现“社会治理”仍然是最重要的网络中心点，围绕这个中心，人们关注了网格化管理、基层组织、创新等，虽涉及内容较多，但主要回答的是治理体系的构建。研究者以及实践部门关心的是地方政府部门、社区组织、社会组织等的合作关系，基层党组织的建设，治理技术的运用，治理平台的搭建等。简言之，基层社会治理体系的构建，是目前人们最为关注的内容。这一方面与我国社会治理体系尚不完善有关，另一方面与社会治理研究处于起步阶段有关。

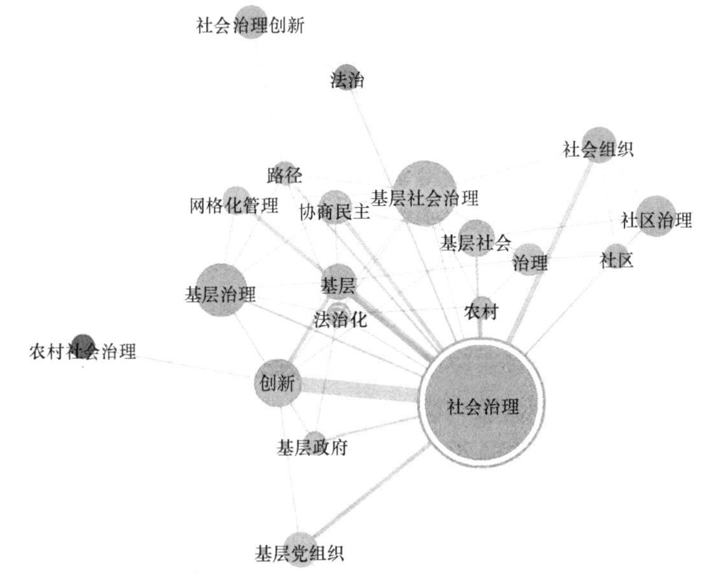

图 1—4 “基层社会治理”研究关键词的共现网络

制度、规则、多元主体的引入，对于基层社会治理体系的构建，无疑是十分必要的。已有研究对此进行了专门探讨。但对于基层社会治理体系而言，有了各种要素的配置之后，穿针引线的工作和精准治理的实施便是更加重要的工作。在很多情境下，基层社会不是缺乏管理制度，也不是缺乏文件指导，缺乏的往往是从粗放式管理到精细化治理的可行性设计。

正如研究者指出的，作为一种实践理念，社会治理在我国推行多年，无论是理论界还是实践部门都进行了有益的探索，在取得有目共睹成效的同时，也发现了许多共通性的问题。社会治理及其研究面临一个共同的难题：对于越来越微观的具体治理问题，如何使社会治理走向深入？十八届五中全会提出的“社会治理精细化”战略，就是对这些问题的回应，为社会治理实践提供了解决问题的原则和路径①。社会治理精细化以科学、理性、精准为基本特征，主要是指在绩效目标引导下，通过科学设置机构部门、优化管理流程，推动社会治理思维和方式转变，实现社会治理的标准化、具体化、人性化②。社会治理精细化，以全面精准的个体化信息集成为治理基础，以科学严谨的信息挖掘分析为治理前提③。

在实践层面上，社会治理正在往日益精准、精细的方向发展。社会治理精细化，意味着从粗放到“精准”。习近平总书记在2015年年底的中央城市工作会议上，曾明确指出要把握好城市发展规律，彻底改变粗放型管理方式，为人民群众提供精细的城市管理。2017年全国两会期间，习近平总书记在参加上海代表团全团审议时，提出“上海这种超大城市，管理应该像绣花一样精细”，上海要破解超大城市精细化管理的世界级难题。

近年来，上海越来越明确了社会治理精细化的目标定位，制定了上海城市精细化管理的实施意见和第一轮三年行动计划，并滚动实施。其总体思路是综合运用法治化、社会化、智能化、标准化的手段，推进精细化管理的全覆盖、全过程、全天候，让城市更有序、更安全、更干净。这些事看起来不大，但都发生在老百姓的身边。做得如何，老百姓会有切身感受。因此要用心用力做好每一件事，让人民群众在家门口、于细微处感受到这座城市的温度④。2018年上海两会期间，文军、童世骏等学者提出“关于进一步提升上海城市精细化管理的建议”⑤。上海市市长应

---

① 吴新叶：《社会治理精细化的框架及其实现》，《华南农业大学学报》（社会科学版）2016年第4期。

② 梁海燕：《努力提高社会治理精细化水平》，《人民日报》2017年10月11日。

③ 李大宇、章昌平、许鹿：《精准治理：中国场景下的政府治理范式转换》，《公共管理学报》2017年第1期。

④ 2018年1月30日，上海市市长应勇答记者问，载上海政府网，http：//www.shanghai.gov.cn/shanghai/node2314/node2319/n31973/n32177/u21ai1286196.shtml。

⑤ 文军、童世骏等：《关于进一步提升上海城市精细化管理的建议》，载上海政协官网，http：//shszx.eastday.com/node2/node5368/node5376/node5388/u1ai100521.html。

勇在政府工作报告中指出，上海在2018年正式启动实施城市精细化管理三年行动计划。

基层社会治理如何走向精细化，应当引起实践部门和理论研究者的共同关注。但目前，在对社会治理的研究中，有关精细化治理的专门研究无论是在数量方面还是在深入程度方面，都有待提高。

第二节 社会治理精细化提升公共服务水平和获得感的解释框架

一 思路出发点

本书力图提出一个关于社会治理自下而上的解释框架。首先需要确立一个基本思路。根据这一思路，本书审视基层社会治理如何通过精细化的治理技术，提升公共服务水平，并进而提升居民感受。

本书认为，尽管社会治理吸引了学者的关注，但关于社会治理的已有研究框架，多是自上而下的观察视角，少部分是从政府或者社会组织这些治理主体的角度来审视目前基层社会治理的问题和缺陷。这样的观察角度没有从治理对象和受众出发，注重社会治理根本目标的实现，也就是说较少从居民的角度出发。一切社会治理的目的，根本上无不是为人服务，或者说是促进经济社会发展过程中人的需求的满足。尤其是关于基层社会治理的研究，有必要从之前关于治理体系的研究中继续往前推进，回到社会治理的根本目标那里去。

现代政府既有公共管理的职能，也有公共服务的职能。增加政府的服务职能，减少其管制职能，不断地从管制型政府走向服务型政府，是政府治理的发展趋势①。1998年《国务院机构改革方案》中，在首次提出“社会管理”的同时，也首次把“公共服务”确立为政府的基本职能。事实上，从“十二五”时期开始，社会治理与公共服务共同构成了当代社会建设的两大支柱。完善社会治理体系，提升社会治理能力不仅有利

---

① 俞可平：《中国的治理改革（1978—2018）》，《武汉大学学报》（哲学社会科学版）2018年第3期。

于维护社会秩序，激发社会活力，也将大大提升公共服务的质量和水平①。可见，社会治理与政府的公共服务职能，是相辅相成的。

从场域和系统的角度，精细化治理是社会治理本身发展到新时期新阶段后的任务，它对各相关部门提出了要求，也对公共服务的供给过程提出了要求，即在公共服务的各个环节中落实精细化。建设服务型政府要求政府发挥公共服务的基本职能，公共服务包括广义上的和狭义上的。当然，加强公共服务职能，与推动社会治理是同时推进的。值得注意的是，对于公众和社会组织而言，他们希望通过各种参与途径，加入社会治理的各个环节，并构建起公共服务的多元供给模式。

在这个复杂的场域中，在三驾马车或者说三重压力的作用之下，公共服务成为各方力量的汇聚点，也成为满足公众期望和要求，提升获得感的必要出发点。

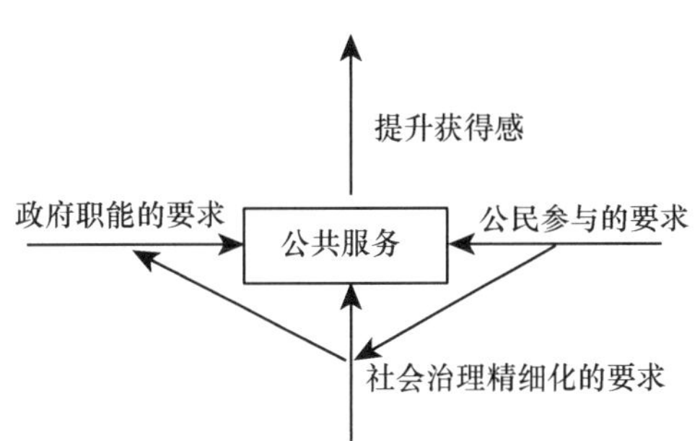

图1—5　社会治理、公共服务、获得感之间的内在联系

综上，社会治理的精细化与公共服务供给以及居民获得感有着内在的不可分割的联系。基于以上考虑，本书将公共服务供给作为观察基层社会治理的关键词、落脚点，并探讨公共服务供给对获得感的影响。

二　框架结构及内在逻辑

1. 指导思想

我国社会治理面临的形势十分严峻复杂，推动社会治理体制机制创

---

① 丁元竹：《推进社会治理现代化的基本思路》，《北京师范大学学报》2016年第2期。

新，已经成为一项重要而迫切的课题和任务。社会治理是近几年党和政府工作的重心。

十八届三中全会提出推进社会领域制度创新的指导思想："推进基本公共服务均等化，加快形成科学有效的社会治理体制，确保社会既充满活力又和谐有序。"十九大报告在此基础上进一步强调了社会治理在新时期的地位和作用，"提高保障和改善民生水平，加强和创新社会治理"。推进民生领域的社会治理，"让改革发展成果更多更公平惠及全体人民"。

由此可见，社会治理的根本出发点是以人为本。

2. 总体要求

根据十八届三中全会的精神，关于创新社会治理的总体要求是"必须着眼于维护最广大人民根本利益，最大限度增加和谐因素，增强社会发展活力，提高社会治理水平，全面推进平安中国建设，维护国家安全，确保人民安居乐业、社会安定有序"。

十九大报告对社会治理的总体要求是：完善公共服务体系，保障群众基本生活，不断满足人民日益增长的美好生活需要。"履行好政府再分配调节职能，加快推进基本公共服务均等化，缩小收入分配差距。"

总体上来说，社会治理体制创新、基本公共服务均等化是当前的头等大事，是重中之重。公共服务体系建设是社会治理的核心。在公共服务均等化基本实现的同时，"现代社会治理格局基本形成，社会充满活力又和谐有序"。

3. 实施路径

在基层社会治理的层面上，要落实社会治理创新，必须通过体制和机制的创新。社会治理创新体制的内容很多。随着我国社会治理体制和机制的不断改进，很多地方不断探索发展出各具特色的治理模式和治理经验。一些地方对社会治理的理解不尽相同，工作重点也有所不同。但其中的必要思路是：通过三社联动、网格化管理，推动基层社会治理；通过大数据、互联网 + 提升服务，破解"最后一公里"等。

要加强基层社会治理的能力，需要进一步激发基层社会组织活力，在目前已经成为一种普遍接受的观点。相应地，社区、社会组织和社工的"三社联动"成为基层社会治理的重要命题，其在本质上体现了国家与社会在基层治理实践中的互动逻辑，内含着明显的政社互动关系①。“三社联动”被认为是创新社会治理、完善社区服务的有力抓手。建立完善联动机制实现“三社联动”，可以有效破解基层社会治理难题，推进基层治理体系和治理能力现代化。总体上看，基层社会治理的创新是社会治理能力的落脚点。正如十九大指出，“加强社区治理体系建设，推动社会治理重心向基层下移，发挥社会组织作用，实现政府治理和社会调节、居民自治良性互动”。

从网格化管理到网络化治理，应是走向基层社会治理的新形态②。网格化管理就是依托统一的数字化平台，将辖区按照一定的标准划分成为单元网格，使这些网格成为政府管理基层社会的单元。通过加强对单元网格的部件和事件巡查，建立一种监督和处置互相分离的形式。对于政府来说，主要优势是能够主动发现和及时处理问题，加强政府对城市的管理能力和处理速度，将问题解决在居民投诉之前。将过去被动应对问题的管理模式转变为主动发现问题和解决问题的管理模式。

在基层社会治理中，大数据正日益成为社会管理的强力推手。基层社会治理创新，离不开这场席卷全球的大数据革命。唯有尽快同步升级“互联网+”思维下服务群众理念，积极推动高效精准政务服务，努力让过去诸如群众办事“跑断腿”、社会管理“粗线条”、部门信息“不并联”、政府决策“样本少”等现象彻底消失，才能乘上大数据这列时代快车③。

最后一公里（Last kilometer），在英美也常被称为 Last Mile，原意指完成长途跋涉的最后一段里程。现在，它被引申为一件事情最后的关键性一步（通常还说明此步骤充满困难）。在社会治理过程中，也被赋予了更为广义的概念，如善始善终、重视末端、重视细节、重视衔接、重视顾客满意度等。办一件事，越到最后越要坚持，否则就前功尽弃；而作

---

①　徐选国、徐永祥：《基层社会治理中的“三社联动”：内涵、机制及其实践逻辑——基于深圳市 H 社区的探索》，《社会科学》2016 年第 7 期。

②　秦上人、郁建兴：《从网格化管理到网络化治理——走向基层社会治理的新形态》，《南京社会科学》2017 年第 1 期。

③　松泽：《基层社会治理要善用大数据》，《人民日报》2016 年 11 月 11 日。

为公共服务，就需深入末端和“售后”、注重实效和长效，通过解决好“最后一公里”问题，体现公共服务的公共性、公平性、回应性和长效性。

“最后一公里”往往是一种广泛存在的积弊。群众最痛恨的不是上面没有惠民举措，而是政策始终“走在路上”，服务始终“停在嘴上”，实惠没有真正“落在身上”，造成“末梢堵塞”。涉及群众切身利益的看似小问题，实则是大问题。

4. 直接目标

基层社会治理的工作任务有很多，包括社会稳定的维护等，可以说千头万绪。上文提到的网格化管理、大数据平台以及三社联动等，是社会治理体制的创新，本质上也是社会治理方式和手段的创新。而基层社会治理的直接目标，就是确保均等化的公共服务落实到位，提升公共服务的水平等。

一切社会治理，都是服务于人们的需求。从群众利益出发，满足居民需求，增加和谐因素，减少不利于稳定安定的负效应。这正是基层社会治理追求的目标之一，而公共服务在其中居于核心地位。完善基本公共服务，是彰显改革方案含金量的最好代表。“全民共享改革与发展的成果，让每个公民都能够平等享有医疗、教育、就业等各领域资源，让每个人都有人生出彩的机会。”可见，作为社会治理的神经末梢，基层社会治理关系到百姓民生，也关系到公共服务的供给和落实。

5. 根本目标

从宏观社会层面来看，“既充满活力又和谐有序”，是社会治理力图达到的根本目标。以公民为价值归宿的社会治理精细化，目标是构建全民“共享”的社会治理格局①。不过在本书看来，更倾向于将这个根本目标表达为：让居民有更多的“获得感”。

习近平总书记在中央全面深化改革领导小组第十次会议上的讲话中强调，要科学统筹各项改革任务，推出一批能叫得响、立得住、群众认可的硬招实招，处理好改革“最先一公里”和“最后一公里”的关系，

---

① 吴新叶：《社会治理精细化的框架及其实现》，《华南农业大学学报》（社会科学版）2016 年第 4 期。

突破“中梗阻”，防止不作为，把改革方案的含金量充分展示出来，让人民群众有更多获得感。

在2016年新年贺词中，习近平强调，“在整个发展过程中，都要注重民生、保障民生、改善民生，让改革发展成果更多更公平惠及广大人民群众，使人民群众在共建共享发展中有更多获得感”。特别是要从解决群众最关心最直接最现实的利益问题入手，做好普惠性、基础性、兜底性民生建设，全面提高公共服务共建能力和共享水平，满足老百姓多样化的民生需求，织就密实的民生保障网①。由此可见，关系民生的公共服务在其中有着重要的地位和作用。研究者认为，“获得感”明确了发展和改革的目标、落脚点和突破口，获得感以发展为前提，以民生为重中之重②。

值得注意的是，一些地方习惯于以政府供给为主导的公共服务提供模式。公众到底需要什么样的公共服务？实际需求有没有发生变化？这些问题，往往缺乏充分的调研论证。能否精准解决群众的实际困难，无疑是破解服务群众“最后一公里”难题的关键。可见，公共服务供给应注重“耦合度”③。

十九大报告指出，中国特色社会主义进入新时代，我国社会主要矛盾已经转化为人民日益增长的美好生活需要和不平衡不充分的发展之间的矛盾。在这一时代背景下，十九大报告在3个地方提到了“获得感”，强调要“保证全体人民在共建共享发展中有更多获得感”，“使人民获得感、幸福感、安全感更加充实、更有保障、更可持续”。

基于本节的分析，本书认为：基层社会治理的直接目标（之一）是提升公共服务水平，推进基本公共服务均等化的实现。而根本目标则是，通过公共服务水平的提升，化解矛盾，促进和谐，满足居民在经济社会发展过程中的实际需求，提升居民的获得感。由此本书提出基于居民视角的基层社会治理精细化的解释框架（见图1—6）。

---

① 习近平总书记谈获得感，新华网，2016年3月6日。

② 曹现强、李烁：《获得感的时代内涵与国外经验借鉴》，《学术论坛》2017年第2期。

③ 李德：《公共服务供给应注重“耦合度”》，《人民日报》2015年12月22日。

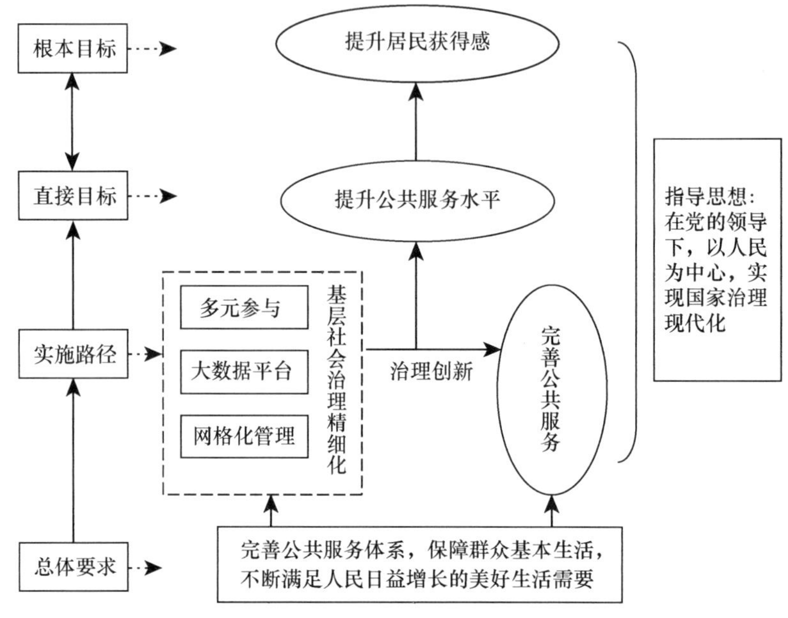

图1—6 本书的解释框架

三 实践的可行性

图1—6的解释框架，力图将基层社会治理的工作重点放在精细化治理上面，以此实现公共服务水平的提升，确保人们安居乐业和对未来生活形成良好预期，最终实现居民获得感得到较大提升。

基层社会治理需要体制创新来推动，如三社联动、网格化治理等。体制创新推动了基层社会资源的优化配置。本书认为，在基层社会资源的配置方面，社会的进步和发展已经为精细化治理提供了多方面的条件和可能性。本书提出的解释框架就是立足于以下的可行性之上，这些可行性使得基层部门在社会治理的过程中有较好的数据资源、组织资源、专业社会工作资源等，从而奠定了精细化治理的可能性。

一是互联网和大数据为社会治理精细化提供了便捷的方式。

我国互联网尤其是移动互联网普及迅速。根据中国互联网络信息中心（CNNIC）发布的数据，截至2017年12月，我国网民规模达7.72亿，普及率达到55.8%，超过全球平均水平（51.7%）和亚洲平均水平

（46.7%）。其中，手机网民规模达7.53亿，网民中使用手机上网人群的占比由2016年的95.1%提升至97.5%[①]。不仅日常生活中的出行、消费使用互联网，人们也越来越多地使用互联网获得公共服务，如网上办事、网上申请等[②]。

科学化、信息化、技术化为精细化治理以及公共服务供给水平的提升增加了可能。网格化管理、互联网政务等的推行，无不依赖于信息技术的普及。各地区不断推动互联网大数据技术与基层社会治理的融合，以实现技术革新与政策创新的协同推进、与时俱进、无缝对接。在互联网大数据和信息新技术引领、助推地方基层治理创新方面，各地目前进行了诸多有益尝试。如，上海长宁通过“互联网+”拓宽公众参与社区治理通道，贵阳通过“互联网+”开启社区网格化治理新模式，宁夏吴忠通过“互联网+”开启社区服务“e时代”等[③]。

如何帮助民众“少跑腿，快办事”，是“互联网+政务”的首要任务。中山大学中国公共管理研究中心、中山大学政治与公共事务管理学院、中山大学国家治理研究院联合蚂蚁金服旗下支付宝在广州发布了《“互联网+政务”报告（2016）：移动政务的现状与未来》。根据该报告，国内70个样本城市中有69个不同程度地通过政务APP提供“互联网+政务”服务，而依托支付宝平台提供政务服务的城市达到347个，基本覆盖了所有地级市及以上城市。支付宝上最受用户欢迎的十大政务服务，分别是公积金查询、医保查询、交通违章查询、交罚缴纳、一键挪车、出入境查询、公交查询、港澳通行证续签、实时路况和ETC充值[④]。在互联网时代，“互联网+政务服务”构建起一整套公开透明、高效便捷的政务服务体系，让群众办事更方便、创业更顺畅，让亿万人民在共享互联网发展成果上有更多获得感[⑤]。

二是社会组织成长壮大，且有较好的发展势头，为精细化治理提供

---

① 参见中国互联网信息中心，第41次《中国互联网络发展状况统计报告》。

② 2018年5月16日，天津市公布“海河英才行动计划”。仅在行动计划公布的第一天，就有30万人下载“天津公安”APP办理落户申请。

③ 王礼鹏：《基层社会治理创新的“互联网+”思维》，《国家治理》2017年第9期。

④ 参见《“互联网+政务”报告（2016）：移动政务的现状与未来》。

⑤ 孟庆国：《“互联网+政务服务”让人民更有获得感》，《光明日报》2016年10月11日。

了可能。

进入21世纪后我国社会组织发展较快。2013年党的十八大之后，行业协会商会类、科技类、公益慈善类和城乡社区服务类这四类组织在申请成立的时候，可以依法直接向民政部门申请登记，不再经由业务主管单位审查和管理。2016年8月，中共中央办公厅、国务院办公厅发布《关于改革社会组织管理制度促进社会组织健康有序发展的意见》，这是我国社会组织工作的纲领性文件。同一时期，民政部民间组织管理局（民间组织执法监察局）正式更名为社会组织管理局（社会组织执法监察局）。一般认为，从“民间”到“社会”的更名，虽然只有两字之差，但赋予了社会组织更加平等的社会主体地位。与此同时，民政部门还着力推动行业协会商会类社会组织与行政机关的脱钩工作。2016年9月1日，我国首部慈善法《中华人民共和国慈善法》正式颁布实施。慈善组织在扶贫、济困、扶老、救孤、恤病、助残、优抚、救助，以及促进教科文卫体事业发展、保护环境等领域一向发挥着重要的作用，也是当前推进社会治理不可或缺的力量。总之，党的十八大以来，党中央、国务院对社会组织改革发展作出的重大决策部署，通过各种途径为社会组织发展提供更加良好的土壤，在此基础上激发社会组织活力，推进社会组织参与社会治理能力的提升。

截止到2016年年底，社会团体的数量从2000年的130668家，增加到335932家；民办非企业的数量从2000年的22654家，增加到360914家。值得注意的是，民办非企业的数量已经超过了社会团体（见图1—7）。民办非企业是利用非国有资产举办从事非营利性社会服务活动的社会组织，包括各类民办学校、医院、文艺团体、科研院所、体育场馆、职业培训中心、福利院等。社会治理的推进和精细化发展，需要大量民非机构提供的专业服务，如养老、医疗、教育等。

值得注意的是，从当前数据分析，无论是新登记的社会服务机构类慈善组织还是认定的社会服务机构类慈善组织，其活动领域主要集中在传统的慈善领域，如扶贫、济困、助学、救灾、残障人帮扶等。

自2004年国务院《基金会管理条例》颁布以后，基金会进入快速增长的时期。2016年，民政部发布《基金会管理条例（修订草案征求意见稿）》，对《中华人民共和国慈善法》的配套法规进行为期一个月的公开

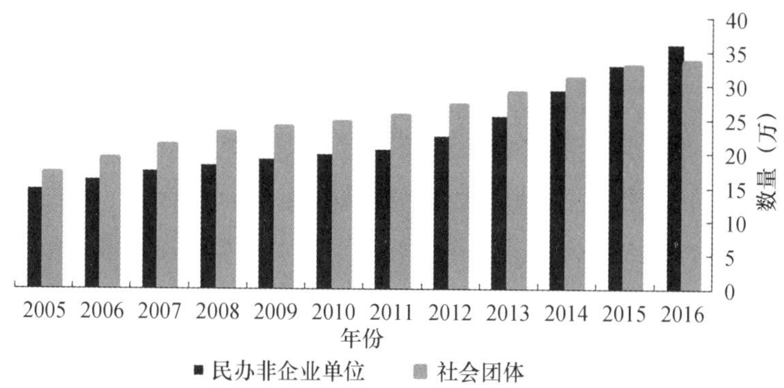

图 1—7　我国社会团体和民办非企业的发展（2005—2016 年）

数据来源：《中国统计年鉴》（2017）。

征求意见，通过最新修订推动基金会管理的规范化。根据基金会中心网的数据，截至 2017 年年底全国范围内已经注册基金会 6374 个（见图 1—8）。在这些基金会中，很多基金会关心和致力于救助、扶贫等领域，推动地方社会的治理变革。

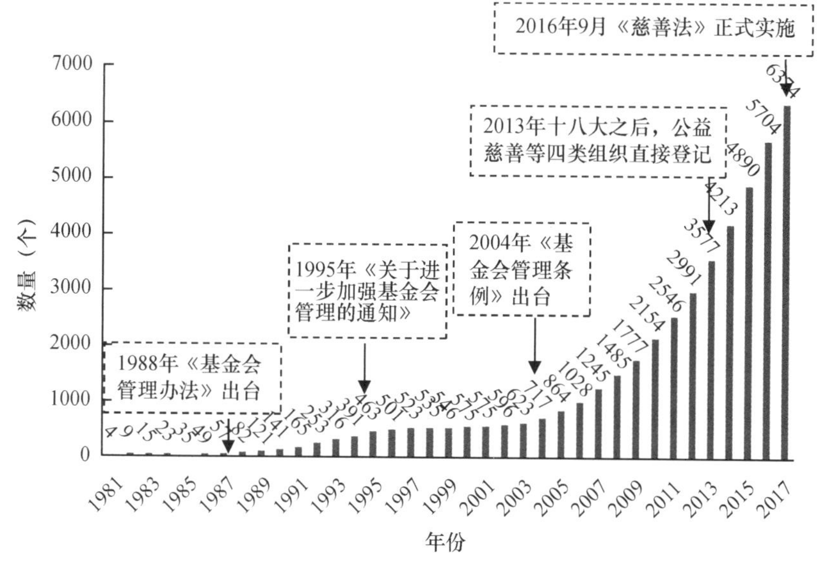

图 1—8　我国基金会数量变化（1981—2017 年）

数据来源：基金会中心网，http：//www. foundationcenter. org. cn/。

在基金会总体数量增长的同时，致力于社区发展和社区治理的社区基金会，近年来越来越引起人们的关注。按照《基金会管理条例》规定，一般认为，社区基金会是指由社区利益相关方发起，在民政部门依法登记，利用社会捐赠的财产，为社区公益慈善事业提供资金资助或从事本社区公益慈善服务的非营利性法人。其主要特征是：基金会的发起人、资源来源和服务范围具有强烈的特定社区指向性。多数研究者认为，成立于 1914 年的克利兰夫社区基金会，是全球第一家社区基金会。国内第一家社区基金会是成立于 2012 年的桃源居社区基金会，近年来已快速发展到 137 家。根据《关于改革社会组织管理制度促进社会组织健康有序发展的意见》，要大力培育发展社区社会组织，通过降低准入门槛，建立综合服务平台，提供组织运作、活动场地、活动经费、人才队伍等方面支持，重点培育支持社区社会组织发展。社区基金会作为社区社会组织的一个类型，顺应了中央大力培育扶持社区社会组织发展的新精神，搭上了社区社会组织发展的顺风车①。作为新型公益性社会组织，社区基金会可以有效撬动社会力量参与社区治理，在整合社区资源、解决社区问题、促进社区融合、推动社区自治等方面发挥积极作用，成为基层治理和民生保障的有益补充。

社会团体、民办非企业、基金会的数量总体上不断提升，目前我国每万人拥有 4.8 个社会组织，仍然处于较低的水平，但前景和趋势看好。与此同时全国各地的状况存在较大差异，在一些发达地区，社会组织有了较好的发展。根据上海市民政局、社会团体管理局发布《上海社会组织发展“十三五”规划》，预计到 2020 年，上海每万名户籍人口拥有社会组织数超过 11 个，每万名常住人口拥有社会组织数超过 6 个，各级社会组织服务中心覆盖率达到 100%，政府购买服务收入及政府补助收入占社会组织年度总收入比达到 30%。在社会组织发展较好的广东省，截至 2016 年年底共登记社会组织 59520 个，其中社会团体、民办非企业单位、基金会年均增长率分别为 14%、13%、24%。

三是逐渐形成规范化的专业社会工作者队伍，促进“三社”联动，有利于社会治理精细化的开展。

---

① 魏朝阳：《如何办好一家社区基金会》，《中国社会组织》2017 年第 15 期。

社区工作队伍的发展，连同基层社会组织一起，为“三社”联动建设提供了可能，也在部分城市提供了专业社会服务。

近年来，社会工作组织通过政府购买服务的方式越来越多地参与基层社会公共服务的供给中。社会工作者通过小组、个案和社区工作方法参与社区建设是新时期社区工作的重要内容。比如，北京密云区建立了由一名专业社会工作者对接一个或多个社区社会组织，负责指导社会工作项目的工作模式，实现了资源互动、优势互补的发展目标，他们在沿湖、花园东和果园里 3 个试点社区，联合社会组织和专业社会工作者，在医疗卫生、养老服务等 7 个领域建立了 12 个服务项目①。

当然，目前我国社会工作师的数量还是十分缺乏的。

表 1—2　　我国社会工作师的数量

年份	累计合格社会工作师（人）	累计合格助理社会工作师（人）
2008	4192	20648
2009	8419	27259
2010	11083	32687
2011	13421	40755
2012	19525	64601
2013	31183	91901
2014	38501	120111
2015	51722	154461
2016	69390	218794

数据来源：《中国统计年鉴》（2017）。

第三节　本书的思路与方法

社会治理是目前的关注热点。不同的学科如管理学、政治学、行政学、社会学等，基于不同的视角和背景，对社会治理开展研究。本书的

① 丁元竹：《让居民拥有获得感必须打通最后一公里——新时期社区治理创新的实践路径》，《国家治理》2016 年第 2 期。

重点是在社会治理精细化的解释框架下，围绕公共服务供给和获得感这两个关键词，力图说明这二者之间的逻辑机理和可能路径，并对此进行实证研究。也即，在社会治理精细化的引导下，如何从精细化治理方式入手，通过公共服务供给提升居民获得感。基本思路见图 1—9。

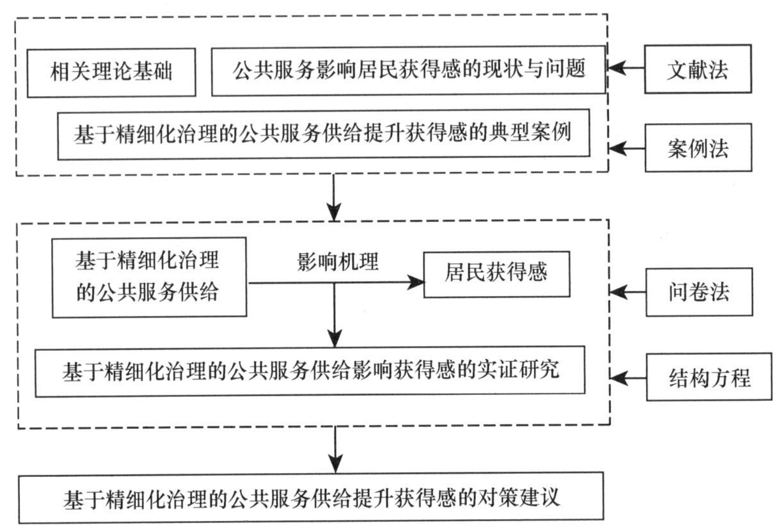

图 1—9　本书的研究思路

本书的内容包括 6 章。结构安排如下：

第一章，绪论。通过社会治理的起源和解读，并结合实践发展和已有的研究，提出本书的解释框架。

第二章，相关理论及社会基础。围绕社会治理、公共服务、获得感等关键词，探讨已有研究的学术发展相关理论渊源等，分析社会治理精细化的转向及社会基础。

第三章，典型案例研究。通过对社会治理优秀案例的分析，探讨通过社会治理精细化提升公共服务水平及居民获得感的可能模式。

第四章，公共服务供给影响获得感的内在逻辑和模型构建。在案例分析的基础上，进一步运用质性方法，构建通过精细化治理提升公共服务，进而影响居民获得感的内在机理。

第五章，公共服务供给影响获得感的路径研究。选取公共文化服务领域，通过在天津市开展问卷调查，运用结构方程等，对所构建的机理模型进行验证和修正。

第六章，结论与建议。在基于精细化社会治理提升公共服务水平和居民获得感方面，仍然存在哪些根本性的问题？本书对此进行分析讨论，提出相应的政策建议。

本书的研究法主要包括文献研究、实地研究、统计调查三种。其中，运用文献研究的方法，对社会治理的已有国内外文献进行文献分析，对社会治理的模式进行归纳整理和对比分析；运用实地研究的方法，开展问卷、访谈等，并开展扎根理论研究，探讨社会治理、公共服务、居民获得感之间的内在联系；运用统计调查，获取相关的资料数据，进行数理统计分析。具体来说，本书在研究中采用的方法和技术主要包括以下几个方面：

文献法：本书整理了社会治理及其精细化研究的已有文献，通过关键词的共现分布，确定已有研究的逻辑线索；梳理全国各地不同层面的政策文本，对内容进行对比分析；梳理社会组织有关的资料，对数据进行二次分析。

案例法：本书从民政部全国社会工作服务示范项目、全国创新社会治理最佳案例等来源中，选取了 5 个社区治理方面的典型案例，从不同的角度反映基层社会治理精细化的方式方法。通过对 5 个案例的剖析，找到社会治理精细化的核心要素，为公共服务供给与获得感之间的逻辑分析奠定基础。

问卷法：本书在天津市开展公共文化服务供给的问卷调查，问卷包含公共文化服务设施、公共文化服务产品、公共文化服务保障、公共文化服务期望、获得感等维度。通过预调查对问卷进行修正，根据结构方程的要求确定问卷的发放数量。

扎根理论：在实地调查尤其是访谈的基础上，对中新生态城的社区治理进行质性研究，对相关材料进行逐级编码。从而找到精细化治理、公共服务供给、获得感这几个核心概念之间的内在关联。当然，本书对扎根理论的运用，还是比较粗浅的。

结构方程：利用问卷调查的样本数据，对假设进行检验，寻找公共文化服务供给、居民参与、获得感之间的影响路径，确定潜在变量之间的路径关系。这不仅实现对获得感的测量，而且对公共服务供给与获得感之间的路径进行实证检验。

第二章

相关理论及社会基础

第一节　社会治理与社会治理精细化

从社会管理到社会治理，再到社会治理精细化，这不仅是我国实现国家治理能力与治理体系现代化的内在要求，更是全面建成社会主义现代化强国的有效路径。社会治理的落脚点在基层，基层社会治理的过程，本质上是精细化治理的过程。从微观层面来看，它直接关系着公民的获得感和幸福感；从宏观层面来看，它是实现社会主义和谐社会建设目标的重要途径。

一　社会治理的含义、主体与方式

社会治理是一项具体而复杂的工程，在对其进行分析之前需要对相关概念进行界定，以明确讨论的对象。

1. 社会治理与基层社会治理

治理是一个古老而又现代的词语，传统上，治理就是统治的意思①，但是治理与统治又存在着区别。统治是指国家及其执行机构基于社会统治和管理需要而实施的具有权威性的专门的公共管理活动，其突出特征是过分强调和依赖政府。治理秉承了英国“新公共管理运动”的精华，是一种新公共管理的高级形态。一般认为，所谓治理，指的是在人们生活的共同体中，为着共同的目的和公共利益，各种不同的权威主体通过

---

① 蓝志勇、魏明：《现代国家治理体系：顶层设计、实践经验与复杂性》，《公共管理学报》2014 年第 1 期。

运用权力去引导、控制和规范各种活动，从而最大限度地促进公共利益[①]。治理的特征是强调国家、社会、市场之间的新组合，这种组合构成一个试图克服不可治理性的网络，使得国家、社会、市场以新方式互动，以应付日益增长的社会及其政策议题或问题的复杂性、多样性和多态性[②]。治理的概念自从1999年年末引入中国的政治学和公共管理领域之后，也相继引入了企业管理、公共社会事务、基层社会管理中[③]。

社会治理是国家治理体系和治理能力现代化的重要组成部分。在我国，社会治理是指在执政党领导下，由政府组织主导，吸纳社会组织等多方面治理主体参与，对社会公共事务进行的治理活动，其核心是实现和维护群众权利，发挥多元治理主体的作用。社会治理涉及的通常是公民的社会生活和社会活动，一般来说，主要是社会公共服务、社会安全和秩序、社会保障和福利、社会组织、社区管理，等等[④]。

基层社会治理是社会治理的基石，也是国家治理体系中最为基础的部分。在中国，国家权力与社会自治的交集主要在"基层"[⑤]，基层是联系政府和群众的基础组织[⑥]。在西方，用公民社会（Civil society）来代替"基层社会治理"的概念，公民社会也译为市民社会或公民团体。古希腊的亚里士多德在其《政治学》中提到了政治共同体或城邦国家的概念，主要指"自由和平等的公民在一个合法界定的法律体系之下结成的伦理政治共同体"[⑦]。

国内学者对于基层社会治理的理解因其视角的不同而存在差异。从

---

① 陈家刚：《基层治理：转型发展的逻辑与路径》，《学习与探索》2015年第2期。

② 向德平、申可君：《社区自治与基层社会治理模式的重构》，《甘肃社会科学》2013年第2期。

③ 俞可平：《论国家治理现代化：Essays on the modernization of state governance》，社会科学文献出版社2015年版。

④ 王浦劬：《国家治理、政府治理和社会治理的含义及其相互关系》，《国家行政学院学报》2014年第3期。

⑤ 江治强：《当前基层社会治理机制的建构路径》，《社会治理》2015年第2期。

⑥ 王红梅：《城市基层社会治理改革问题分析——以贵阳市为例》，《城市发展研究》2015年第22期。

⑦ 任继琼：《亚里士多德政治学的伦理目的研究》，《理论与改革》2006年第5期。

“城乡一体化”“城乡统筹发展”的角度来看基层治理的结构与效果[①]，或从社会主义新农村建设的视角来观察治理的路径[②]，基层社会治理是推进某种政策的手段和方式；从民主发展的视角看基层社会治理，它是进一步推进民主、完善民主和发展民主的路径选择。

基层社会治理目前仍然是一个指向不明确的概念。从内容上来说，一般指地方政府主导的、由社会多个方面参与，以达到规范社会行为、协调社会关系、化解社会矛盾、确保社会秩序稳定、促进社会和谐发展的目标。

从范围来说，根据地方政府行政区划，基层社会治理的范围包括街道和乡镇以下的区域治理。而根据基层社区组织的活动，基层社会治理的范围是指居（村）民委员会的组织辖区，即“社区”为治理范围。由于基层政府（区县和乡镇政府）及其派出机构（街道办事处）作为指导单位也深度介入“社区”工作，社会力量的参与也往往是以“社区”作为“基层”来理解的。因此，基层社会治理是以社区（村）为基础，以街道、乡镇为单元的治理单位，其有效运行构成了整个国家和社会治理的基础[③]。

2. 基层社会治理的主体

目前基层社会治理主体已表现出多元化发展[④]。基层社会的治理主体以相对平等的身份，就基层社会公共事务进行合作共治，通过社会关系的协调与社会行为的规范，解决社会问题，维护社会公正与稳定，促进社会的和谐[⑤]。人类的经济活动、社会活动、文化发展都是在不断提升的，尤其是社会政治制度的不断完善使得基层社会治理出现了变化，现代化的基层治理要求除基层政府之外，其他非政府组织、企业、村（居）

---

① 任中平：《城乡统筹建设进程中的乡村治理——目前成都市乡村治理的调查与思考》，《当代世界与社会主义》2009 年第 5 期。

② 徐勇：《城乡一体治理：社会主义新农村建设的方向与探索》，《东南学术》2007 年第 3 期。

③ 宋煜：《基层社会治理的创新范式与关键要素》，《中国国情国力》2016 年第 2 期。

④ 傅利平、王涛、赵瑞雪：《生态文明背景下社会管理科学化维度解析》，天津市社会科学界学术年会论文，2013 年。

⑤ 向德平、申可君：《社区自治与基层社会治理模式的重构》，《甘肃社会科学》2013 年第 2 期。

委会、村民（居民）也成为公共事务的治理主体①；各主体在特定领域中具有明确和清晰的地位、角色及其责任边界；能够依据各主体的价值观念、行为逻辑及主体需求，在复杂的权利与利益关系中促进政府与其他组织间的利益协调、目标协同和行动协作②。基层社会治理更强调多元协作，平等参与③。

（1）街道办事处

街道党（工）委和街道办事处分别是不设区的市或市辖区党委、政府的派出机关，发端于20世纪50年代，但在计划经济时期组织规模和地位作用十分有限④。街道办事处是区级政府的派出机构，受市辖区人民政府或功能区管委会领导，行使区级政府或功能管委会赋予的职权。街道办事处作为政府与社会对话合作的窗口，具体落实市政府和区政府的政策主张，目标是为城市基层社会提供公共服务，并对公共事务进行治理，协调各利益群体间的关系，化解基层治理过程中出现的各种矛盾。其职责涵盖了发展经济、社会管理、公共服务等领域。

（2）社区自治组织

居委会/村委会是居民自我管理、自我教育、自我服务的基层群众性自治组织，也是党和政府联系人民群众的桥梁和纽带之一。居民委员会根据需要设人民调解、治安保卫、公共卫生等委员会。城市居委会在基层社会治理中扮演着越来越重要的角色，其工作模式也越来越规范化，吸引了有知识有专业背景的年轻人加入居委会开展日常工作。

（3）社会组织

基层社会组织是指具有同一爱好或思想、利益和价值趋同的居民共同组成的社会群体。社会组织为丰富居民生活、解决居民难题、满足居民日常需要发挥了重要的作用。事实上，治理概念的提出即表征着作为

---

① 傅利平、涂俊：《城市居民社会治理满意度与参与度评价》，《城市问题》2014年第5期。

② 袁方成、罗家为：《十八大以来城乡基层治理的新方向、新格局与新路径》，《社会主义研究》2016年第1期。

③ 张再生、牛晓东：《中国基层社会治理机制与模式研究》，《公共管理与政策评论》2015年第4期。

④ 唐忠新：《当代中国城市基层社会治理主体结构变迁——以天津市滨海新区为例》，《中国特色社会主义研究》2013年第5期。

公共事务治理主体之一的社会组织，其公共性是事实存在的。公共性就是公共管理主体的公共所有属性，同时将公共利益作为处理公共事务时的首要原则。正是因为其公共性的存在，使得社会组织在公共生活领域具有三大功能：社会组织监督政府行政，增加社会和谐因子；社会组织利于公众参与社会生活；社会组织激发人的主体意识，弘扬主体文化[①]。社会组织与政府组织、社区一道共同致力于公共事务，解决公众关心的日常问题。社会组织的参与是现代社会多元治理的基本方向和重要特征，是基层社会治理主体结构得以扩展和优化的根本途径[②]。

（4）驻区单位

驻区单位就是在社区所管辖的地界内从事营利和非营利的企业、事业、行政机关等组织的总称。从区域上来看，驻区单位作为社区管辖的范围内的单位组织，与社区的关系存在一种天然的联系，社区的发展与驻区单位的参与密不可分[③]。驻区单位是社区的重要力量。驻区单位所拥有的资源，包括场地、设施、资金、人才等资源优势是其他主体无法比拟的。简单地说，驻区单位所在地在某一区域范围内，但不归当地管辖，具有一定的独立性。但是，只要其存在就一定与地区社会治理存在天然的关系。例如，驻区单位与所在社区、街道、社会组织之间开展合作、共建、联合行动，等等，对于社区、街道的发展来说，这是一股重要的支持力量。驻区单位对于城市社区文化具有引导、创造、传承、整合、补充功能，充分认识城市社区与区内企事业单位的文化互动对于加强相关社区和企事业单位文化建设，加速社区的资源共享，优化企事业单位的社区环境，促进区、单位精神文明共建具有重要意义[④]。

（5）社区居民

在传统的观念中，社区居民是街道办事处、社区、社会组织和其他治理主体的服务对象。但在治理层面上，居民不仅是服务对象或治理对

---

① 张微、王映雪：《和谐社会视域下的第三部门发展与社会管理创新》，《河北北方学院学报》（社会科学版）2013 年第 2 期。

② 叶笑云、许义平：《基层社会治理体系与社会管理创新——以宁波市为研究对象》，《中共浙江省委党校学报》2012 年第 58 期。

③ 刘金山：《驻区单位与和谐社区建设》，《社会工作》2017 年第 11 期。

④ 臧公余：《试论驻区单位在城市社区文化建设中的作用》，《理论观察》2007 年第 2 期。

象，而且应该把他们认定为治理体系中的重要组成部分。没有社区居民的广泛参与，治理主体的功能就不能很好地发挥，缺少针对性和有效的群众监督；没有社区居民作为源泉，社区、社会组织就缺少存在的基础和原动力，从组织存在的本身来看，同样需要社区居民的广泛参与。

3. 基层社会治理的方式

基层社会治理是国家治理的重要组成部分，其方式的选择与运用关系到全面深化改革总目标的实现①。法国高级研究员让·彼埃尔·戈丹认为，现代社会治理从一开始便区别于传统的政府统治方式，社会治理要注重方式方法的革新。他提出要改变以往政府强制性、命令式的管理方式，基层社会治理更应关注民主、协商、谈判、契约、程序等价值工具，提倡软约束性、强参与性的社会治理新手段②。随着我国行政体制改革和政府的改革以及社会自治能力的不断强化，我国基层社会治理方式由政府主导型发展到政府与社会合作型再到社区主导型。

（1）行政型治理方式

行政型治理方式也叫作政府主导型治理方式，政府作为社区治理的主要主体、包括街道办事处、区政府有关职能部门，协调社区居民委员会、市场组织、社会组织、社区居民等各种社区主体共同参与对社区公共事务和社会事务的管理，政府通过对政治、经济、文化和各种社会资源的控制和分配，实现基层社会的管理任务和目标。这种模式的优点在于政府具有政治上、资源上的优势，能够带领各类社区主体有效开展社区建设、实行社区治理。这种方式一切以上级政府行政命令和任务安排为中心，围绕上级制定的阶段性工作目标为工作重心，工作缺少灵活性、主动性，不仅增加了政府的财政负担，而且不利于发挥各类社会团体参与社区治理的积极性。

（2）合作型治理方式

合作型治理方式也可以称为政府与社会合作型治理方式，或者市场主导型治理方式，在这种治理模式下，政府仍然是社区治理的主导力量。

---

① 孙国良：《基层社会治理方式创新的背景和内涵释义》，《法制与社会》2015 年第 13 期。

② ［法］让·彼埃尔·戈丹、陈思：《现代的治理，昨天和今天：借重法国政府政策得以明确的几点认识》，《国际社会科学杂志》1999 年第 1 期。

与行政型治理方式不同，社会组织和公民可以参与到社区建设与治理活动当中，发挥一定的作用，有限度地承担一部分职能。合作型治理方式下，合作的领域、合作的方式、合作的广度与深度等均由政府来把握。政府对社区发展规划、日常管理服务等工作予以指导，并拨付相应的经费、调动有关资源支持社区建设，但政府一般不直接参与社会决策和管理活动，社区日常管理和建设以居民和社区组织自治为主，政府主要发挥指导和支持作用。这种模式的优点是通过引入市场竞争机制，使社区建设和管理体现市场运作的优势，在成本控制、服务质量提高、便民便利等方面做得较好；其缺点是由于当前物业管理行业标准不够规范、管理不够到位，容易形成逐利导向的经营行为，忽略了服务居民的内涵。

（3）自治型治理方式

自治型治理方式也可以称为社区主导、政府支持型治理方式。这是社区治理的高级形态。社区及其他社会力量自治能力较强，拥有相当的自我行为空间，可以根据自身发展特点与需要制定本社区发展规划，同时需要政府在政策、资金、信息、人力资源等方面给予一定的支持。社区居民、社区组织、市场中介组织等各种社区主体共同参与社区事务的管理。自治型治理方式的特点是政府行为和社会行为相分离，政府的社区管理和发展意志通过专项拨款到社区，由其他社会主体配合予以实施，而社区的工作则采取自治的形式，通过各社会体和基金会捐赠来筹措经费。社会导向性模式能够调动社区内居民主动参与的积极性，培养居民对社区的认同感和归属感，有利于实现社区的稳定及和谐发展，也有利于培育社会组织，避免政府大包大揽、过度行政化带来的弊端，同时避免过度市场化造成的利益至上、服务不足等缺陷。欧美发达国家大多推行自治型管理体制模式，如美国、德国等。

三种治理方式之间的过渡事实上并没有非常明显的分界线，而且这种治理方式的变革过程往往需要一个相当长的时间，甚至在同一时期同一地区也存在多种治理方式并存的情况。对于治理方式的选择，没有绝对的优劣之分。一方面，治理方式的选择与经济社会发展程度有关。凡是经济较发达的地区，政治、文化、社会整体发展进程也较为迅速，所以社会的自治能力较强，社会组织、社区分担政府社会治理职能的能力也较强，居民的参与能力、参与水平能够达到一定的程度。另一方面，治理方式的选择与行政体制改革的整体进程相关。政府不是完全不管社会事务，而是根据自身职能调整设计以及资源整合情况，适时地剥离一部分职能。此外，治理方式的选择也与公共事务的繁重程度，公共需求的增长频率相关。所以，不能简单地套用哪种方式或模式，而应该因地制宜地选取最利于公共利益实现的治理方式。

4. 我国基层社会治理模式的发展与变迁

从我国的历史发展脉络和趋势来看，大致经历了从农业社会向工业社会，再由工业社会向后工业化社会发展的演进过程。这三种不同的社会类型，分别对应了皇权影响下的基层自治、科层制的政府管理和网络治理三种不同的基层社会治理模式。

在中国的传统社会中，村庄是构成农村整个生产、生活等基本秩序的重要活动领域。在传统的中国社会，由于人口众多、地域庞大，国家不可能“横向到边、纵向到底”地直接管理社会各项事务，对于我国传统社会的治理，可以分为两个层面：一是上层国家的治理，即上层皇权的至高无上；二是基层社会治理，在继承中国传统社会文化的基础上，通过士绅等精英及特权人士，形成乡村、宗族等一定范围内的，被普遍接受和遵守的，且具有较强约束力的民间约法。因此，我国传统社会的基层社会治理，是以基层自治为前提，由乡村士绅们建立起的一套由传统文化、宗教宗法和传统伦理组成的传统社会治理模式。

新中国成立以后经历了计划经济和市场经济两个时期，新中国成立初期，中国共产党利用行政力量将社会单位化，以此来全面重建社会的基本单位。被赋予行政级别的“单位”不仅是承担社会生产、社会生活的载体，还是一个具备社会管理功能的“基层行政单位”。1954 年，《城市街道办事处组织条例》和《城市居民委员会组织条例》由全国人大立法颁布，将不被单位、学校等组织包括的社区居民纳入社区街道管理。计划经济时期，基层社会管理主要以“单位制”模式为主，“街居制”模式为辅。政府通过党政机关、国有企业等单位形式管理职工，并以街道办事处、居民委员会等组织形式为辅助来管理社会人员。然而，进入市场经济时期后，社会结构分化，以“单位制”为主，“街居制”为辅的管理体制已经不能适应社会的发展形势。出现了许多“单位人”退出单位、许多“单位事”社会化的现象，客观上产生了用“社区”取代“单位”

的需要，以“社区”接纳原有“单位人”，办理原有的“单位事”，承担原来由“单位”所行使的社会功能①。工业化时期我国基层社会治理仍旧是政府主导。

当前，我国社会已经逐渐迈入后工业时代，也称之为信息社会或网络社会。后工业化的社会改变了人与人之间的交往形式，公众参与社会公共事务的机会增多，表达自身利益诉求的渠道也更为快捷。同时，后工业社会的这些特性也加大了治理的难度和复杂性，如何协调和整合不同人的利益是政府的难题。相较于传统治理方式，信息化时代的社会治理，在处理政府、市场、社会组织等不同治理主体之间的关系时更具优势。随着我国城市化进程的加快和市场经济体制的不断完善，政府已经意识到基层社会治理需要激发市场活力，引导、培育社会力量共同参与。

二　社会治理的相关理论基础

1. 有限政府理论

有限政府理论是在特定的时代与国度诞生的。在 17 世纪的英国，一方面近代国家正在兴起，政治权力不断扩张；另一方面传统自由主义也在重申。权力与自由之间发生了激烈冲突。这一时期的思想家们一方面试图维护近代国家及其政治权威，另一方面又试图限制权威以保障人民的自由。洛克是这一时期影响巨大的思想家之一，他的有限政府理论对英国乃至全世界都产生了深远的影响，同时其理论也有着深厚的理论渊源②。

洛克有限政府理论中的有限性主要体现以下几个方面：第一，政府权力边界的有限性。他主张国家和政府是人们相互订立契约的结果，政府权力以人们的同意为基础，政府是人们自愿选择的结果，人们的“同意”是政府权力合法性的基础。第二，政府权力行使的有限性。政府的权力来源于人民权利的让渡，赋予政府的权力实质上是实现人民权

① 童星、赵夕荣：《“社区”及其相关概念辨析》，《南京大学学报》（哲学 · 人文科学 · 社会科学版）2006 年第 2 期。

② 王一：《有限政府理论视角下的国家与社会关系重构》，《求实》2012 年第 2 期。

利的一种手段，国家权力与其说是“统治权”，倒不如说是“服务权”更为贴切。既然政府的权力来源于人民，因此它必然是相对的、有限的，必然在人民的监督之下，而不能凌驾于人民之上。第三，政府目的的有限性。洛克认为政府的目的是保护人民的生命、自由和财产，政府制定法律的目的不是废除或限制人们的自由，而是为了保护和扩大人们的自由①。

有限政府理论基础主要是权力本位、权力受限制，职能适当的政府有限论。有限政府不仅指的“弱政府”或者“小政府”，更是指以民主政治和市场经济和理性文化为条件的，主张政府以最小的成本提供最大化的优质的服务。当前我国正在努力构建一套市场和社会相适应的政府体制，增强政府对社会的宏观调控与指导，减少对微观经济的管理与干预，以实现全能政府向市场经济条件下有限政府的转变。依据有限政府理论，政府有所为、有所不为。与此同时，对于社会转型期的中国，在强调有限政府的同时还应该强调有效政府。后者关注政府在职能范围内如何去做事，直接反映政府治理的有效性。

2. 委托代理理论

委托代理理论是由美国经济学家伯利和米恩斯在20世纪30年代率先提出的，其最初目的是指在信息不对称的前提下，如何更好地制定契约，保证企业运行的效率②。委托代理理论的具体内容即指，当企业所有者委托另一当事人负责企业的生产经营活动时，会出现代理人比委托人更加了解企业的基本信息的情况，而委托人此时并不能完全监管代理人，所以可能出现代理人为了实现自身利益最大化而损害委托人利益。此时，一套行之有效的激励机制和监督机制就应运而生，使委托人和代理人的利益趋同，避免因信息不对称出现损害委托代理人利益的问题。他们认为，应当分离企业的所有权和经营权，即企业所有者保留所有权，代理者保留经营权。其实，委托代理理论的本质就是委托人和代理人之间的博弈，即委托人和代理人的利益同质问题。

---

① 洛克：《政府论（下篇）》，商务印书馆1964年版。

② Stiglitz J E, Weiss A, Credit Rationing in Markets with Imperfect Information, American Economic Review, 1981, 71 (3): 393 -410.

随着社会经济的发展，委托代理理论也逐渐被应用到社会治理方面。因为政府和整个社会公众在社会治理中也是委托代理关系，即所有社会公众将国家的权利委托给政府，而政府作为代理人进行一系列的社会治理工作。针对这一特殊的委托代理关系，需要确立高效的、合理的激励和监督机制，才能更好地促进社会民主的发展，达到善政、善治的目的。所以积极研究委托代理理论可以有效激发公民积极参政、议政，更好地监督和规范政府行为，维护社会和政权稳定，最终实现公民权利的最大化。从基层社会治理来看，整个权力体系是自上而下的授权模式，就是由全国人民代表大会和中央政府授权地方政府，再由地方政府授权给基层政府的委托代理体系。所以，很多时候基层政府在从事基层社会治理时只对上级政府负责，对社会民众却没有很强的责任感。加上中国的行政机构中存在下级对上级只负责任而没有权力，上级对下级却拥有权力而不用负责任，整个委托代理体系出现了断裂。这种断裂对中国基层社会治理造成了严重的后果，在信息不对称或利益发生冲突时，基层政府首先会考虑在保证自身利益的前提下才对上级负责，而社会民众的利益则被放在了最后一位。基层政府的这类行为通常表现为政府权力无限扩大、腐败滋生、效率低下等方面。所以，深入研究委托代理理论对基层社会治理具有重要意义。

3. 治理理论

"治理"的概念产生与发展是与传统的政治经济发展模式以及传统政治经济理论的危机密切相关。20 世纪后半叶以来，随着市场经济的发展和新技术革命的出现，社会经济迅速发展，利益格局逐步趋向多元化，社会公共领域逐步形成，人们的自主意识日益增强。与此同时，面对这种全球新经济社会转型，各个民族国家的传统政治与经济体制都出现了不同程度的危机，主要体现在"市场失灵"与"政府失灵"上。在双重窘境下，西方发达国家出现了空前的社会危机，于是国家的管理者在政府与市场之外寻找新的解决问题的方式与机制，"治理"的概念和治理理论就是在这样的背景下产生的。

罗西瑙在《没有政府的治理》中将治理定义为："一系列活动领域里的或隐或显的规则，它们更依赖于主体间重要性的程度，而不仅是正式颁布的宪法和宪章。"他认为，政府不应该是唯一的社会治理主体，更不需要赋予其强制的管理权力①。格里·斯托克也提出："社会治理的一系列行为不仅限于来自政府，也应该包括社会公共机构和行为者、政府不再是社会治理唯一发号施令的主体，政府可以动用新的工具和技术来控制和指引社会治理，而政府的能力和责任也均在于此。"② 另外，罗伯特·罗茨在《新的治理》中指出："治理理论的出现也标志着政府管理含义的变化，这指的是一种新的管理过程，或者是一种改变了的有序状态，或者是一种新的管理社会的方式。"③ 库依曼和范·弗利埃特也认为：治理所要创造的结构和秩序不能由外部强加，治理发挥的作用是要依靠多种进行统治的以及互相发生影响的行为者之间的互动④。全球治理委员会1995 年发表的《我们的全球伙伴关系》指出，所谓治理是各种公共的或私人的个人和机构管理其共同事务的诸多方式的总和，它是使相互冲突的或不同的利益得以调和并且采取联合行动的持续的过程，这既包括有权迫使人们服从的正式制度和规则，也包括各种人们同意或认为符合其利益的非正式的制度安排，它有四个基本特征：治理不是一整套规则，也不是一种活动，而是一个过程；治理过程的基础不是控制，而是协调；治理既涉及公共部门，也包括私人部门；治理不是一种正式的制度，而是持续的互动⑤。

我国学者俞可平则认为，治理是指在一个既定的范围内运用权威维持秩序，以增进公共利益，它是政治国家与公民社会的合作、政府与非政府的合作、公共机构与私人机构的合作以及强制与自愿的合作。良好的治理就是善治，善治是实现公共利益最大化的社会管理过程，因而一个国家由治理走向善治，这对于公民社会的兴起具有重要的意义⑥。

综上所述，治理理论就是政府转变传统管理至上的思想，以公正和服务至上为执政思想，将政府从包揽一切的重负中解脱出来，并与社会

① ［美］詹姆斯·N. 罗西瑙主编：《没有政府的治理》，张胜军、刘小林等译，江西人民出版社 2001 年版。

② ［英］格里·斯托克、华夏风：《作为理论的治理：五个论点》，《国际社会科学杂志》1999 年第 1 期。

③ 转引自俞可平《治理与善治》，社会科学文献出版社 2000 年版，第 86—87 页。

④ 张宝峰：《现代城市社区治理结构研究》，中国社会出版社 2006 年版。

⑤ 全球治理委员会：《我们的全球伙伴关系》，牛津大学出版社 1995 年版，第 23 页。

⑥ 俞可平：《治理与善治》，社会科学文献出版社 2000 年版。

公共机构和行为者协商合作，增强公民的自主性和活力。治理理论正式成为了社会治理的指导思想。

4. 协同治理理论

“协同”来源于赫尔曼哈肯创立的协同学，其认为系统有序结构的出现，关键在于系统内部各个子系统之间相关关系的协同作用①，系统在宏观上的性质和变化特征是由子系统之间的不同的关联和协同方式所决定的②。子系统之间的协同运作不仅有助于整体系统的稳定和有序，而且能从质和量两个方面放大系统功效③。因此，治理系统的有序和效能都取决于各治理主体的协同运作。协同治理理论是一门协同学与治理有效结合的新型理论，也是对治理理论的重新检视。协同学专门研究在由完全不同性质的大量子系统所构成的复杂系统中，子系统在什么样的条件下，通过怎样的合作才在宏观尺度上产生空间、时间或功能结构。协同治理作为一种集体行动，是权力和资源的互动过程，组织之间的协同离不开政府组织。治理理论强调治理主体和治理权威多元化的价值理念，但却忽视了其自生困扰，即多元主体怎样运作才能消解冲突、良性合作，维持治理系统的有序结构。有学者认为协同理论和治理理论有着内在契合性，两者内涵相近、对象同一、功能互补，因此将协同理论与治理理论有机耦合起来构建协同治理理论④。

协同治理是以治理主体的多元化为前提的，但更多的是侧重于这些主体之间具有不同的价值判断和利益需求，每个主体会拥有不同的资源，主体之间为了利益最大化就需要合作与竞争。各个组织间通过与政府的合作与协商对话的方式，形成完善的规则与可交换的资源，谈判协商以及资源的交换能不能顺利开展，取决于参与主体提供的资源，以及共同规则的遵守和交换的环境。协同治理实质上是公共权力的回归；形式上是政府组织、社会组织、经济组织、公民个人和其他利益相关者在公共

---

① 曾健：《社会协同学》，北京科学出版社 2000 年版。

② 郭治安：《协同学入门》，四川人民出版社 1988 年版。

③ 曾健：《社会协同学》，科学出版社 2000 年版。

④ 吴春梅、庄永琪：《协同治理：关键变量、影响因素及实现途径》，《理论探索》2013 年第 3 期。

事务治理实践中分工合作、相互配合，以实现治理效能的最优化①。在政府提供有效外部条件的前提下，引导多元治理主体之间的互动共治是十分必要的。

三　迈向精细化的社会治理

1. 社会治理精细化

一般认为，“精细化”的理念起源于20世纪50年代日本企业管理中精益求精的工作态度、创新务实的工作精神和科学高效的管理思想。“精细化”管理理念事实上经历了泰勒科学管理、戴明为质量而管理和丰田精细生产方式三个发展阶段，科学与效率是它们共同的灵魂。精细化管理注重规则的系统化和具体化，依托现代信息技术，在此基础上使用程序化、标准化和数据化的手段，使组织管理各单元精确、高效、协作和持续。经过不断地发展和演变，精细化理念得以形成，并因其在企业管理中取得了很好的成效而迅速推广到其他国家和领域中。随着企业管理过程中出现低成本、高效率的现象，精细化管理理念逐渐被引入社会治理范畴中。社会治理中的精细化理念一方面继承了追求过程细节化、手段专业化、效果精益化、成本精算化等技术层面的精细化思想，另一方面又对其进行发展和完善，树立了人本主义理念，更加注重人，重视发挥人的主观能动性。社会治理的本质是人文关怀，通过有针对性地提供公共服务来满足人民群众对多元化利益的不同层次的、个性化的需求，这也正是坚持人民的主体性地位的真实反映。

十八届五中全会首次提出社会治理精细化，既是党和国家对提高社会治理水平提出了新要求，也是为社会治理创新指明了方向。这对推进整个社会治理体制创新，推动社会治理水平达到新高度，乃至实现整个社会的稳定和持续发展都具有十分重要的意义。目前学术界关于基层社会治理精细化的研究文献较少，对于内涵的界定还没有统一的认识。清华大学公益慈善研究院长王名教授强调，社会治理精细化是对社会管理

---

①　陆世宏：《协同治理与和谐社会的构建》，《广西民族大学学报》（哲学社会科学版）2006年第6期。

模糊化的反思和超越[①]。社会治理精细化，是在基层社会治理活动中引入精细化概念与原则，坚持以人为本、合作治理、动态创新和公开透明原则[②]，利用较少的资源、专业化的治理手段，实现更优质、更关注细节、更加人性的治理效果，实现社会治理理念、制度、手段和技术的精细化，实现社会治理活动的全方位监管、高效能运作[③]，以期实现社会治理的科学化，现代化和精细化。

综上所述，基层社会治理精细化就是在基层社会治理过程中，运用精细化的理念，坚持以人为本，通过专业、多样的治理方式和科学、标准的治理手段，以更优质的服务满足社会各阶层的利益需求，从而实现基层社会治理的低成本、高效率。

2. 社会治理精细化的特征

（1）治理理念人本化

社会治理的目标就是增加人民群众的福祉，使广大人民群众共享改革发展的红利。精细化的社会治理将公民的需求作为出发点与落脚点，努力解决与人民群众利益息息相关的问题，时刻将民生问题摆在关键位置，真正为民办好事、办实事，满足广大人民群众的多层次、个性化的现实需求。

（2）治理主体多元化

社会治理精细化要求政府转变为有限政府、服务政府、透明政府、法治政府，主要承担重要的社会职能，将“管不了”的事务都交给社会，调整规范公共权力、培育自治力量和民权民生法治保障，为此必须坚持完善党委领导、政府主导、社会协同、公众参与、法治保障的体制机制。协作（协商和合作）是多元化主体推进社会治理精细化的基本途径和权力运作模式。协商是各利益相关者依法依规对社会公共事务在商讨和对话基础上，达成公共利益最大化最优化的过程，是新时期社会治理特别是基层社会治理的时代诉求和民主方式。合作是各利益相关者，以法律

---

① 胡颖廉、罗俊锋：《如何推进社会治理精细化》，《学习时报》2015 年 11 月 17 日。

② 高玉贵：《经济新常态下推进社会治理精细化的动因与路径》，《商业时代》2016 年第 17 期。

③ 陆志孟、于立平：《提升社会治理精细化水平的目标导向与路径分析》，《领导科学》2014 年第 13 期。

和规范为依据，在协商和互信基础上，对社会公共事务进行共同治理的活动。协作化治理模式昭示着社会公共权力的运作，已不是自上而下的单一模式，而是多向、互动的多元模式。

（3）治理方式法治化

法治化是社会治理精细化的基本属性和重要保障。法治是与人治相对立的概念，人治是以少数人的意志和意愿来治理国家和社会，体现出少数人拥有特殊的权力和权益，多数人处于被赋予权力与权益的地位。而法治则是依照法律和规范来治理国家和社会，法律和规范体现了一定社会区域内大多数人的意志和意愿，于是，公共权力运行得到制约和规范，公民权利行使得到保障和维护。

（4）治理手段信息化

信息化时代，信息技术的发展为社会治理精细化提供了强大的技术支撑，政府间可以构建基础通用数据库，实现信息平台的互联互通、资源共享。同时也为民众的多样化利益诉求提供了表达的渠道，拓宽了民众参与社会治理的渠道。政府利用大数据、“互联网＋”在社会治理领域大力发展电子政务，通过微博、微信公众号、政府网站等平台及时发布信息，使公众获取最新的政务消息。同时社会治理精细化还注重构筑智慧民生服务平台，将教育、医疗、交通、环境、就业等与民生相关的方方面面都纳入其中，真正以智能化、信息化实现科技增效、服务升级、效率提升、资源优化。信息技术的发展大大拓展了公共服务和管理的范围，有效实现了民众与政府的无缝对接。

（5）服务精准化

当下人们的利益诉求越发多样化，政府虽然不可能在社会治理过程中兼顾每一个个体的需求，但是可以在社会治理过程中根据需求的差异性来细分服务对象，提供更具针对性的精准服务。精细化的治理不仅要惠及社会的大多数，更要满足特定人群的需求，实现“普惠＋特惠”的目标。例如，政府将服务对象进行细分，在民生事业中考虑到残疾人、妇女儿童、贫困人口等社会的少数人，制定一系列的政策来保障弱势群体的权益，带领广大人民群众实现美好生活的愿景；各种社会组织和服务团体，也会针对特定人群提供专门的服务。

3. 基层社会治理精细化的意义

从社会管理到社会治理精细化，一方面是执政党从根本上改变了执政理念，另一方面是我们党清晰认识、准确把握、科学运用社会建设内涵和要求的表现，社会治理精细化是我国在社会治理理念上的一次发展与升华，对指导地方政府进行有效治理具有重要的理论意义。推进社会治理精细化，形成政府、社会、公众多方积极参与社会治理的良好形势，是建设社会主义和谐社会的必然选择。

首先，对民众来说，社会治理精细化的推进是对以往粗放式管理理念的革新，释放更多的社会活力。

在新的理念下，倡导政府、社会和公民共同承担社会治理的责任。公民成为社会治理的主体成员之一，在发挥社会活力的同时能借助网络信息技术等渠道自由表达自己的利益需求，有利于政府有针对性地提供服务，大大提高治理工作的有效性，满足人民群众个性化的需求，共享经济社会发展的果实、切实解决社会治理的“最后一公里”问题，提升民众的幸福感和获得感。

其次，对社会来说，社会治理精细化是应对转型期社会矛盾和社会问题的必要选择。

当前改革处于举步维艰的阶段，社会环境变得复杂，许多不可预测的新情况新问题出现，社会管理迫切需要通过变革来实现从传统社会管理向现代社会治理转变。治理主体的多元化、治理理念的人本化、治理手段的信息化、服务对象的精细化、治理资源的统筹化使传统粗放的管理方式走向精细，政府、社会组织和公民形成平等合作的关系，秉承以人为本的理念，以信息技术的发展为支撑转变治理手段，将治理资源进行整合再分配，极大地提升了行政效率和治理水平。

最后，对国家来说，社会治理精细化是国家治理的关键一环，是建设和谐社会的有效手段。

民为国之根本，人民生活安定，国家才能稳固。加快推进基层社会治理精细化，充分践行为人民办好事、办实事的宗旨，整合政府与社会的力量，将社会问题扼杀在摇篮里，实现人民创造美好生活的愿景，进而社会矛盾得到缓解，国家实现长治久安。

第二节　社会治理精细化与公共服务供给

发展公共服务是基层社会治理现代化的内在要求，也是推进治理体系与治理能力现代化的重要手段。公共服务不足不仅对基层社会治理体系完善与治理能力提升产生影响[①]，而且会影响广大人民群众的根本利益。因此提升基层政府社会治理中的服务性是缓解社会矛盾、保证国家安定与人民团结的有效途径。要提升基层社会治理中的服务性有必要梳理公共服务供给的相关理论。

一　公共服务的概念、分类与供给主体

"公共服务"的概念关乎服务型政府的建立、关乎国家治理体系和治理能力现代化的实现[②]，因此有必要归纳和总结有关公共服务概念的各种观点，厘清与其他相似概念的区别和联系，明确公共服务的分类与供给模式。

1. 公共服务的概念

公共服务是现代经济学中一个十分重要的概念，在学术史上，关于公共服务定义的内涵和外延不断得到揭示和界定。有学者认为，随着新公共管理运动的兴起，"1980 年前后为大量公民提供的服务，其中存在着显著的市场失灵、使政府有理由参与生产、融资和监管的活动就是公共服务"[③]。

随着时代的变迁，在吸收新公共管理理论和新公共服务理论优秀思想的基础上，学者赋予了公共服务更新更广泛的含义，目前国内外有以下几种观点：

第一种观点认为，公共服务和公共产品是同义的不同表达，区别就

① 倪赤丹：《发展基本公共服务推进基层社会治理能力现代化》，《特区经济》2015 年第 6 期。

② 李延均：《公共服务及其相近概念辨析——基于公共事务体系的视角》，《复旦学报》（社会科学版）2016 年第 4 期。

③ Grout P A，Stevens M，The Assessment：Financing and Managing Public Services，Oxford Review of Economic Policy. 2003. 19（2）：215 – 234.

在于公共产品是政府提供的有形产品，而公共服务是政府提供的无形消费服务。公共产品的概念及其理论在西方经济学中有较充分的表达和论述，其中最为经典就是萨缪尔森的定义。1954 年，萨缪尔森在《经济学与统计学评论上》，将纯公共产品定义为："任何一个人对一种产品的消费，都不会导致其他人对这种产品消费的减少。"[①] 即那些具有共同消费性质的产品即为公共产品，非竞争性和非排他性是其两个基本特征。以此为依据，持这种观点的人认为公共服务就是那些具有共同消费性质、具有消费的非竞争性和使用的非排他性的服务。汉斯·范登·德尔在 1950 年前后，提出了他对公共服务的理解，公共服务是有着共同需求的消费者群体而且难以将这种服务分隔到每个消费者的具有共用性质的服务产品[②]。埃莉诺·奥斯特罗姆认为公共服务就是以服务形式存在的公共产品，具有非排他性与共用性、不可分性和不可衡量性[③]。不少国内学者的观点比如于凤荣、江明荣、赵成福等将公共服务与公共物品等同时使用，认为公共服务就是公共物品，包括经济性的公共服务和社会性公共服务[④]。但是很显然，与现实中丰富多样的公共服务相比，现实中真正满足非竞争性和非排他性的服务极其有限，因此这一概念过于抽象并难用于指导实践。

第二种观点从市场和政府二分法的角度来理解公共服务，认为凡是市场不能提供或提供不足的服务都属于公共服务，从政府的角度看，凡是政府职能内的事务都是公共服务，政府应该理所当然地承担提供这些服务的责任。法国学者莱昂·狄骥认为公共服务就是与社会团结与促进密不可分，必须要以政府加以规范和控制，它具有职能通过政府干预，

---

① Samuelson P A. The Pure Theory of Public Expenditure, Review of Economics & Statistics, 1954, 36 (4): 387 -389.

② ［荷］汉斯·范登·德尔:《民主与福利经济学》，陈刚等译，中国社会科学出版社 1999 年版。

③ ［美］埃莉诺·奥斯特罗姆:《公共事物的治理之道》，余逊达、陈旭东译，上海三联书店 2000 年版。

④ 丁元竹、江汛清:《社会公共服务供给与社会管理体制安排》，《理论与现代化》2006 年第 5 期。

否则不能得到保障的特征①，从这个角度定义的公共服务具有垄断的性质。广义的公共服务继承了莱昂·狄骥的思想，将政府的所有职能都包括在内，代表性的如联合国政府职能分类体系就是将政府全部职能归入公共服务，包括普通公共服务与公共安全、社会服务、经济服务等②。

第三种观点从政府的性质来理解公共服务，认为在市场经济下，政府要为市场主体服务，从这个意义看，政府涉及的所有事情都是公共服务，政府为了进行宏观调控所涉及的金融安全、人才保护以及推进平等竞争、维护市场秩序等重大问题，都应看作政府为市场提供的社会公共服务③。公共服务指政府为满足社会公共需要而提供的产品与服务的总称，它是由政府机关为主的公共部门生产的、供全社会所有公民共同消费、平等享受的社会产品④。公共服务是指政府为促进发展和维护公民权益，运用法定权利和公共资源，面向全体公民或某一类社会群体，组织协调或直接提供以共同享有为特征的产品和服务供给活动⑤。

第四种观点从需求划分角度来解释公共服务，该观点认为，满足居民和组织直接需求的为公共服务，满足间接需求的就不是公共服务。刘尚希指出公共服务就是政府利用公共权力或公共资源，为促进居民基本消费的平等化，通过分担居民消费风险而进行的一系列公共行为⑥。

第五种观点认为公共服务是公共产品的一部分，是以服务形式存在的公共物品。公共服务与公共物品并不是等同的概念，公共服务的范畴更加广泛，通过公共服务可以提供公共产品，也可以提供混合物品和私人物品⑦。公共服务是一个很宽泛的概念，广义上的公共服务是指公共领域所提供的的直接或间接的服务的总称，既有物质形态的公共服务，也

---

① ［法］莱昂·狄骥：《公法的变迁·法律与国家》，郑戈、冷静译，辽海出版社 1999 年版。

② ［美］斯基亚沃－坎波、［美］托马西：《公共支出管理》，张通译，中国财政经济出版社 2001 年版。

③ 姚大金：《公共服务型政府和公共财政体制》，《云南财经大学学报》2003 年第 3 期。

④ 李军鹏：《公共服务型政府建设指南》，中共党史出版社 2006 年版。

⑤ 卢映川：《创新公共服务的组织与管理》，人民出版社 2007 年版。

⑥ 刘尚希等：《基本公共服务均等化与政府财政责任》，《财会研究》2008 年第 6 期。

⑦ 程谦：《公共服务、公共问题与公共财政建设的关系》，《四川财政》2003 年第 12 期。

有非物质形态的公共服务[1]。公共服务是一种具有非竞争性和非排他性的社会服务，公共服务具有公共物品的性质，是不具备物品的物质形态，而是以一定的信息、技术和劳务等服务的形式表现出来的一种公共物品[2]。所谓公共服务，通常是建立在一定社会共识基础上，一国全体公民不论其种族、收入和地位差异如何，都应公平、普遍享有的服务，不仅包含通常所说的公共产品，而且也包括那些市场供应不足的产品和服务[3]。

综合国内外的研究，本书认为公共服务是由中央或地方政府为满足公共需求，通过使用公共权力和公共资源，向全国辖区内全体公民或某一类公民直接或间接平等供给的物品和服务。公共服务有如下特征：第一，公共服务满足公共需求，满足个性化的私人需求的物品和服务不属于公共服务的范畴；第二，公共服务是以公共权力或公共资源的投入为标志的，在供给服务的过程中如果没有使用公共资源，没有公共权力的介入，则不能视为公共服务；第三，公平性是公共服务的根本属性，其最终的目的是为了维护公共利益和促进社会公平；第四，供给是直接的，也可以是间接的，各级政府是公共服务的统筹者、安排者和监管者，可以直接生产，也可以通过安排其他主体生产来间接提供公共服务；第五，供给公共服务是政府职能的一部分而非全部，是与经济调节、市场监管、社会管理并列的政府职能[4]。

2. 公共服务的分类

按照公共物品性质的不同，可以将公共服务分为纯公共服务、准公共服务以及部分具有竞争性和排他性的服务。纯公共服务是指具有完全的非竞争性与非排他性特征的公共服务，主要包括国防、公共安全、义务教育、公共卫生、公共基础设施等；准公共服务是指不完全具有非竞争性和非排他性的公共服务，如高等教育、部分医疗卫生服务、部分基

---

① 冯云廷：《城市公共服务体制：理论探索与实践》，中国财政经济出版社 2004 年版。

② 徐小青：《中国农村公共服务》，中国发展出版社 2002 年版。

③ 陈昌盛、蔡跃洲：《中国政府公共服务：体制变迁与地区综合评估》，中国社会科学出版社 2007 年版。

④ 杨颖：《公共服务的概念、分类及供给主体创新研究》，中国科技政策与管理学术年会论文，2011 年。

础设施等。还有一些如民航、邮政、电信、水电供应等服务尽管具有竞争性与排他性，但由于这些服务具有垄断性，政府在这些领域也承担着一定的公共服务职责。

按照公共服务功能的不同，可以分为维护性公共服务、经济性公共服务和社会性公共服务①。维护性公共服务是政府为保证国家安全和国家机器正常运转而提供的公共服务，包括国防、社会治安等；经济性公共服务是指政府为促进经济发展而提供的公共服务，通常是生产型的，一般具有规模经济性和自然垄断的特点，并且在一定程度上还具有竞争性和排他性，包括邮政、电信、水电供应等；社会性公共服务是指政府为促进社会和谐与公正，为全体社会成员提供的公共服务，包括科技、教育、医疗、公共文化体育、就业、社会保障、环境保护等。

按照满足社会公共需求的水平，可以将公共服务分为基本公共服务和非基本公共服务。一般而言，公共服务是建立在一定社会共识基础上，为实现特定公共利益，根据一国经济社会发展阶段和总体水平，为维持本国经济社会的稳定、基本的社会正义，保护个人最基本的生存权和发展权所必须提供的公共服务。基本公共服务作为公共服务的特殊形式，是指那些与公民基本权利密切相关的公共服务项目②。判断一项公共服务是否属于基本公共服务具有两个标准：首先从消费需求层次上看，与人们低层次消费需求直接关联的公共服务为基本公共服务；其次从消费需求性质上来看，人们无差异的同质性公共消费需求即属于基本公共服务③。“十三五”规划指出，基本公共服务的范围一般包括“保障基本民生需求的教育、就业 、社会保障、医疗卫生、计划生育、住房保障、文化体育等领域的公共服务”，广义上还包括“与人民生活环境紧密关联的交通、通信、公用设施、环境保护等领域的公共服务”和“保障安全需要的公共安全、消费安全和国防安全等领域的公共服务”，并将规划范围

---

① 张茂聪：《我国公共教育服务体系的创新及构建》，袁振国主编《中国教育政策评论》，教育科学出版社 2011 年版。

② 郭小聪、刘述良：《中国基本公共服务均等化：困境与出路》，《中山大学学报》（社会科学版）2010 年第 5 期。

③ 任宗哲：《中国公共服务城乡均等化供给》，社会科学文献出版社 2013 年版。

确定为公共教育、劳动就业服务、社会保障、基本社会服务、医疗卫生、人口计生、住房保障、公共文化等领域的基本公共服务①。基本公共服务是指在一定社会经济条件下，政府为满足社会基本公共需求，保障社会全体成员基本社会权利和基础福利水平，保持经济社会稳定，必须向全体公民均等地提供的基础性公共服务，包括义务教育、公共卫生、公共安全、基本社会保障等内容；非基本公共服务是政府为了提高社会成员的生活质量和生活水平而提供的更高层次的公共服务，旨在促进社会成员的全面发展，如高等教育、高福利等。

根据公共服务的客体的差异性需求，可以把公共服务划分为城乡无差异性公共服务和城乡差异性公共服务两大类。城乡无差异性公共服务是指为农村居民和城市居民共同需要，消费上具有同质性的公共服务，如公共安全、义务教育、基本医疗、养老保障、公共卫生等，无论是农村居民还是城市居民对这类公共服务的需求都是无差异的。城乡差异性公共服务是指由于城乡经济社会发展水平、地域环境、人文风俗等方面的差异，农村居民和城市居民各自需要的特殊性公共服务，满足农村居民特殊公共需要的公共服务主要包括农业水利、防洪防涝、农田整饬、农业科技成果推广、农田防护林、病虫害防治、技术培训、农业信息服务等，满足城市居民特殊需要的公共服务主要包括城市规划、城市供水供暖、公共交通系统、城市绿化、垃圾与污水排放等、大气污染防治等。

3. 公共服务供给主体

在公共服务领域，向社会公众提供公共服务属于政府的职能范围，但政府却并非公共服务供给的唯一主体。传统的观念视公共服务的提供和生产为一体，并认为它们都应该由政府来承担。最早对这种观点提出质疑的是公共财政经济学家理查德·A. 马斯格雷夫。早在1959年，他就对公共服务的提供和生产进行了区分："公共需要的提供并不要求它必须有公共生产的管理，正如公共生产的管理并不要求它必须有公共需要的

---

① 邢伟：《"十三五"时期健全基本公共服务体系的总体思路》，《宏观经济管理》2015年第2期。

提供。在决定各自的适当范围时，应根据各自非常不同的标准。”[①] 公共服务的提供是指通过集体机制对公共服务的种类、数量、质量、优先次序、生产与融资方式、管制方式等问题作出决策，并安排和监督生产。一般来说，公共服务的提供者应该承担如下责任：是否提供公共服务、提供何种公共服务、为公共服务提供资金、组织协调公共服务的生产、对公共服务的生产和结果进行监管和评价。而公共服务的生产，则是一个将各种有形和无形资源投入转化为公共服务产出并将其交付公共服务消费者的技术和服务过程。公共服务的生产者主要负责具体的产出和服务活动、设施的维护与日常运营等。因此，公共服务的提供和生产是可以分离的，某一供给主体可以既提供又生产，也可以只提供而不生产或只生产而不提供。

公共服务的供给主体是直接参与公共服务的提供或生产的实体，包括政府机构、营利性组织和第三部门[②]。某些公共服务，也就是被称为纯公共产品的公共服务，必须由政府提供，例如国防、外交、环保等，但有些公共服务，由其本身的市场特质决定，由市场参与管理，如教育、医疗、卫生、文化、传媒、交通等。在长期的理论研究和实践中，单一供给主体的弊端已显露无遗，多元化的供给主体不仅能够缓解政府提供公共服务的财政压力，而且还能有效引入市场竞争机制，有利于提高公共服务供给的总量与效率。多主体提供公共服务的方式取代了仅由政府单一主体提供的方式。多元化并不是简单地增加几个供给主体，而是要为不同类型的公共服务选择适当的供给主体，也要明晰各主体在公共服务供给过程中不同阶段的职责范围，各供给主体之间各居其位、各司其职，相互补充、相互促进、共同发展；多元化也不是各主体之间的地位绝对平等。沈荣华将公共服务供给中的主体定义为提供或生产公共服务的实体，如政府部门、企业、社会组织等，并进一步指出当前公共服务供给中的主体类型分类有二分法，即公共部门和私人部门；三分法，即

① Musgrave R A. The theory of public finance: a study in public economy. *Journal of Political Economy*, 1959, 99 (1): 213 -213.

② ［美］埃莉诺·奥斯特罗姆：《公共事物的治理之道》，余逊达、陈旭东译，上海三联书店2000年版。

公共部门、私人部门和非营利部门；四分法，即政府部门、非政府公共部门（包括公立部门和公共企业）、非营利部门和私人部门[①]。综上，公共服务各主体间的关系可概括如图 2—1 所示。

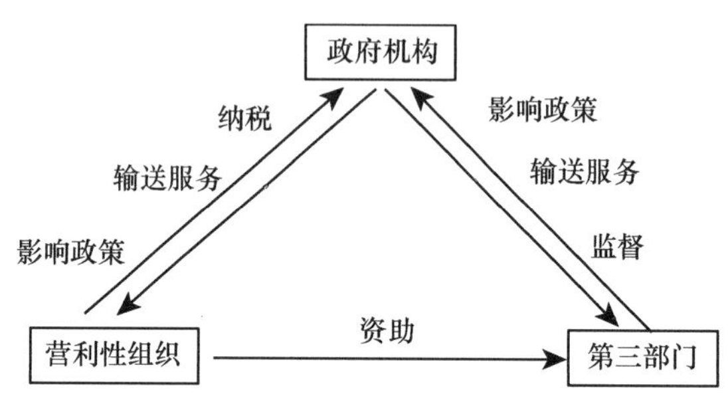

图 2—1　公共服务供给主体之间的关系

（1）政府机构

随着经济社会的发展，政府不再是公共服务提供的唯一主体[②]。政府机构是指国家的立法机关、司法机关和行政机关的总和[③]。供给公共服务是政府最基本的职能之一。政府供给公共服务有其必要性和独特优势：首先，那些每个人都不可或缺、但市场不愿或无力供给的公共服务只能由政府供给；其次，政府能够调动大量资源的优势使得其在某些公共服务的供给上可能更有效率；最后，政府供给公共服务有利于社会公平与和谐稳定。政府供给公共服务也存在一些不足之处：首先，政府承担过多公共服务的后果就是机构臃肿、效率低下、财政负担沉重、公众满意度下降；其次，政府供给的公共服务一般具有标准化、统一化的特点，难以满足公众日益多样化的需求，因此会出现提供了不需要的公共服务而造成公共资源的浪费，但同时公众的公共服务需求得不到满足的矛盾；最后，政府包揽一切容易造成对政府的过分依赖，不利于营利性组织和第三部门的成长以及公共服务供给主体的创新。政府有义务为所有社会

① 沈荣华：《政府间公共服务职责分工》，国家行政学院出版社 2007 年版。

② 傅利平、何勇军、李军辉：《政府公共文化服务绩效评价研究》，《中国财政》2013 年第 7 期。

③ Grout P A，Stevens M. The Assessment：Financing and Managing Public Services，Oxford Review of Economic Policy，2003，19（2）：215 – 234.

成员提供基本公共服务，但是缺乏竞争压力、无产权约束等原因，政府供给往往具有高成本、低效率的弊端，导致资源的浪费与闲置①。

在公共服务各供给主体中，政府机构是责无旁贷的主导者和协调者。目前，我国公共服务供给主体力量还很薄弱，尚未形成公平、公正的市场秩序，公共决策民主参与程度低，这些国情决定了不能简单地将公共服务供给推向市场。因此，政府机构在公共服务供给主体中居于主导地位是确定的，但同时需要与其他供给主体配合并接受监督。

（2）营利性组织

营利性组织是指经工商行政管理机构核准登记注册的，以营利为目的、自主经营、独立核算、自负盈亏的具有独立法人资格的组织，包括各类企业和公司。营利组织供给公共服务则是对服务消费者细分的一种回应，是对个人需求的满足，体现的是公共服务的延伸，营利组织的出发点是从服务中获利。营利性组织供给公共服务有其自身的优势。首先，营利性组织参与公共服务供给能够在公共服务领域形成竞争性市场，从而避免垄断所带来的低效率或高收费；其次，营利性组织参与供给公共服务不仅能增加公共服务的总供给量，而且由于其对市场的敏感性能够根据社会公共服务的实际需求，灵活随机地为他们提供需要的公共服务；最后，营利性组织在自我利益和市场驱动下主动开拓公共服务空间，有助于使传统的被动服务转向主动服务。

市场机制在营利性组织供给公共服务中发挥了重要的作用，但同时也因此可能会带来很多问题。营利性组织的本质目的是营利，这就使得公共服务质量或多或少受到影响；不合理的收费可能严重影响社会公平；制度上的漏洞有可能导致寻租现象比较严重；等等。营利性组织供给中，应该明确供给主体的责权利范围，防止营利组织利用公共服务生产者的特殊地位与政府达成一致，权钱交易，损害公共利益。但这些问题并不影响营利性组织成为公共服务供给主体的重要组成部分，作为公共服务的供给主体之一，营利性组织在公共服务供给中发挥着积极的作用。

---

① 马雪松：《结构、资源、主体：基本公共服务协同治理》，《中国行政管理》2016 年第 7 期。

（3）第三部门

第三部门（The third sector）这一概念于20世纪70年代末开始在西方形成并流行，目前对其界定尚无统一的定论。传统上的公共行政与公共管理，一直未能打破“政府管制”与“市场机制”这两种相互对立的思维定式，比较忽视公民参与的重要性。随着“政府失灵”“市场失灵”，第三部门在公共服务和公共管理中扮演着十分重要的角色，为公共服务和公共管理提供了不同于传统的新途径①。关于第三部门，国内学术界对此称谓不尽相同，如非营利性组织、非政府组织、独立部门、慈善组织、志愿者组织、免税组织等。这些不同的称谓基本上涵盖了政府组织和营利性组织之间的一切社会组织，尽管称谓有所不同，但是他们的基本内涵和指代对象并没有太大的区别。因此，本书定义第三部门从范围上讲是指不属于第一部门（政府机构）和第二部门（营利性组织）的其他所有组织的集合。在发达国家，20世纪30年代经济大萧条引发的市场危机和20世纪70年代后凯恩斯主义及福利国家的危机促使了第三部门这一与传统模式相异的全新组织形式的出现，其作用在于调节市场和政府失灵；中国的第三部门与发达国家有所不同，其发展与市场和政府不是对立的，而是互为促进的。普遍来说，第三部门具有如下特点：（1）民间自治性，即在组织机构上与政府分离，自主设计组织章程，自主遴选和更换领导机构和人员，能够控制自己的活动；（2）非营利性，即不以营利为目的，第三部门可以收费，但其水平应低于市场价格；（3）志愿性，即第三部门的管理和活动由会员自愿参与；（4）公益性，即第三部门以社会公益为目的，以服务公众为宗旨。目前来说，我国的第三部门在公共服务供给主体中处于弱势地位，所起到的作用比较有限，但随着第三部门的不断发展与完善，它将在公共服务供给中发挥越来越重要的作用②。

二 公共服务供给的相关理论基础

1. 公共选择理论

在相关公共服务供给理论中的研究中，公共选择理论对学者们的影

---

① 张成福、党秀云：《公共管理学》（修订版），中国人民大学出版社2007年版。

② 陈振明：《公共管理学》，中国人民大学出版社2003年版。

响是深远的。美国经济学家、诺贝尔经济学获得者，詹姆斯·M. 布坎南等人，创立了公共选择理论[①]，这是一种运用经济分析方法的政治决策研究，认为人是理性的，追求效用的自利，其核心思想是将市场选择的逻辑运用到政治领域中，以经纪人的模式贯通分析经济和政治领域的选择行为[②]。公共选择理论为“政府失灵说”这一理论观点作出了认证，政府作为供给主体，也要追求自身利益最大化，但是由于传统的公共服务中，政府处于垄断地位，既缺少外部竞争压力，又缺乏内部改革动力，致使政府不能满足社会的公共服务需求。在公共服务供给决策中，常常可以看到这种理论的应用。竺乾威在解释公共选择理论时，认为“所谓公共选择，就是通过集体行动和政治过程来决定自愿在公共物品间的分配”。即指人们选择通过民主政治过程来决定公共物品的需求、供给与产量，是把个人选择转化为集体选择的一种过程或机制，是对资源配置的非市场决策[③]。其主要内容可以概括为：投票者被视为消费者，政客则为商人，政客做出决定并卖给消费者，而政客所赠的利润就是选票，政客和投票者都是自身利益最大化的追求者，每个人在做出选择时都会估算自己的成本和收益，投票者决定如何投票，而政客决定如何决策。即对在经济市场和政治市场中活动的同一个人假设其在不同的市场依据完全不同的动机进行活动在逻辑上是自相矛盾的，公共选择理论认为个人在政治市场上同样存在着如经济市场上的追求个人利益最大化的动机。

2. 新公共管理理论

20 世纪 80 年代后，西方世界兴起了一场全新的公共管理运动风潮，并快速蔓延到全世界。新公共管理运动将传统科层制失败的原因归结于行政系统，认为政府管制及其规模过大等都是导致政府效率低下的重要因素，因而试图以授权、市场化和企业化的管理模式替代它。其主要特点包括：在公共部门中实施专业化管理，让管理者管理并承担相应责任；确立明确的目标，设定绩效标准并进行严格的测量；强调对产出的控制，

---

① 韩俊梅、鞠鑫：《公共选择理论的政府失灵说及其矫正》，《特区经济》2006 年第 2 期。

② 毛寿龙、陈建国：《经济合作与发展组织国家公共服务民营化研究（上）》，《兰州大学学报》（社会科学版）2009 年第 37 期。

③ 竺乾威：《公共行政理论》，复旦大学出版社 2008 年版。

重视结果甚于过程或程序；打破公共部门的本位主义，消除单位之间的隔离；在公共部门中引入竞争机制，降低服务成本，提高服务质量；吸收并运用私营部门的管理方法和风格；强调对资源的利用和开发等。胡德陈述了关于新公共管理的七个主要要素：专业管理的延续，明确的行为标准和方法，更多关注产量控制，单位解体，更大的竞争、降低成本、提高标准，私营部门采纳的管理模式以及对资源利用的约束。克拉克则阐述了他对新公共管理的三个要素的理解：自由市场经济，权力分散和激励机制①。威尔逊在总结了学者们研究的基础上，指出公共服务管理研究的重点都围绕四个方面：竞争，分权（涉及自由管理），以顾客为中心，绩效评估，而这也成为新公共管理模式的主要特征②。

新公共管理理论崇尚把企业的管理方法运用到政府的管理中来，与以往集权、垄断、自上而下的管理方法不同，主张把竞争机制引入日常行政的管理当中来，以消费者需求为导向，提高服务的质量和效率，“用企业化体制取代官僚体制，即创造具有创新惯性和质量持续改进的公共组织和公共体制而不必靠外力驱使。政府再造就是创造具有内在改进动力的公共部门，也有人称之为自我更新的机制”。这一理论打破了原有的公共服务供给只由政府以垄断方式提供的模式，主张公共生活应该由政府和消费者合作管理，其目的为使公共利益最大化，满足公众对公共服务的需求与渴望，为公共服务供给主体走向多元化奠定了理论基础。

3. 新公共服务理论

新公共服务理论是 20 世纪末学者们为修正公共管理理论的缺陷，所形成的一种新的关于公共服务的理论成果。新公共服务的研究者们并不承认新公共管理和交易成本理论中政府完全的市场掌舵角色③，政府的主要职能是服务而不是掌舵，这也给公共服务供给中主体间关系的重塑提供了新的思想来源。理论学说由美国学者珍妮特·登哈特夫妇共同提出，

---

① Hood C. A Public Mangement for All Seasons?, Public Administration, 1991, 69 (1): 3 - 19.

② ［英］约翰·威尔逊:《公共服务财政管理》，高鹏怀、孙健译，清华大学出版社 2008 年版。

③ Denhardt R B, Denhardt J V, The New Public Service: Serving Rather than Steering, Public Administration Review, 2000.

公共部门的主要职责不再是新公共管理所提倡的掌舵，更不是传统公共行政的划桨，而是服务公民，它包括以下的一些基本观点：服务于公民而不是顾客，追求公共利益，重视公民权胜过企业家精神，思考的战略性和行动的民主性，承担责任，服务而不是掌舵，重视人而不是生产率等①。可见，新公共服务理论，重视的是公民和服务，而不是政府的管理，公共管理部门也就是政府，其服务的目标应该是公共利益的实现，公民需求的满足，其最重要的作用就在于服务于公民，而不是消费者，目的就是通过服务过程实现和满足公民的公共利益。

以新公共服务理论作为指导，可以推演出公共服务供给过程中，公共服务供给主体在供给过程中一定要以追求公共利益最大化的实现为前提，奉行服务的目标，服务于公民，尊重共同权，重视人的需要，并引导公民参与到公共产品与服务的过程中来。

4. 福利多元主义理论

福利多元主义理论的概念最早来源于《沃尔芬德的志愿组织的未来报告》，在这份报告中指出福利多元主义运用到社会政策领域当中，应该让志愿组织作为社会福利的提供者。罗斯在《相同的目标、不同的角色——国家对福利多元组合的贡献》一文中明确了社会福利是由国家、市场、家庭三个部门所提供的，这其实是福利多元主义的三分法，在福利的提供上国家、政府起着重要的角色，但它不是完全的垄断，市场、家庭和雇员都要提供福利，国家、市场和家庭提供的社会福利都有一定的缺陷，三个部门联合起来才能相互弥补各自的不足，发挥各自的长处。与罗斯的三分法对应的是伊娃斯的四分法，即社会福利有四个提供者：国家、市场、社区和民间社会。其中民间社会能建立起政府、市场、家庭之间的联系，使得局部利益、个人的利益与公共利益相一致。同样，约翰逊也采用了四分法，提出社会福利有四个提供者：国家、市场、家庭和志愿组织。

福利多元主义强调的是社会福利提供者的多元化，强调了政府的非垄断性，市场、社区、家庭和非营利组织在福利提供上也起着重要的作

---

①［美］罗伯特·B. 丹哈特、［美］珍妮特·V. 丹哈特、刘俊生：《新公共服务：服务而非掌舵》，《中国行政管理》2002 年第 10 期。

用，政府一方面承担一部分福利提供的责任，另一方面要鼓励其他社会部门从事社会福利的供应。市场对社会福利的提供作用是不容忽视的，它所体现的是选择和自主，人们可以自由的选择商品和服务[①]。滕尼斯在《共同体与社会》中指出社会表达的是一种家庭、宗族和信仰基础上的社会联结的类型，“它的纽带可能是血缘关系，可能是地缘关系和精神上的统一意向”[②]，社区的行动协调原则是个人责任，它需要个人的利他参与。家庭体现了最小单位的团结和共有价值，在福利供给方面占据重要地位。伊瓦斯认为非营利组织对于福利的提供可以弥补政府和市场的不足，能够填补国家、社区、家庭、市场所形成的空白，其组织性、志愿性、自治性等，可以节约社会成本、提高服务质量和效率[③]。

三　精细化视角下的公共服务供给

1. 精细化视角下公共服务供给的内涵

政府公共服务供给精细化是精细化管理在政府公共服务供给中的应用，其直接目的在于确保每一个政府的管理者都能到位并且尽职，实现对政府公共服务职能和责任的有效落实。政府公共服务供给精细化的内涵可以从政府职能定位、服务者态度、公共服务供给运作过程三个层面或要素中加以理解。

（1）职能定位精准

政府公共服务供给精细化体现在政府精准的职能定位上。有学者认为，组织设计的实质是对管理人员的管理劳动进行横向和纵向的分工，由此形成了组织结构的基本形态[④]。组织设计要求政府承担公共服务供给的每个机构、每个政府职能部门甚至每个岗位的职能或职责都要定位精准，并且在政府公共服务机关的机构设置和各职能部门间衔接上都能打破相互衔接的壁垒或障碍，做到精密契合，在整体的组织设计上体现权

---

① 彭华民、黄叶青：《福利多元主义：福利提供从国家到多元部门的转型》，《南开学报》（哲学社会科学版）2006 年第 6 期。

② 斐迪南·滕尼斯：《共同体与社会》，林荣远译，商务印书馆 1999 年版。

③ Evers A. Part of the welfare mix: The third sector as an intermediate area, International Journal of Voluntary and Nonprofit Organizations, 1995, 6 (2): 159 – 182.

④ 周三多：《管理学——原理与方法》，复旦大学出版社 2007 年版。

责一致和命令统一原则。

首先，政府各个公共服务部门都承担明确特定的公共服务供给任务，并且按科学化的逻辑架构向下进一步细分，每个部分再继续分解为若干个次级部分，直到涵盖至最基层的操作性任务为止，将政府供给公共服务的职能落实到具体的每一个岗位上去。

其次，在政府各机构和部门的衔接上，打破政府公共服务供给在部门、层级以及职能上的边界，实现各部门机构职能间系统化的有效协调和整合。既要避免出现某项职能的重叠从而造成的资源浪费，又要避免出现政府在某一项职能上出现空白，以最终形成对所有公共事务无缝隙全覆盖的公共服务供给组织结构，即是要求一种基于管理网络的协作机构，最终使得政府作为一个整体系统可以更为高效精细地运作。

（2）服务态度精心

任何一个组织的管理，归根溯源都是对人的管理，即是“以人为中心，寻求人与工作相互适应的契合点，将‘人’的发展与组织的发展有机地联系起来”。精细化的政府公共服务供给以政府工作人员精心的服务态度为前提，并且在实践中通过训练提升政府工作人员素质的方式来实现。

首先，精细化的政府公共服务供给内含一种对服务人员职业伦理的要求。根据美国行政学家特里·库珀的看法，行政人员的职业伦理主要体现为负责，是一种维护行政责任的首要途径。他认为，“责任是构建行政伦理学的关键概念”，包括主观责任和客观责任两种类型。在政府公共服务供给中，行政人员的主观责任要求行政人员具有内在的努力贡献于公共利益、服务于社会公民的良知；行政人员的客观责任要求其认真履行上级职能安排，承担社会义务。其次，具有精心服务态度的行政人员必须具备精细化管理的理念，自觉在公共服务供给工作中重细节、重过程、重具体、重效果，讲究精、准、细、严，专注地做好每一件事，在每一个细节上精益求精，力争让每一位纳税人或公共服务需求者满意。上述职业伦理的实现最终表现为行政人员在政府公共服务供给中的精心态度，构成了政府公共服务供给精细化的思想基础和主观形式。

（3）管理过程精确

精细化管理是科学管理原理在当今时代的最新发展，秉承了科学管理追求经济、效率、效能的价值追求。管理过程精细的政府公共服务供给具有细化、量化、流程化、标准化、经济化、信息化等特点，崇尚贯穿于组织管理过程的各个单元和各个运行环节中的规则意识和信息化技术，从而对组织整体的管理效能进行改进和提升。在政府公共服务供给中，管理过程精细实质上要求公共服务运作过程追求标准，即经济、效率、效能。同时公共服务供给运作中的每一步骤中都有规则指导、有程序可循、有制度约束。另外，根据马克斯·韦伯的观点，以官僚制为组织形式的政府是一种“社会—技术”系统。政府公共服务供给的精细化要求在有效结合当今社会信息技术的条件上，实现信息化基础上的标准化，并以此作为管理行为精确的评判标准。追求过程精细不仅是精细化管理的要求，同样也是韦伯所理解的官僚制得以走向高度理性并试图适应信息社会的基本要求，因而也成为政府公共服务供给精细化的关键所在。

综上，精细化视角下公共服务供给的内涵见图2—2。

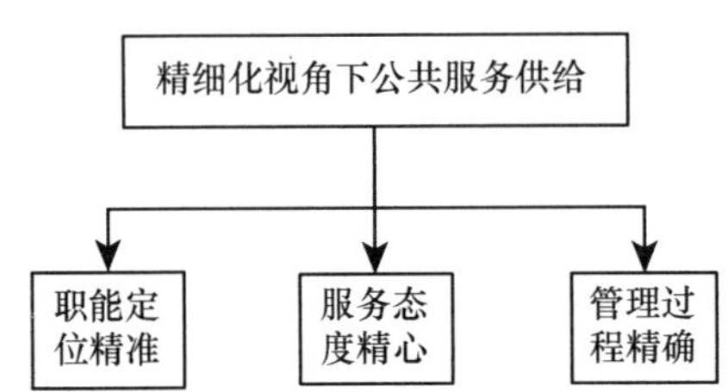

图2—2 精细化视角下公共服务供给的内涵

2. 公共服务供给精细化的意义

不断地推动公共服务供给的精细化在理论层面和实践层面都具有重大意义。

首先，推动公共服务供给精细化能够有效提升公民获得感。

党的十九大指出“保障全体人民在共建共治共享发展中有更多获得感”，作为提升公民获得感的一份“操作指南”，公共服务供给精细化的目标在于打通公共服务“最后一公里”，惠及每个弱势和边缘群体。这种以“公民”为中心的治理路径体现了近年来服务型政府建设的本质：公共性和服务性。公共性是服务型政府的最初理念，“如何提高公共服务水平始终是服务型政府建设的最根本问题”①。政府的行为必须以公共利益为基本价值取向，杜绝政府本位主义思想②。同样对于政府工作人员而言，奉公是其最基本的职业伦理，厘清公私利益的界限，勇于承担增进公共利益的责任是其应有的行为态度。

信息和网络技术的充分应用为精细化供给提供了有效工具。这主要体现在以下几个方面：第一，信息和网络技术的快速发展降低了信息沟通成本，促进政府效率，有利于政府透明和监督，加强主体互动。第二，网络为治理主体提供了平等协商平台，降低了信息交流成本，提高了社会治理主体的参与度，有利于形成多元化的利益主体。第三，信息和网络技术提供的大数据还可以帮助政府、企业以及社会组织了解社会公众的需求，促进治理主体与公众之间的互动，提升公共服务能力。第四，信息和网络技术提供的大数据可以掌握社会舆情的动向和民意情况，预测人们的行为趋势，从而有效预防和化解各种社会危机事件。

其次，推进公共服务精细化有助于持续地推进我国政府管理创新。

政府管理创新是指用新的思想理念和技术方法对管理系统包括管理观念、组织战略、组织结构、管理技术、管理文化和管理流程等进行改造与重构，促进管理系统的动态发展，达到不断提高组织管理效能目标的活动。创新是一种主观意识推动的具有目的性的活动，政府管理创新的目的是为了适应政府组织内在发展的需要和外在环境变革的要求，是一个永续精进的过程，“它需要不断探索政府行政的新方法、新模式以适应环境的变化和新现实的挑战”，为有效提升政府效能做出不懈的努力。政府管理创新可以从两个层次来考虑。一是一种系统层面的政府管理创新，是“对传统管理原则、流程和实践的明显背离，或者对惯常的组织形式的背离，这种背离极大地改变了管理工作的方法”③。二是一种在现有管理模式上局部变革的政府管理创新，包括创新政府管理技术、管理

① 刘熙瑞、段龙飞：《服务型政府本质及其理论基础》，《国家行政学院学报》2004 年第 5 期。

② 扶松茂、竺乾威：《公共服务型政府建设若干问题的思考》，《苏州大学学报》（哲学社会科学版）2011 年第 11 期。

③ Gary Hamel. The Why, What and How of management Innovation. Harvard Business Review, 2006 (2): 3.

方法、管理理念、管理制度等，这是一种在不动摇整体政府构成形态的基础上为了更好地提高组织绩效所做出的创新努力。

政府管理创新从本质上来讲，是对现有的、陈旧的、过时的、落后的政府管理职能、管理方法、管理态度、管理体制和机制等进行扬弃。政府公共服务供给精细化也属于政府管理创新的范畴。从粗放式走向精细化的政府公共服务供给，是在对现有政府公共服务供给中存在的诸多管理弊端充分认识的基础上，而进行的一次涵盖诸多管理领域的政府管理创新尝试。政府管理创新的目的在于，在当前时代变迁和社会发展的背景下，从管理观念、管理制度到管理方式都做出不同以往的改变，适应、满足和引导社会公共服务发展的需求，以达到更高的政府管理水平，从而有助于我国政府管理创新的进一步发展。

3. 精细化视角下公共服务供给的方式

（1）提升公共服务的便捷化程度

首先，政府部门要引进能够提升公共服务效率的技术，以便社会各领域的服务需求能够及时得到回应，提升社会各界对政府工作的满意程度。政府部门在进行公共服务体制调整的过程中，需要将精简机构作为主要的内容。将政府机构的人力资源进行合理的配置，使其能够在合适的岗位上发挥重要作用。政府部门要注意将管理工作的各项权力进行下放，鼓励公民参与到政府的常规公共服务活动当中，借助民众力量促进公共服务事业的发展。要加强对社会各界的问卷调查，了解社会对政府公共服务的关注程度，使公共服务的等级可以不断得到提高。

（2）完善公共服务的靶向设计

首先，政府部门要加强对大数据时代各类社会事务变化情况的重视，积极转变传统的政府办公程序，按照社会各界的具体需求，对公共服务的细节进行规划，以便政府的公共服务可以既保证公正合理，也能够提升社会各界个性化服务的满意程度。其次，政府要在制定公共服务制度的过程中，将制度的弹性化设计作为主要的设计内容，根据社会各界的具体需求采取定制服务的方式进行服务细节的确立，以便公共服务的制定具备更高的针对性，并且保证服务的实施能够避免不必要的资源浪费。

（3）完善公共服务的信息共享

政府要在规划公共服务的过程中，将信息共享作为提升公共服务资源优化程度的主要因素，使政府的高水平公共服务资源可以更有针对性地进行使用，在提升公共服务资源利用率的前提下，将建设工作的资源配置情况进行完善，以便社会各界可以更好地参与到社会公益事业当中，提升对政府工作的支持力度。政府还要从调整财政资金支持方面入手，对公共服务事业实施资金应用方案的转变，以便公共服务能够获得更高水平的资金支持。

（4）提升公共服务的监督体系

随着我国社会民主化程度的逐渐提高，社会各界越来越希望政府部门的公共服务活动具有更强的透明化特征，政府在实施公共服务的过程中，要积极争取社会力量的支持，并接受公共力量的制约，使政府的公共服务活动可以受到更大范围内的约束，并使政府的工作人员可以加强自律，努力实施公共服务的精准化服务模式构建。政府要利用网络搭建信息平台，将公共服务活动的各类信息实施资源共享，使社会各界可以更好的通过信息平台对政府的工作进行了解，并对存在的问题进行必要的监督，提升政府对公共服务精准化的重视程度。政府的主管部门要加强对官僚作风的警惕，坚决杜绝政府部门官僚作风的存在，使用民主监督的方式，鼓励社会各界以多种形式表达诉求，使公共服务的反馈机制得到必要的信息支持。要允许社会各界参与到公共服务精准化的监督工作当中，在满足民众参与欲望的同时，将政府的管理方案实施透明化处理，以便政府可以将大量的信息管理工作在获得充分监督的情况下进行整理，提升政府的公信力。

第三节　公共服务供给与居民获得感

一　居民获得感的提出及其发展

2015 年 2 月，习近平总书记根据我国的发展现状，在中央深改组第十次会议上提出了“获得感”的新概念，“获得感”一词迅速进入中国政治话语体系，并在实践界与学术界引发了极大关注。

随着中国经济社会的不断发展，社会主要矛盾已经从人民日益增长的物质文化需求与生产的落后之间的矛盾转变为人民日益增长的美好生活需要和不平衡不充分的发展之间的矛盾。集中体现在居民收入差距过大、城乡二元分割严重、地区发展差异过大等方面，这些矛盾导致社会经济发展不平衡、不全面、不可持续[①]。在我国的社会经济取得巨大发展的同时，必须以“共享”理念为导向，在发展中坚持公平正义、坚持“包容性发展”，让全体人民特别是在过去的发展过程中未能充分享有发展红利的人群共享发展成果、发展机遇[②]，其根本目标就是要提高人民群众的获得感。这是获得感在实践界和学术界引起关注的根本原因。

“获得感”是一个本土性很强的“中国概念”，在国外尚不存在直接的概念对应。国内学术界对于“获得感”的研究，多从政府和改革的角度研究个别行业，也有学者从共享发展理念角度进行研究，但是对于“获得感”提出的理论依据和价值方面的研究比较少。目前对获得感的剖析基本可以概括为两个层面。

1. 客观获得

获得感是主观感受，是人们对主观状况的客观映射[③]，是指实际社会生活中的人们享受改革发展成果的多寡和对于这种成果享受的主观感受与满意程度，它包括客观获得和主观获得两个方面，二者缺一不可[④]。“获得感”的含义就“客观获得”来说，要以获得实实在在的物质受益、经济利益为基础，这体现在人民群众收入增长、能够享有充分的社会保障、良好的公共服务等。但“客观获得”并不仅仅局限于物质利益与经济利益的“获得”，还包括知情权、参与权、表达权、监督权等政治权力[⑤]，文化、社会、生态方面的发展成果[⑥]以及伟大祖国的尊严和荣誉[⑦]。

---

① 范逢春:《建设“民生政府”：提高改革“获得感”的关键》,《人民论坛》2016 年第 36 期。

② 曹现强:《获得感的时代内涵与国外经验借鉴》,《人民论坛 · 学术前沿》2017 年第 1 期。

③ 孙远太:《城市居民社会地位对其获得感的影响分析——基于 6 省市的调查》,《调研世界》2015 年第 9 期。

④ 丁元竹:《我国基本公共服务均等化过程中标准建设问题》,《甘肃理论学刊》2008 年第 3 期。

⑤ 蒋永穆、张晓磊:《共享发展与全面建成小康社会》,《思想理论教育导刊》2016 年第 3 期。

⑥ 赵玉华、王梅苏:《“让人民群众有更多获得感”：全面深化改革的试金石》,《中共山西省委党校学报》2016 年第 3 期。

⑦ 林怀艺、张鑫伟:《论共享》,《东南学术》2016 年第 4 期。

习近平总书记在党的十九大上强调了要完善公共服务体系，保障群众基本生活，不断满足人们日益增长的美好生活需要，不断促进社会公平正义，形成有效的社会治理、良好的社会秩序，使人民获得感、幸福感、安全感更加充实，更有保障、更可持续。庇古认为社会供给的目的是满足国民需求并促进其生产活动，而人们对商品或者公共供给享受或满足的心理反应，以及由此获得的生产、生活改善就是社会福利的效用价值。

获得感的提出标志着决策层面持续地将保障与改善民生作为着眼点，强调社会的有效供给，通过逐步转变收入差距扩大的趋势，拉近全面共建共享的社会发展美好愿景与经济增长之间的距离，提高供给结构对需求变化的适应性和灵活性，切实满足广大群众的现实需要。获得感是人民评估社会对民生需求满足程度的重要指标，让人民有更多的获得感是全面建成小康社会宏伟目标的关键一步。获得感的提出以国民实际收益与体验为立基点，强调的是供给内容、方式、结构等适配国民需求的必要性。

2. 主观感受

“获得感”一方面与改革开放以来财产性与劳动收入的增加、住房条件的改善、社会保障水平的提高等物质层面有关系，另一方面与居民享有稳定持续的幸福体面生活、享有公平公正的同等权利、享有追求未来美好生活等精神层面的满足有关系①。

“获得感”一词中的“获”体现公共服务获取过程，“得”是优化公共服务得到的结果，“感”强调享受公共服务的主观感受②。“获得感”追求的是“获得”，而着眼点则在“感”，只有有所收获，满足感才会油然而生③。但是满足感与公平正义感紧密相连。如果发展不均衡、改革红

① 杨兴坤、张晓梅：《获得感语境下失地农民社会保障制度研究》，《重庆电子工程职业学院学报》2015 年第 6 期。

② 杨宜勇、曾志敏、辛向阳、刘志昌、魏娜：《助推国家治理体系现代化　促进均等化　提升获得感——〈“十三五”推进基本公共服务均等化规划〉专家解读（下）》，《宏观经济管理》2017 年第 10 期。

③ 张品：《“获得感”的理论内涵与当代价值》，《河南理工大学学报》（社会科学版）2016 年第 4 期。

利分配不公、弱势群体不断被边缘化导致“失去感”以及“相对剥夺感”，则会极大降低甚至消除掉人民群众的“获得感”。随着中国特色社会主义进入新时代，我国社会主要矛盾发生了深刻变化。着眼于这一矛盾转变的现实，需要着力解决好发展中不平衡不充分的问题，从而更显著地提升人民群众的获得感。解决好不平衡不充分的问题，关键在于处理好发展本身与发展过程中的公平正义问题①。

从民众的角度分析，民众在公共服务中是否有获得感，要看他们是否真正从公共服务中获得好处，在公共服务方面是否有公平感，是否真正地感受到被公平对待，是否因为获得公共服务而有一种安全感与幸福感。可见，“获得感”的内涵既与改革和发展的客观实践及其成果高度相关，又与在此基础上形成的社会公正和人民收益等主观感知紧密联系。因为感由心生，故而最需要关注的就是民众当前对于“获得感”的渴望与期待。

综合来看，“获得感”实际上是客观世界发展与主观世界感知结合形成的透镜和聚焦。遵循以他物定义此物的逻辑，可将“获得感”定义为，多元利益主体（个体、群体、组织）在改革和发展客观过程中对自身实际所得的主观评价②。获得感是社会发展最优衡量标准③。

二　公共服务供给提升居民获得感的相关理论基础

提升民众的获得感是当前深化改革的重点，只有民众面对社会福祉的进步与发展能够满足自身物质与精神的需求、公平享有发展的机会与权利，获得感的提升才有现实的可行性。

1. 需求理论

1943 年，美国社会心理学家马斯洛在《人类激励理论》中首次提出了“需求层次理论”。马斯洛认为：“人是一种不断需求的动物，除短暂

---

① 栗智宽：《新时代人民群众“获得感”及其提升论析——基于中国特色社会主义公平正义的视角》，《甘肃理论学刊》2018 年第 1 期。

② 王浦劬、季程远：《新时代国家治理的良政基准与善治标尺——人民获得感的意蕴和量度》，《中国行政管理》2018 年第 1 期。

③ 郑风田：《获得感是社会发展最优衡量标准——兼评其与幸福感、包容性发展的区别与联系》，《人民论坛·学术前沿》2017 年第 2 期。

的时间外，极少达到完全满足的状况，一个欲望满足后，往往又会迅速地被另一个欲望所占领。人几乎总是在希望着什么，这是贯穿人整个一生的特点。”[①] 马斯洛将人类的需求划分为五个不同层次[②]。

第一，生理的需求。生理的需求是人类最简单、最基本的需求，主要包括与人类日常生活密切相关的衣食住行等方面的内容。这些需求是每一个社会人都不可缺少的。例如，为了保障人体机能的正常运转，人们需要干净的水源、清洁的空气、安全的食物、良好的睡眠、保持生理平衡等。生理的需求在马斯洛的需求层次中处于最低级别。

第二，安全的需求。安全的需求是比生理需求更高层次的需求。简而言之，安全的需求是指渴望规避风险和确保生活有保障。处于生活中的每一个个体都渴望获得安全的环境，包括人身安全、财产安全、健康安全及所处外界环境的安全等，只有安全的需求得以满足，人们才能无顾虑地生活、学习与工作。安全的需求同样属于低级别的需求层次。

第三，归属与爱的需求。这一层次的需求与生理和安全需求相比，层次更高，需求内容更细微。归属的需求是作为社会人的重要标志，每个人都希望获得家庭、社会的认可，人们也总是习惯将自己归属于某一个群体，以获得归属感。对爱的需求指个人对友情、爱情、信任的需要，渴望得到别人的关爱与呵护。马斯洛认为爱是一种健康的、情感的关系，是双方深深的理解和接受。如果归属与爱的需求得不到满足，个体就会产生痛苦的孤独感和无助感。

第四，尊重的需求。作为一种更高层次的需求，尊重的需求包括自我尊重、尊重他人以及被他人尊重三个方面。首先是尊重自己，对自己的现实状态做出科学理性的价值判断，并对自己的努力给予积极的肯定性评价；其次是尊重他人，对他人的行为表现及存在的问题持客观公正的态度，不戴有色眼镜看人；最后是被他人尊重，作为社会个体，每个人都希望自己的行为表现和取得的成绩得到社会的认可和接受，并给予肯定性评价反馈。总之，个体只有满足了对尊重的需求，才能获得对自

---

① ［美］马斯洛：《马斯洛人本哲学》，成明编译，九州出版社 2003 年版。

② 辛秀芹：《民众获得感“钝化”的成因分析——以马斯洛需求层次理论为视角》，《中共青岛市委党校青岛行政学院学报》2016 年第 4 期。

己、对他人、对社会更加清晰的定位，才能更有信心和热情去追求自己的人生价值。

第五，自我实现的需求。在马斯洛的需求层次理论中，自我实现的需求显然是层级最高的需求。这一层次的需求是指个体希望拥有可以实现自己理想与目标的外界环境，以便充分发挥的自己的特长、优势，追求人生的价值最终达到自我实现。实现这一层次需求的人具备乐观的心境和较强的处事决断能力，对外界环境具有较高的满意度，能够最大限度地发挥自身的潜能，从容应对出现的各种复杂情况和问题。

美国耶鲁大学的克雷顿·奥尔德弗在马斯洛提出的需要层次理论的基础上，进行更接近实际经验的研究后，于 1969 年在《人类需要新理论的经验测试》一文中修正马斯洛需要层次论的论点，提出的一种新的人本主义需要理论。奥尔德弗认为，人们共存在 3 种核心的需要，即生存的需要、相互关系的需要和成长发展的需要，因而这一理论被称为 ERG 理论。

ERG 理论认为，生存的需要与人们基本的物质生存需要有关，它包括马斯洛提出的生理和安全需要。即指衣、食、住以及工作组织为使其得到这些因素而提供的手段。关系需要是指发展人际关系的需要，这种需要通过工作中的或工作以外与其他人的接触和交往得到满足。它相当于马斯洛理论中的感情上的需要和一部分尊重需要。成长需要，是个人自我发展和自我完善的需要。这种需要通过发展个人的潜力和才能方可得到满足。这相当于马斯洛理论中的自我实现的需要和一部分尊重的需要。

奥尔德弗的 ERG 理论在需要的分类上并不比马斯洛的理论更完善，对需要的解释也并未超出马斯洛需要理论的范围。如果认为马斯洛的需要层次理论是带有普遍意义的一般规律，那么，ERG 理论则偏重于带有特殊性的个体差异，这表现在 ERG 理论对不同需要之间联系的限制较少①。

2. 认知与社会公平理论

(1) 社会认知理论

班杜拉是美国著名的心理学家，从事心理学研究多年，他的研究对

① 宋志鹏、张兆同：《ERG 理论研究》，《现代商业》2015 年第 1 期。

心理学领域的贡献是巨大的。随着其研究的深入与扩展，他从心理学入手，进而研究人的认知问题，并建设性地提出了社会认知理论。

班杜拉提出的社会认知理论最初是建立在社会学习理论之上的，之所以这样，还是与其多年的心理学研究有关系。学习理论是心理学领域的一个重要分支，而学习又是个体与所处的环境进行交互与联系的最主要方式之一，因为学习的过程是集合了个体的观察、思考、思维、选择、接收、处理等复杂过程的，这个过程又会受个体自身的特质（如价值观、情感、态度、意志等）和周围环境（如文化氛围、人际关系、政治环境等）的影响，并且还会在接收信息后反过来影响自身和周围的环境，因而从社会学习理论出发，研究一个人的社会认知问题，是有其内在逻辑联系的。

20 世纪 80 年代中期，是班杜拉的社会认知理论趋于成熟的时期。在前期社会学习理论的研究基础之上，班杜拉还是以其心理学研究的丰厚知识背景为依托，从人类功能角度入手，结合前期的社会学习理论，提出了人类功能会受到个体因素、环境因素和行为的影响，并且这种影响是相互的、循环往复的，三者之间彼此的影响也是显著的。

但是，随着研究的继续深入，班杜拉对上述个体因素、环境因素和行为三者之间的相互关系进行了辩证的思考和完善，最终提出人的认知、行为等主体因素和环境三者形成的三方互惠模型。这个模型认为，人的认知、行为和环境三者之间是呈现一种动态的、相互的并且两两因素之间是双向互动的关系，他们互动性的强弱也是会因为其中一个因素的改变而改变的。

根据社会认知理论，低阶层人们的社会认知方式更依赖环境背景，因而他们的行为也更多地受制于环境；而高阶层人们的生存与发展则相对自由，不受外部条件的约束①。因此，处于社会底层的人更容易感到社会不公平。之所以会出现这样的心理，是由其社会生活环境和物质条件决定的，正如马克思指出的，“我们判断一个时代要从物质生活的矛盾

① Kraus M W, Piff P K, Mendozadenton R, et al. Social class, solipsism, and contextualism: How the rich are different from the poor, Psychological Review, 2012, 119 (3): 546.

中，从社会生产力和生产关系之间的现存冲突中去解释"[①]。社会底层的人由于缺乏自我发展的机会，他们才会更渴望实现社会公平。但是，缩小社会不公不是一蹴而就的，需要一个过程，而在这个过程中首先要让人们拥有"获得感"，让他们可以感受到自我价值和自我尊严。社会认知理论认为，人类具有寻求关于自我、期待、偏见、情感、信念、个人所得、资源分配的一致性、适应性和平衡性的动力，认知一致时产生积极情感体验，认知失调时产生消极情感体验。"获得感"就是要让个人付出得到社会认可的前提下，使自我期待与自我所得成正比。因为，既然个人可以通过努力劳动，将社会的有效资源转化为物质财富，并且在为社会创造财富的同时促进了社会的快速发展，那么相应的，社会也应当提供给个人一些必要的资源来推动他们自身的发展。这些资源不仅是对自我价值的肯定，更是对自我尊严的满足。个人服务社会和社会认可个人价值是双向的，只有社会肯定个人成果，并给予一定的物质奖励，才能调动个人的积极情绪，使之在自愿的基础上主动付出，从而更好地推动社会的长足进步[②]。

（2）期望理论

期望是心理学研究的内容，随着边缘性学科的发展，管理学大量引入了心理学的研究范式与方法。期望是指个人对某一项行为导致某种结果和结果满足需要的概率大小的经验性判断。最早的期望理论可以追溯到托尔曼等人，但正式提出期望理论则是美国著名的心理学家弗洛姆，他在《工作与激励》一书中对期望理论做了详细的阐述。在弗洛姆看来，期望理论假定人人都是决策者，人们在智力和认知的能力都是有限的，因此，人们只能在有限的认知中形成和选择方案。方案的实施主要取决于该方案所带来的满足个体需求的程度。弗洛姆用一组简单的公式描述了期望理论的内涵：

$$激励程度 = 效价 \times 期望$$

---

① 中共中央马克思恩格斯列宁斯大林著作编译局：《马克思恩格斯选集》，人民出版社 2012 年版。

② 张品：《"获得感"的理论内涵及当代价值》，《河南理工大学学报》（社会科学版）2016 年第 4 期。

其中激励程度是指个人工作的积极程度与持久程度，即个人努力的大小，效价则是指个人对预期结果的评价高低，期望是指个人对某一项行为导致某种结果和结果满足需要的概率大小的经验性判断，这个公式的含义就是人们的期望值的大小取决于激励程度与效价的比值，比值越大，则期望值越大；比值越小，则期望值越小。

（3）社会公平理论

社会公平理论一直是西方理论家们探讨的焦点，其中马克思关于社会公平理论的论述是比较全面和符合社会主义实际情况的。作为马克思主义理论体系的重要组成部分的社会公平理论，同时也是经典马克思主义的基本价值追求①。社会公平在全面深化改革的关键时期是至关重要的，不少学者就提出了“公平正义理应作为社会主义价值观的核心内容，同时也是全体社会公众都应追求的价值目标”②。

马克思主义经典作家们以唯物史观为基石全面阐述了自己的社会公平思想。

第一，社会公平是具体的、历史的、相对的，没有永恒和绝对的公平。马克思主义经典作家认为，公平是具体的、历史的，而不是永恒不变的；任何公平都是一定社会关系的表现，归根到底都是一定经济关系的表现。不同的经济结构、不同的经济发展水平所决定、贯彻的公平内容也是极不相同的。第二，无产阶级公平观的本质内容是消灭阶级，实现“各尽所能、按需分配”。第三，社会主义社会的公平不是平均主义，它是平等与不平等的统一，真正的平等只能到共产主义才能实现。总之，马克思主义以消灭阶级作为自己公平理论的本质内容，体现了其公平思想的革命性和超越性。他们提出的公平是具体的、历史的、相对的，社会主义社会的公平不等于平均主义，是平等与不平等的统一等思想又体现了其公平思想的科学性和合理性。

公平认知框架对于获得感的生成存在诱导效应。当个体对自我获得

---

① 张远新：《马克思主义社会公平理论与当代中国社会的公平问题》，《云南社会科学》2010年第6期。

② 何伟：《全面深化改革视域下的社会公平思考》，《学术论坛》2014年第3期。

处境存在公平认知时，将显著地提升获得感①。公平认知是获得感的重要触发机制。

以上梳理了公共服务供给提升居民获得感的理论基础，见图2—3。“获得感”的实现需要有正确的理论支撑，这就需要坚持一切从实际出发，从人民群众最需要解决的现实问题着眼，如住房、教育、医疗等涉及公平的问题。公平的实现，是一个循序渐进的过程，是一个从量变积累达到质变飞跃的过程，它要立足于我国当下发展的实际状况，着眼于解决社会发展不平衡和贫富差距拉大等现实热点问题，这就要坚持共享发展的理念、坚持人民幸福的信念。同时人民群众也要坚持脚踏实地，将对美好生活的向往和追求转化为实际行动，在劳动中收获实际的满足。

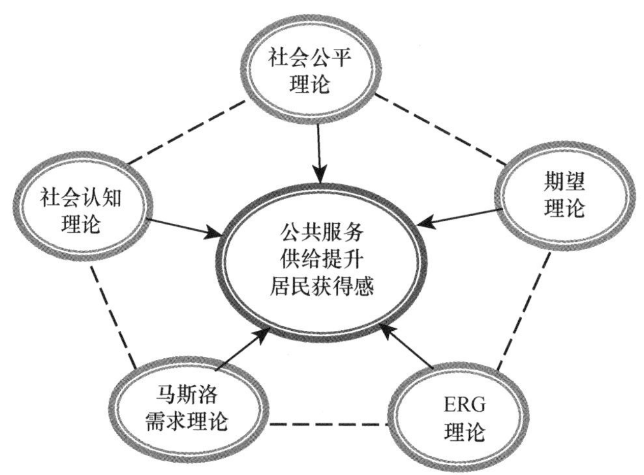

图2—3　公共服务供给提升居民获得感的理论基础

本章小结

提升民众获得感的首要层次是让民众能够切实地“得到”，即民众面对所需的民生资源可以比较容易地得到；提升获得感的较高层次则是尽

① 黄艳敏、张文娟、赵娟霞：《实际获得、公平认知与居民获得感》，《现代经济探讨》2018年第11期。

可能消除或是避免某一社会阶层或群体产生横向的相对剥夺感，保障性的、基本的公共服务与社会资源应当对全民具有均等性，即社会供给的公平正义；提升民众获得感的更高层次则是对于同一体验方或需求方，能够切实感受到社会供给资源与服务的稳健发展与质量水平的进步，即供给水平的持续增长，能够最大限度地消除体验方在进行需求满足程度的纵向历时对比中产生的迟滞感或落差①。

本书认为，在精细化的社会治理方式下，通过对公共服务产品和服务过程的精心设计，满足民众的需求，提高人民群众的获得感，促进共建—共治—共享的治理结构的形成，是新时期社会治理的根本目标所在，也是一切社会治理的逻辑所在。共建、共治、共享，让改革成果更多更公平地惠及全体人民，让人民能够实实在在提升获得感，是我国全面深化改革以来政府的新目标，也是社会治理精细化视角下公共服务供给的必然要求。

本章主要通过梳理社会治理、公共服务供给、居民获得感的相关理论基础与核心概念，分析社会治理精细化视角下的公共服务供给的内涵、意义与方式，确立公共服务供给精细化的最终目标是提升居民的获得感。通过本章的论述能够为全书提供最基础的理论准备和思想支撑。

① 邢占军、牛千：《获得感：供需视阈下共享发展的新标杆》，《理论学刊》2017 年第 9 期。

第三章

基于精细化治理的公共服务供给提升获得感案例研究

本章选取社会治理领域的典型案例，通过案例研究进一步探究社会治理精细化基础上的公共服务水平提升与居民获得感之间的关系。在案例分析框架的基础上，有利于明确本书的研究思路。

第一节　案例选取的原则

一　理论导向原则

2015 年党的十八届五中全会通过《中共中央关于制定国民经济和社会发展第十三个五年规划的建议》（以下简称《建议》），社会治理精细化成为一个新的议题。《建议》中明确提出“加强和创新社会治理，推进社会治理精细化，构建全民共建共享的社会治理格局”的任务目标。特别是党的十九大报告中再一次高度强调了“打造共建、共治、共享的社会治理格局”，不难发现，社会治理精细化逐渐成为社会治理现代化的题中之义。由于社会治理的重点和难点均在基层，提升社会治理精细化水平需要充分发挥基层在社会治理中的重要作用。推动社会治理重心逐渐向基层下移是社会治理的基础环节，此举有利于进一步实现社会治理和社会调节、居民自治间的良性互动。

本章基于多位学者、专家以及政府工作人员对社会治理和社会治理精细化的解读，结合各省市基层政府的具体实践过程，凝练社会治理精细化的重点表现形式，也就是：问题导向，需求导向，格局导向，大数据导向。

1. 问题导向

社会治理精细化的着眼点是解决社会问题。随着我国经济社会的快速发展，全面深化改革已经进入了攻坚期和深水区，社会公众对于物质文化的需求不断增多且逐渐呈现多样化和层次化，社会利益诉求也更加多元化。在各类社会问题错综复杂、社会治理面临严峻考验的大环境下，坚持以社会问题为导向，是有效推进我国社会治理精细化的基本方法。但是正如中国行政管理学会秘书长鲍静指出的，当前我国在社会治理过程中依然存在治理标准化程度偏低、社会事业服务表面化以及联系服务群众“最后一公里”等诸多问题，这些社会问题将会倒逼精细化治理，从而影响我国社会治理现代化水平。

2. 需求导向

社会治理精细化的重要环节包括精准有效的需求识别。在当前全面深化改革和大数据应用的时代背景下，企业、社会组织和社会公众对政府的公共服务供给提出了更加多层次、多样化的全新要求。对社会公众需求的精准识别、快速回应，以及各类资源的有效调动和整合，成为当前我国政府必须面对、亟待解决的首要问题。因此，政府必须主动适应时代背景，了解社会公众的多样化需求，特别是针对特殊群体、弱势群体的需求识别。由此可见，社会治理精细化的主要目标就是实现公共服务供给的靶向性和精准性。公共服务供给的精准化也将有利于提高各类资源的利用效率，在促进社会公平的同时，进一步提升社会公众的获得感。

3. 格局导向

社会治理精细化的目标是打造多元共治的治理格局。现阶段，多元共治既可以作为一个基本架构，也可以被称为一种治理体系，能够包含多元主体、多元平台和多元服务这三大要素。而多元共治在本质上要求厘清多元主体，明确各主体间的职责。具体来说，政府、市场和社会作为社会福利供给的三个重要主体，应该各司其职，责任分担，从而共同承担起社会治理的责任和义务。例如，在山东省胶州政府的社会治理实践探索中，首先由政府牵头，继而社会组织、企事业单位、社会工作者，甚至是社区居民，都各自发挥出自身的优势，形成了资源共享、责任共担、开放共治的社会治理新格局。①

4. 大数据导向

大数据是推动社会治理精细化的有效手段。政府与社会关系的合理化是我国社会治理的核心，而信息驱动则是大数据的核心内容，具体可表现为信息化平台、数据库等的建立和使用。近年来，大数据逐渐成为一个热门概念。作为社会治理的创新点，大数据能够推动社会治理的精准化程度，还能够推动公共服务供给的精准化。例如，上海市低保对象之所以得到了精准核实，是因为依赖于上海市居民家庭收入核准平台的建立。苏州市通过信息技术手段的创新和升级，打造、实施并运营了虚拟社区养老平台，从而为老年群体提供更加多样化的养老服务。这种通过信息共享和动态更新的集成化，将进一步有利于提高社会治理的精细化程度。因此，不难发现，通过运用"互联网+"基础上的大数据来提升社会治理精细化、智能化水平的方式已经成为大势所趋。

综上所述，通过学者、专家、政府部门工作人员对社会治理精细化的解读以及地方实践，同时结合第二章中关于社会治理精细化相关文献中提到的"公众参与""社会组织""网格化管理"等关键词汇，本章高度概括出基层社会治理精细化在实施过程中的三个核心要素，即多元的主体、治理手段的精准和需求定位的精准。

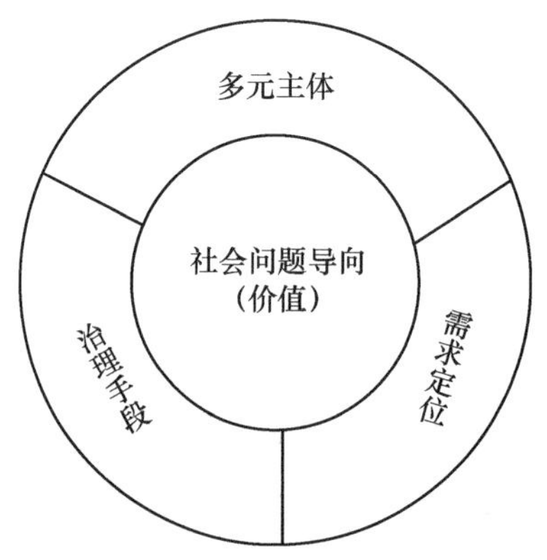

图3—1 社会治理精细化实施过程中的基本要素

① 参见《做好创新社会治理这篇大文章》，《大众日报》2013年12月11日；《创新社会治理，共治共建共享》，《大众日报》2017年12月11日。

当然，图 3—1 中的核心要素并不是完全并列的关系，社会问题导向就居于主导的位置；另外，可能存在一些要素并没有被包含进去。因此，本章选取相关案例，通过案例分析来对社会治理精细化的核心要素进行再一次提炼。

二　实践导向原则

本书选取了 5 个基层社会治理的优秀案例进行剖析。这些案例都是近年来得到国家民政部认可或者在全国知名的基层单位。如表 3—1 所示。

表 3—1　　社会治理精细化典型案例选取

	典型案例	选择原因
案例Ⅰ	北京市宣武区购买社区养老服务*	购买公共服务较早且典型的地区之一（始于 2005 年）
案例Ⅱ	天津市单亲困难母亲救助示范项目	民政部全国社会工作服务示范项目（2012 年）
案例Ⅲ	合肥市滨湖世纪社区的建设发展	民政部全国社会工作服务示范项目（2013 年） 民政部第二批全国和谐社区建设示范单位（2014 年） 中国社区发展协会首届社区发展创新奖（2014 年）
案例Ⅳ	嘉兴市新塍社区的治理	民政部确认的全国社区治理和服务创新实验区之一（2014 年）
案例Ⅴ	成都市金牛区实行社区网格化服务	民政部确认的全国创新社会治理最佳案例（2016 年）

资料来源：作者整理。

选择北京市宣武区购买社区养老服务的案例，是因为北京市抢先一步通过政府向社会组织购买服务的方式来供给养老服务，并已经形成了多元化养老服务供给体系。随着我国养老政策的不断出台和调整，这一案例的

---

* 2010 年，经国务院批复撤销宣武区与原西城区合并设立新西城区。本文中的宣武区指原行政区划。

成功经验也为我国其他省市和地区的养老服务模式提供了新的思路和借鉴。

天津市单亲困难母亲救助示范项目隶属社会救助的范畴，重点关注数据库中单亲困难母亲的生活救助和重大疾病救助，由天津市妇女儿童发展基金会负责实施。该项目的独特之处在于：不仅利用信息化技术建立了覆盖面广、全方位、精准化的数据库，而且能够得到中央财政资金的大力支持。在拥有中央关于社会组织参与社会服务项目专项资金支持的基础上，该项目逐渐演化为全国社会工作服务示范项目，知名度高。

作为合肥市委市政府批准设立的全市第一个新型社区服务机构，合肥滨湖世纪社区服务中心于2013 年正式成立。这是一个基于互联网社交平台而创新基层社会管理的最具典型性和代表性的案例，最终实现了由传统街区管理模式向现代社区治理模式的成功转变。2014 年，滨湖世纪社区还获得了首届全国社区发展创新奖。该奖项是由中国社区发展协会设置、评选和颁发的一个长期性的奖项，每年评选一次，每次评选出 10 个在社区治理方面表现突出的社区。由此可见，滨湖世纪社区在社区治理方面走出了一条中国社区发展的创新之路，在治理方式和治理手段等方面均实现了跨越式的发展。

2014 年，民政部确认 31 个单位为“全国社区治理和服务创新试验区”，在此基础上进行为期三年的治理创新。嘉兴市新塍社区作为其中的试验区，借助契机，围绕“以社会机制为主导，政府、社会与市场形成良性互动合作关系”的主题，成功探索了政府、社会、市场等主体在社区治理中权责分担问题。与此同时，新塍社区还高度强调“法治”、“德治”和“自治”相结合的先进理念，并进行基层社会治理模式的不断创新，最终形成了一个颇具典型性和代表性的包含基层民主、群众参与以及社会协同的基层社区自治体系。

为了响应国家和成都市委市政府关于“转变特大城市发展治理方式，完善国家中心城市治理体系，努力建设高品质和谐宜居生活社区”的号召，成都市金牛区依托网格化治理，有效打通了联系服务群众的“最后一公里”，逐渐形成基层政府主导下的多元参与、共同治理的新型社区治理体系。金牛区凭借网格化治理先后获得“首批全国社会工作服务标准化建设示范地区”“首批全国社会治理创新优秀地区”“全国创新社区治理最佳案例”等多项国家级荣誉。

综上所述，本书所选取的五个案例均为现阶段在社会治理领域最为成功且颇具典型性和代表性的优秀案例，不仅治理效果十分显著，而且能够为我国其他省市和地区的社会治理提供有价值的借鉴经验。

第二节　典型案例分析

一　北京市宣武区购买社区养老服务

1. 缘起

当前，人口老龄化越来越严重，引发了国人对养老问题的重视和思考。对于养老保障来说，传统的家庭养老或只靠政府的社会养老已经不能满足当前老龄化社会的需求。老年人的照料和养老需要多元化的载体，政府、社会组织、民间力量如何更好地开展协作，是解决养老问题的关键。因此，我们有必要在传统模式基础之上引入政府购买公共服务模式。

作为中国的政治、文化中心，北京市人口老龄化问题不仅先于大多数城市，而且其所面临的问题更加复杂，养老形势更加严峻。据统计，截至2016年年底，全市60岁及以上户籍老年人口约329.2万人，占户籍总人口的24.1%，老龄化程度居全国第二位①。预计到2030年，全市老龄人口将达到500万，2050年则会达到650万，意味着每三个人中就会有一个老人②。由此可见，如何解决北京市养老服务的供给难题，缓解首都城市现代化发展过程中的老龄化压力，是政府和社会各界都需关注的重要课题。它不仅对城市的和谐发展具有重要意义，而且对国内其他即将步入或已经进入老龄化社会的城市解决养老问题也具有一定的示范价值。

表3—2　　北京市老龄化进程表

时间	老龄化进程	标志
1990年	进入老龄化社会	60岁及以上人口占比达到10%
2030年	重度老龄化社会	户籍老年人口占比超过30%

① 北京市民政局、北京市老龄办：《北京市老龄事业与养老服务发展报告（2016—2017年）》。

② 数据来源：北京市政府门户网站：http://www.beijing.gov.cn/zbft/rdft/t892778.htm。

续表

时间	老龄化进程	标志
2030 年—未来	超老龄化社会	人口结构和社会形态持续 50 年

资料来源：作者整理。

北京中心城区的老龄化程度尤其严重，户籍老年人口 216.6 万人，占全市老年人口的 65.8%。宣武区作为北京市的中心城区和老城区，老年人口数量远远高于国际上所界定的老龄化社会人口比例。因此，早在 2005 年政府部门将宣武区作为政府购买养老服务的试验区，以期通过政府向社会组织购买养老服务的模式解决一系列社区老龄化问题，同时为其他类似老龄化问题的城区提供一定的经验借鉴。

2. 实施过程及特点

（1）购买养老服务的基本流程

宣武区政府购买养老服务首先是确定基本方向与目标，即促进形成与经济社会发展相适应、高效合理的养老服务资源配置机制和供给机制。在这一根本原则上，宣武区构建了购买者、承接者和使用者三类主体相互合作与监督的公共服务购买流程，如图 3—2 所示。

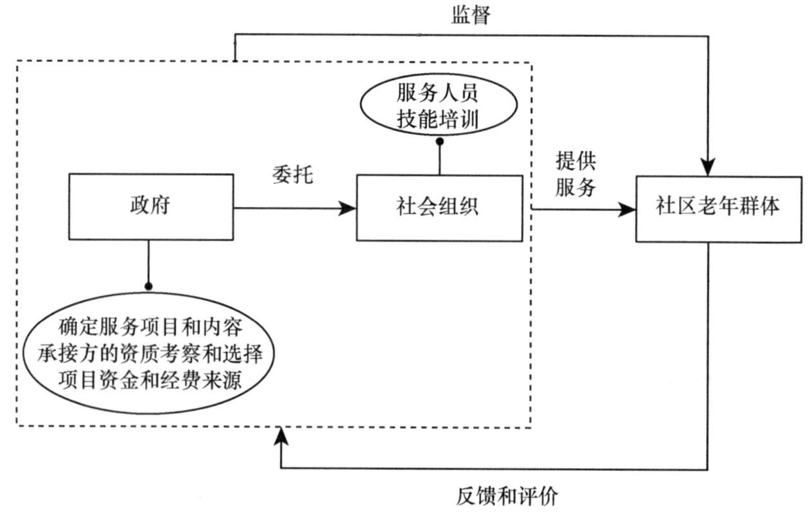

图 3—2　宣武区政府购买社区养老服务供给流程

图片来源：作者整理。

具体来看，在宣武区购买社区养老服务的过程中，政府是养老服务的购买者，GW 街道社区公共服务协会、GW 街道社区居家养老服务中心和 TRT 街道老年人协会三个社会组织是养老服务的承接者，宣武区的老龄人口是养老服务的使用者（具体见表 3—3）。政府的任务是首先根据社区内针对老年群体出现的服务问题来确定该社区需要购买的服务项目和服务内容；之后对承接方即社会组织等进行资质考核，选择达到基本服务标准且便于购买主体监管的社会组织承接此次服务项目；政府向社会组织购买养老服务的资金全部来自于政府的公共预算。承接方社会组织在提供给社区居民具体的服务之前，需要对组织内的员工进行该方面的专业培训。其中，社会组织提供养老服务的资金主要来源于两方面：一是政府资助，二是提供有偿和低偿服务，其中政府各种形式的资助占据主导。社会组织目前还很少受到来自社会实体和个人的捐赠。在社区居民接受了社会组织提供的养老服务后，可以针对该服务向政府部门做出满意度评价和意见反馈。同时，政府部门作为购买者不仅要及时接收居民的反馈，还要对社会组织提供养老服务的过程进行有效的监督，以不断改善和提升养老服务的供给质量。

表 3—3　　　　宣武区社区养老服务的供给主体

<table>
<tr><th colspan="2">供给主体</th><th>角色</th></tr>
<tr><td colspan="2">政府</td><td>购买者</td></tr>
<tr><td rowspan="3">社会组织</td><td>GW 街道社区公共服务协会</td><td rowspan="3">承接者</td></tr>
<tr><td>GW 街道社区居家养老服务中心</td></tr>
<tr><td>TRT 街道老年人协会</td></tr>
</table>

资料来源：作者整理。

（2）多元化的购买方式和多样化的服务内容

随着养老相关政策的不断出台，政府向社会组织购买养老服务的体制方式与居家养老服务工作机制紧密相关。对于北京市宣武区而言，政府向社会组织购买养老服务方式也随着政策内容和社会大环境的变化逐渐走向多元化。目前，北京市宣武区已经形成了以下三种购买方式，如表 3—4 所示。

表3—4　　　　宣武区政府购买社区养老服务基本方式

购买方式	具体做法	服务方式
以公共服务协会为纽带的项目申请制	以老年人需求为导向，建立政府引导、居民参与、社会组织运作、社会实体与社会组织共同生产和提供服务的养老服务供给方式	有偿服务 低偿服务 无偿服务
以居家养老服务中心为平台的星级会员制	根据不同需求和条件的老年人，提供星级会员定制服务	福利服务 收费服务 公益服务
以老年人协会为载体的服务券补贴制	根据不同的老年群体，通过服务券补贴形式向老年人协会购买不同类型和数额的养老服务	政府购买服务 居民自费购买服务 社区志愿服务

资料来源：作者整理。

这三种购买养老服务方式在一定程度上形成了一种特定的体制方式，即政府引导与资助、社会组织协调与运作、社会组织与社会实体共同生产与提供、社区居民和社会力量参与和协助的“委托—合作—参与”方式。在这种体制方式中，政府购买服务、自费购买服务与志愿捐赠服务往往是结合在一起的。由此可见，同一体制方式中的多元化购买方式，是北京市宣武区养老服务的最大特色。

宣武区政府向社会组织购买的养老服务共有 8 大类，主要涵盖老年人日间照料（上门照料和养老服务机构日托照料）、生活用品配送、生活护理、家庭服务（洗衣、做饭、综合维修等）、医疗保健、精神慰藉、文体教育服务、信息咨询与法律援助这 8 个方面，涉及老年人日常生活的方方面面。社会组织可通过居家养老服务、文体活动、教育培训、资源信息平台等方式为宣武区的老年群体提供公共服务。

3. 治理效果

北京市目前已经形成包括政府购买服务、自费购买服务和志愿捐赠服务在内的多元化养老服务供给模式，在这种情况下，政府向社会组织购买养老服务的方式也越来越多样化、复杂化，养老服务逐渐社会化。由于现阶段我国庞大的老龄人口对养老服务提出了多样化、多层次的需求，单纯依靠政府直接服务的方式已经远远不能满足老龄人口的需要，无法提供合理有效的养老服务。因此，政府迫切需要将部分养老工作转移给非政府组织，而转移的最好方式就是向社会组织购买服务，这就需要专业社会团体有组织地承接并提供更具专业化的养老服务。现实需求和压力使得提供专业化养老服务的社会组织应运而生，通过政府向社会组织购买养老服务的形式已成为一种可取的、有发展前景的服务方式，也将成为当前我国养老服务供给的主流方案。

多种多样的养老服务内容和养老服务供给方式，使社区内的老年群体不再因年老造成的各种不便而影响他们的生活质量。多种文娱服务为老年人提供了休闲和交流的机会，丰富的教育服务为老年人提供了学习机会，专业化的生活护理服务使患病老人得到了照顾与关爱。宣武区的老龄化问题通过多元化的政府购买养老服务模式得到了一定程度的缓解，社区内的老年人更是通过接受多样化的服务获得了生活品质的提升。

然而不能忽视的是，目前我国的社会组织大多还没有足够的实力，同时缺乏独立性、资源和威信力，在一定程度上还不能被全部的服务对象认可和接受，从而影响服务供给的效果和质量。因此，相关部门应进一步培育和发展社会组织，规范政府向社会组织购买服务过程中的基本关系。这种关系的基础就是要构建政府引导与资助、社会组织协调与运作、社会组织与社会实体共同生产与提供、社区居民和社会力量共同参与和协助的“委托—合作—参与”方式。这种方式也可用于政府购买其他类型公共服务的过程中，具有一定意义上的应用性、推广性和参考性。除此之外，如何建立吸引社会实体参与养老服务的激励机制，如何吸引并激励更多的志愿者参与到养老服务过程中，也是政府和社会组织需要进一步解决的问题。

二 天津市单亲困难母亲救助示范项目

1. 缘起

单亲母亲要独自承担起家庭的重任，很多人生活比较困难，为了给孩子提供与其他孩子相同的生活条件，往往需要付出更多的努力。基于单亲贫困母亲的特殊现状，天津市妇女儿童发展基金会对单亲贫困母亲进行长期救助。

天津市妇女儿童发展基金会前身是儿童少年福利基金会，成立于

1981 年。2004 年，天津市妇联为适应社会发展和形势需要，将有关困难妇女救助的职能部门与儿童少年福利基金会进行整合，天津市妇女儿童发展基金会由此而来，它是具有官办色彩的公募基金会。自成立以来，该基金会围绕“关爱妇女儿童，促进全面发展”的宗旨，在财政专项资金的支持下，多措并举广泛吸纳社会资金，以“单亲困难母亲救助”“困难妇女儿童救助”等活动为载体，救助了困难妇女儿童 10 万余人次，在社会上引起了良好反响。2007 年，在天津市财政资金的支持下，“单亲困难母亲救助专项基金”得以建立，自此妇女儿童发展基金会开始系统性地对天津市内单亲困难母亲进行救助。

2. 实施过程及特点

(1) 参与主体多元化

该项目是由天津市政府提供财政资金，支持天津市妇女儿童发展基金会成立的，天津市各地妇联及基层政府予以支持。在开展该救助活动时，各社区妇联组织调研，收集形成单亲困难母亲数据库；天津市妇女儿童发展基金会往往会和妇联一起，或借助妇联的名义进行活动。随着项目逐渐发展，天津市妇女儿童发展基金会与解放军四六四医院合作，建立“单亲困难母亲和新市民手术援助专项基金”；与南开大学等高校合作对单亲贫困母亲的子女进行救助。同时，该项目还获得企业、社会人士等爱心力量的帮助和支持，从而实现良好运作，如图 3—3 所示。

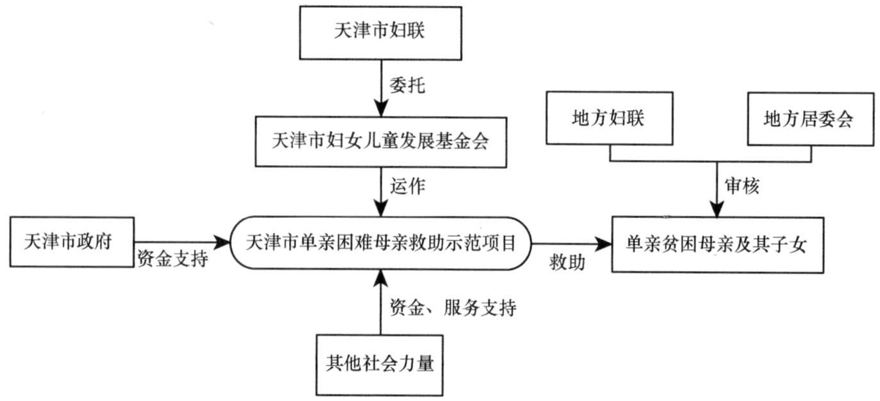

图 3—3 各主体协同参与单亲贫困母亲救助

（2）利用信息技术实现精准救助

为了更加全面、准确地提供救助，天津市各区县级妇联在街道办、社区等工作人员的帮助下，建立了“单亲困难母亲信息库”。信息库对符合条件的单亲贫困母亲的具体情况，包括年龄、身体、工作、收入、子女教育等进行详细记录，具体情况如表3—5所示。这些信息需要当地居委会、单亲贫困母亲所在单位、当地妇联联合证明予以生效。通过信息汇总，可以充分全面地了解单亲困难母亲及其子女的具体情况，并且可以按照具体的求助需求信息提供帮助。

表3—5　　单亲贫困母亲入库登记情况

登记情况	具体内容
个人基本情况	年龄、婚姻状况、家庭住址、子女情况、联系方式等个人基本信息
居住情况	有无住房、居住面积等
就业情况	就业状况、工作单位、就业需求、子女就业需求及学历等信息
收入情况	包括收入来源、家庭月收入等
健康情况	本人及子女的身体状况，重点包括健康、患有疾病、患有重大疾病、残疾等选项
参保情况	社会保险和商业保险
其他具体说明事项	重点说明求助的需求，包括生活救助、医疗救助、健康保障、心理抚慰、子女教育、就业创业、法律援助等

资料来源：作者整理。

该信息库覆盖了天津18个区县，并且定期对内部数据进行更新和追踪。通过对数据的更新和追踪，实现对其动态管理，促进救助工作规范化、制度化、科学化。同时，政府相关机构或天津市妇女儿童发展基金会发现合适但是没有被覆盖的单亲贫困母亲后，会将信息反馈或者将该渠道和申请方式告知该单亲贫困母亲，完善数据库。在各区政府网站上也纷纷链接该救助项目的信息，这可以提高其在居民中的知名度。

（3）服务供给实现精准救助

天津市妇女儿童发展基金会救助的群体是“50周岁以下，有本市户籍，有子女共同生活且在学，同时城镇家庭人均月收入1560元以下，农村家庭人均月收入 1400 元以下的单身母亲”。

为了全面了解单亲困难母亲的生活情况，天津市妇女儿童发展基金会进行了专项调查，做出了《天津市单亲困难母亲生存状况与需求调查分析报告》，报告显示：单亲困难母亲需要有足够的社会支撑系统，在经济、健康、教育、心理等方面给予全面的关爱。天津市妇女儿童发展基金会针对单亲贫困母亲的特点，提出了“五救助，一保障”的救助方案。“五救助”包括生活救助、医疗救助、生产救助、心理慰藉、子女的教育救助；“一保障”是提高这些单亲母亲的健康保障。“五救助，一保障”为单亲贫困母亲打造全面救助与帮扶，从而提高单亲贫困母亲及其子女的生活水平，并且促进其长期发展。

在生活救助上：年节期间发放慰问金和慰问品，2015 年发放的慰问金为 500 元。同时，从单亲贫困母亲中筛选出特困人群，每年为其发放救助金 5000 元。

在教育救助上：基金会一方面在助学工作上向单亲母亲家庭倾斜；另一方面注重帮助其子女“增能”，通过与南开大学合作等方式，帮助单亲母亲家庭子女提高沟通、交流及融入等能力。

在医疗救助上：一是对患有妇科疾病需要手术治疗的单亲困难母亲提供最高 2000 元手术援助金；二是为患重大疾病的单亲困难母亲每年提供最高 5000 元的一次性资金救助。除了提供资金救助之外，还与医院合作，帮助患有重大疾病的单亲困难母亲进行手术及后期康复治疗。

在生产救助上：在企业家资金支持下建立了“单亲困难母亲创业循环金”，对数据库中单亲困难母亲进行排查，经由区县妇联推荐，为有固定经营场所、有合法经营执照、有稳定经营项目、有一定生产经营能力的单亲困难母亲每人提供 20000 元创业循环金。

在心理救助上：实施心理抚慰帮扶。与专业心理咨询公司联合，通过心理咨询专家开展的心理健康知识讲座、一对一的个性化服务、热线咨询等多种形式的服务，帮助单亲困难母亲掌握心理健康知识，缓解精神和心理压力，塑造阳光乐观的心态。同时依托“单亲困难母亲阳光家园”项目，开展各种培训及“牵红线找幸福”等活动。

在健康保障上：选择爱心医疗机构，为数据库中单亲困难母亲每年进行全面、有针对性的体检，由该项目承担相关费用；同时为这些单亲母亲建立健康档案，跟踪检查；筹集资金为数据库中所有单亲困难母亲每人购买一份女性安康保险，提高健康保障。

3. 治理效果

天津市单亲困难母亲救助示范项目的实行取得良好效果的主要原因，正是源于其通过精准化的救助模式为单亲困难母亲提供生活保障。从救助群体的划分到救助内容的多样，该项目都将精准化理念融入其中。通过从社会中网罗筛选出符合条件的单亲困难母亲群体，经过对每个单亲母亲困难情况的了解，把相似的困难情况汇总后，制定针对解决不同困难问题的救助形式和救助内容。而采取这种多样化和精准化的救助模式后，单亲母亲能够最大程度得到切实有效的帮助。不仅如此，天津市单亲困难母亲救助示范项目的精准化还体现在建立单亲困难母亲数据库上。通过收集单亲困难母亲的信息和生活情况，不仅能够观察到该项目所提供的救助是否达到帮助单亲困难母亲的目的，还能及时了解单亲母亲们遇到的其他困难，从而针对其面对的新困难提供相应的救助服务。数据库的建立是从动态的层面实行精准化的救助，以进一步扩大救助的广度和深度。

在项目实施的这几年中，单亲母亲们对该形式下的社会救助帮扶高度评价，七成左右表示满意。单亲困难母亲需要的是全方位的社会支撑体系，要改变她们的生活，需要增强她们自身的能力，也需要强大她们的心理。项目实施过程中建立的多个爱心救助站和爱心家园，已经逐渐成为单亲母亲们的第二个家。

三　合肥市滨湖世纪社区的建设发展

1. 缘起

滨湖世纪社区是安徽省合肥市包河区中的一个“年轻”社区，2013年2月成立。与过去“熟人社区”不同的是，辖区内70%以上居民来自合肥市外。相互都是陌生人，人与人之间不仅有钢筋混凝土、防盗门窗的物理隔离，更是有“事不关己，高高挂起”的人际冷漠。辖区内人群结构以中青年群体为主体。传统的社区治理模式，工作往往是单向性的，经常会出现“敲不开门、说不上话”的尴尬状况。究其原因，一是时间上产生的冲突，中青年居民大都是早出晚归，与社区工作时间重叠，无法满足居民及时联系、寻求帮助或是解决困难的需求；二是居民与社区之间的沟通渠道较少，居民通常很难找到投诉社区问题的渠道。辖区内约有网民 7.84 万人，主要依靠网上交流，维权意识较强，与社区工作人员有隔阂，与开发商或物业更是经常发生矛盾，年轻居民往往把矛盾情绪带到网络空间中，在网络上引发“战争”。

另外，滨湖世纪社区拥有 16 个住宅小区，由于流动人口较多，购房业主成分复杂，使得公安、计生、住建、房产等部门的管理条块难以形成合力，各类政策法规执行落实起来也较为困难。社区所辖范围内有十万多的居民，而社区工作者不过一百人左右，如果想只利用社区有限的工作人员，则很难把居民的管理服务工作做好。

由于滨湖世纪社区属于新居民区，居民需求呈现多样化特征：一是利益需求增多，并且呈现出分化的趋势。二是服务需求增多，主要包括政府提供的公共服务、市场提供的私人服务、社区提供的特殊服务等。三是民主需求增多，民众不仅仅满足于民生需求，还希望通过民主形式行使人民当家做主的权利。四是文化需求增多，既期待传统文化活动，又热衷现代时尚文明。通过以上居民需求特点的整合，滨湖社区工作人员将社区管理的心思放到了互联网上。

2. 实施过程及特点

(1) 1.0 时代：居民自发创建网络群

滨湖世纪社区居民在搬迁之初就自发创建了各种业主群 QQ 群，依托互联网的即时通信功能，联络人员、增进了解、互通信息、开展活动，这种自发的互联网应用，开启了滨湖世纪社区互联网治理的 1.0 时代。时至今日，社区内有近百个 QQ 群，QQ 群已经成为社区中不可缺少的联络站。63 岁的退休居民张明珠作为一名热心公益的老党员，更是一个老网民，自 2014 年 5 月开始，她通过 QQ 群、微信群等和社区网格工作人员沟通合作，开展了一些志愿者公益活动。每次张明珠开展的公益活动都会在社区居民自建起来的滨湖帮客群、志愿者群、居民群、党支部群等发布消息。借助网络强大的力量，张明珠成立了“衣旧传情”爱心互动站，向边远山区的居民们提供帮助、捐赠衣物，如今已发展成为滨湖世纪社区的一个常态公益项目。

（2）2.0 时代：社区搭建网络平台

这些自发成立的网络群，在给居民的交流与沟通带来便利的同时，“去堵马路”“集体上访”等言论，经常在群里出现，网络拍砖灌水、舆情发酵等弊端也很明显，给社区和谐发展带来很多困扰。滨湖世纪社区管理层经过深入研判后达成一致的共识，既然社区的多数人都在网络上，各项服务也就必须做到网络上。如果对网民意见视而不见，那么社区服务也就无从谈起；如果对网友的呼声充耳不闻，那么社区管理将面临很多难题。于是，由社区主动搭建网络平台引导网络运用，疏通居民意见表达通道，利用 QQ 群、微博、网上论坛、网友会客厅等，共同构成了一个新媒体矩阵，这是“互联网 + 社区治理”的 2.0 时代。本着社区网络空间治理的“引导网民、联系网民、服务网民”理念，滨湖世纪社区开设了“网上您建议，网下我来办”的互动板块，并建立了“网友会客厅”：对网友在 QQ 群、微博、网上论坛提出的意见建议，能即时回复的，社区第一时间解答；通过定期召开网友恳谈会、网友意见交办会等面对面协商，达成共识。在会客厅的醒目位置，张贴着网民建议的办理流程。居民在网络上提出的意见建议，都会在这里被征集整理，并落实到每个部门进行解决，且对解决情况进行公示。可以看出，社区网民已成为反映社情民意的主流群体。让居民的每一条留言，迅速变成可以享受到的服务，切实体验到互联网时代的社区服务速度，多听居民意见，多给居民表达的空间，才能让社区媒体平台真正“活”起来，真正得到居民的认可与支持。

（3）3.0 时代：微信力量打造公共服务平台

随着互联网时代进入移动互联网阶段，微信的迅速普及已经超越人们的想象，滨湖世纪社区也搭上了移动互联网的高速列车，“世纪早茶”公众号应运而生，成为“互联网 + 社区治理”创新的生动缩影。2015 年 7 月 16 日，包括“世纪早茶”微信公众号在内，整合各种 QQ 群、网上社交平台的全国首家新媒体工作室在滨湖世纪社区成立。新媒体工作室是对新媒体矩阵的一次有力整合，建设政府与社区居民传递信息、互动交流的新平台，由此滨湖世纪社区“互联网 + 社区治理”模式进入 3.0 新时代。“世纪早茶”微信公众号从 2015 年 5 月开始筹办，到 7 月 3 日正式上线，关注人数已达 1.4 万人，相对于滨湖世纪社区 12.7 万人的居民总数，这样的“粉丝”数量相当可观，透过这个小窗口，看到的是社区治理的大世界。“世纪早茶”包括早茶会、生活圈、公益坊三个大部分。“早茶会”主要是发布社区内外大小事，包括早茶官网，可以查看微网页；“生活圈”主要负责打造熟人社区，里面有活动吧、微社区，是一个居民生活交流平台；“公益坊”是居民自发组织的，通过“我有需求”板块可以留下个人需求，还可以通过“帮客招募”报名参加帮客做公益。滨湖世纪社区打造了滨湖帮客志愿服务联盟、滨湖帮客 QQ 群、微信群、1 起帮客等便民参与的多个平台，带动更多的人参与志愿服务，发展壮大志愿服务平台。“世纪早茶”微信公众号俨然成为居民了解社区不可或缺的公共服务平台。

（4）4.0 时代：智慧科技创造综合平台

在新媒体工作室的丰厚基础上，世纪社区正在加强“智慧社区”的规划与建设，以此为标志，滨湖世纪社区即将跨入“互联网 + 社区治理”的 4.0 时代。如图 3—4 所示，目前智慧中心主要负责五个平台，社会综合管理平台、人防多媒体平台、综治信访维稳服务平台、政务服务平台、数字化城管平台；一个公众号，世纪早茶微信公众号；一个软件，世纪早茶 APP。智慧中心集“基础数据、三维导航、社会管理、公共服务、绩效考核”等于一体，开发线上社区 APP，汇集社区资讯、政策咨询、志愿服务、邻里互动、党员交流、便民商业六大服务，为居民提供“指尖上”的智慧服务和便利生活，实现“公共服务一网办理、志愿服务一网对接、便民服务一键敲定、社区信息一网共享”，让社区各项工作信息化，动态管理，便捷高效。

社会综合管理平台：通过社会综合管理平台进行指挥、协调、调度、监督、考核。

人防多媒体平台：做到战时应战、急时支援、民生服务、公益宣传、信息发布等，根据社区工作安排进行民生信息、公示通告等内容的编辑发送，特殊时期发布灾害防空预警。

综治信访维稳服务平台：做到情况在一线掌握，矛盾在一线发现、问题在一线解决，小事不出网格，大事不出社区。

数字化城管平台：主要是巡查发现、及时处置、接单销号、处置考核、闭环运行，实现长效化、品质化管理。

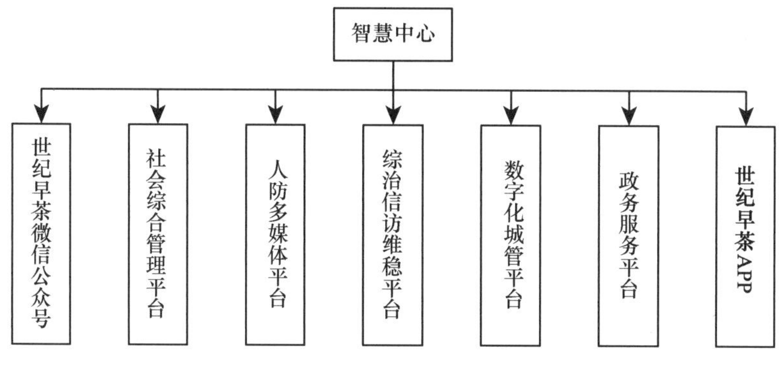

图 3—4　智慧中心运营业务

资料来源：作者整理。

政务服务平台：一门受理、一站办结、一键评价，办事便民的综合服务平台。

世纪早茶微信公众号：负责世纪早茶微信公众号的运营，编辑发送微信内容并策划执行微信活动，工作重点在于增加粉丝数，提高关注度和粉丝的活跃度，及时与粉丝互动交流，打造社区新媒体平台。

世纪早茶 APP：主要通过创造、编辑、组织、整合发布各种信息，打造一个社区信息发布、居民沟通交流、办理事务的应用平台。

3. 治理效果

滨湖世纪社区“互联网 +”社区治理的过程可以看作是对原有社区治理方式的解构过程，在这一过程中信息获取方式、信息表达方式以及人际沟通模式都发生了不同程度的革新。具体来说，在信息获取方式上，传统社区治理模式中的信息资源大部分情况下都被政府及其代理人垄断，社区居民与社会组织获得的信息相对贫乏，因而经常出现信息不对称的情况；而通过当下互联网技术的进步和应用，社区居民获得信息的渠道不断增多，双方的信息差距在不断缩小。在信息表达方式上，传统社区管理模式中的话语权同样大部分被政府部门及其代理人垄断，政府和居民的地位并不平等。自媒体时代的到来，意味着政府及其社区代理人在社区事务中的话语权垄断将不复存在。互联网技术的进步，使得 QQ 群、微信群、社交网站等互联网空间成为普通人话语权的载体，他们可以随时随地记录和发布自己看到的一切。在人际沟通模式上，传统的社会管理在涉及广泛公共利益的问题上，缺乏协商渠道的社区居民在面对政府部门的时候是一盘散沙，缺乏与之进行博弈的能力，而目前互联网技术可以通过各种通信工具和个人手持端，让社区居民之间的沟通交流变得前所未有的便利和快捷，基本上实现了无延迟的交流。这种信息化与技术化运用到社区治理过程中，不仅提高了社区工作人员的工作效率，也增强了社区居民的参与度。

互联网是一个开放自由的空间，居民可以针对社区问题在这个空间畅所欲言。有了互联网，社区居民只要动动手指，通过微信群、微信公众号、QQ 群、APP 客户端等新媒体，社区各类信息和问题都能得到及时反馈和解决。例如小区管理漏洞、楼道乱堆物、机动车非机动车乱停放、不文明养狗、毁绿行为等不文明现象对社区造成的不良后果，可以通过社区构建的各类网络平台进行反映。互联网可以让居民把以前不敢说的话说出来，把以前不知道去哪里可以说的话说出来，而正是由于居民的发声，社区环境变得越来越好。滨湖社区居民在这一过程不断感受到他们在社区治理中的重要作用，因此更愿意参与社区治理。

四　嘉兴市新塍社区的治理

1. 缘起

新塍是浙江省一座拥有悠久历史和江南水乡特色的千年古镇，拥有丰富的温泉资源，自然条件优越，土壤肥沃、日照充足、物产丰富。并且，新塍紧连嘉兴市区，是嘉兴城市西翼扩张、秀洲新区西北拓展的前沿阵地，区位优势明显、交通十分便捷。虽然新塍得天独厚的自然生态资源让不少人看到了新塍的发展潜力，但新塍缺乏综合规划治理的问题也随之暴露出来。破破烂烂的老式房子、被污水污染的河道以及政府一手抓的社区治理模式使得新塍失去了生机与活力。

十年前，政府和居民想要修建新民居，但是由于新塍人口密度本就不高且大部分为本地居民，加上随着外出求学、打工和向上海等临近大城市流动的人口数不断增加，新塍本地的住房需求有减无增，因而没有开发商愿意来进行房地产投资，单靠政府的力量又不足以完成全社区范围内的房屋修缮。作为一个水乡，污水治理问题在新塍显得尤为重要，同样因为政府单方能力有限、资金有限，导致新塍部分地区水资源日益恶化。由于居民在新塍社区看不到发展前景，享受不到舒适便捷的公共服务，因此越来越多的居民，尤其是高学历有本领的人越发倾向于向大城市迁徙，导致新塍社区人才流失，社区治理对政府单方面的依赖程度逐渐加深，形成了社区治理难度越来越大、政府负担越来越重、人才流失越来越严重的恶性循环。

近些年来，新塍的发展情况出现了转机。随着社会的不断发展，人民物质生活水平不断提高，人们越发重视身体健康情况，重视养生，也对生活环境有了更高的要求。新塍以其独有的自然环境条件和地理位置逐渐成为周边大城市居民养老旅游的首选地，吸引了大批游客前来游玩，也成为周边城市居民养老购房的一个选择。加之2014年新塍社区被正式授牌“全国社区治理和服务创新实验区”，这些都促使政府部门努力探索新塍社区治理，寻找扬长补短的未来发展之路。近两年来，新塍社区从社区存在的问题出发，有针对性地进行了一系列的社区治理创新行为，成果显著。

2. 实施过程及特点

（1）资金难题的解决

资金保障是社区治理最重要的条件之一，新塍社区首先从解决好“钱从哪里来”这个关键问题入手展开行动。2014年8月7日，新塍镇成立了“嘉兴市秀洲区新塍社区发展基金会”。基金会以传播社区发展理念、推动社会多元参与、创新社会体制机制、探索政社合作模式，通过社会机制主导，实现社区经济、社会、文化、生态和社区治理可持续全面发展。通过政府资助、社会募集、接受捐赠等方式招募整合社会资源，在很大程度上解决了社区治理“钱从哪里来”的问题。成立至今，新塍社区发展基金会支持25个社会组织创办了40多个公益服务项目，包括“失独老人关爱”“困境老人救援”“残疾家庭帮扶”“亲子关系调适”等，破解了多个小区卫生、公共安全等治理难题。开展了近200场社会化服务活动，参与人数达到5万多人次，获得公益金70多万元，打造出了一条依托基金会资金支持的和谐服务链。该基金会将作为社区发展创新实验的核心社会组织和主导力量，负责组织和资助社区发展创新实验的各项公益项目、社会组织和社会企业孵化，并且支持村（居）自治组织、其他社会组织、社区居民、各方志愿者以及社会其他方面，共同参与和推进新塍社区发展，如图 3—5 所示。

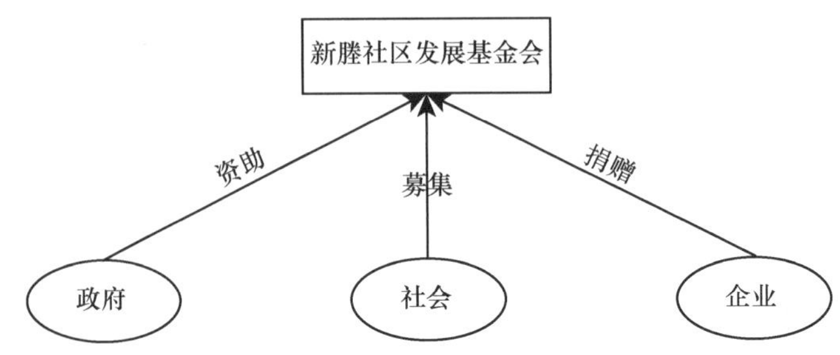

图 3—5　新塍社区发展基金会资源运作模式

资料来源：作者整理。

由于新塍社区发展基金会在社区治理资金的非营利性和公益性，基金会的资金还是杯水车薪。在资金不足的情况下，“商会互助资金会”应运而生。为解决纺织企业在转型提升中面临的银行到期资金调头难问题，新塍镇 12 家纺织企业向新塍镇党委政府和区工商联提议，按照入会自愿、互助互惠、权利对等、风险共担的原则，每个会员认缴互助资金 5 万—65 万元不等，组建新塍镇联合发展商会及其互助资金会。新塍镇党委政府明确互助资金会必须实行封闭运行、对会员企业银行到期资金调头仅限于禾城农商银行、互助资金会必须办理社团登记等。同时形成一个为企业提供续贷资金的无缝对接环，其中 70% 服务费用于公益事业。这既破解了企业续贷资金周转难题，又使基金会保值增值有了保障。新塍联合发展商会自 2014 年设立互助资金会以来，会员企业数量已从 12 家增加至 53 家，截至目前，已为会员企业提供 209 笔 3.6 亿元贷款资金调头。而该互助资金会会员认缴的资本金只有 600 万元，可谓“四两拨千斤”。“互助资金会一方面将借款资金转入借款人账户并归还到期贷款，控制了借款资金通道；另一方面，续贷后，禾城农商银行新塍支行受托支付给互助资金会，控制了续贷后资金去向通道。”新塍联合发展商会互助资金会相关负责人介绍，这种模式切实解决了企业资金周转难，阻隔了民间融资带来的高风险，提高了企业续贷的效率，同时也增加了资金流通过程中的安全性，管理也更加规范，很受会员企业好评 。

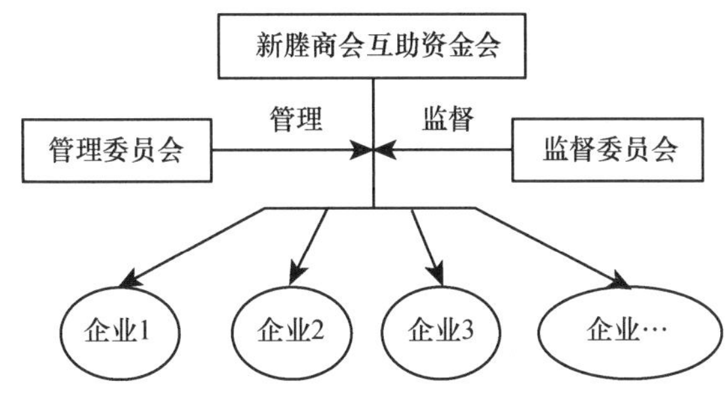

图3—6 新塍商会互助资金会内部组织结构

资料来源：作者整理。

（2）社会组织的加入

在解决了资金问题之后，新塍镇引入了“恩派”“孝慈”两个优秀社会组织，并成立了本地社工机构“新塍镇家庭社会工作服务中心”（简称“新塍社工”），作为推进社会组织的主导力量。近年来，通过举办社区领军人物培训班，挖掘草根人才，共培育社区领军人才42名，其中30余名选拔为草根组织带头人，为培育社区社会组织奠定了基础。随后，通过发挥专业优势、调动社区力量，先后培育、孵化本土社会组织32个，开发和指导社区公益服务39个，牵头实施社工项目18个，创新实施“公益微创投”代理，组织各类社会服务活动400多场，受益人数达8万多人次。在实践中，新塍镇家庭社会工作服务中心创新项目合作模式，通过居民提服务需求，社区出项目策划，社会组织出人力，企业出资源的形式，保证社区公益服务项目实施，有效解决了社会组织面对服务对象“心有余而力不足”，爱心企业“满腔热情却无的放矢”这一难题。

同时，新塍镇还强化义工对于居民参与社区治理的调动作用，通过强化睦邻和谐的社区自治服务、助人自助的专业服务、多元参与的特色服务，提升居民素质，扶老、助残、救孤等专业社会工作服务得到推进，在满足群众个性化服务需求的同时，让居民由“客人”变为“主人”，主导社区治理工作。“现在我们社区就像一个大家庭，我们就是团结互助的一家人。”居住在新塍镇虹桥社区的马宝法认为，是社会组织引导的社区自治让这里发生了翻天覆地的变化。如今，在新塍社工带领下，辖区民众利用各类资源，开展了一系列活动，以自身的智慧创新社区服务内容，打造出“一社区一品牌”，形成区域覆盖、优势互补、资源共享、全民参与整体提升的共建共享新格局。不少社会组织有了自己的展示舞台，在全镇乃至全区都小有名气，如表3—6所示。

表3—6　新塍社区自治活动

社区自治活动	活动内容	活动目的
成立自治服务小组	对小区垃圾乱丢、摊位乱摆现象，发动居民进行包干负责；对居民共用的部分绿植绿地和公共设施，发动居民进行维护“认养”。	引导居民参与社区治理，培养居民自我管理、自我服务意识。实现“环境联建”。
开展邻里结对互助	以志愿服务激励形式，将弱势群体与社区居民志愿者“一对一”结成对子。	通过不同形式的小组活动和结对互助，让居民对社区有归属感和融入感，促进邻里互助，开创共治共享的和谐新局面 。实现“服务联供”。
	联合学校为困境儿童开展放飞梦想主题系列活动，帮助他们树立理想，增强朋辈群体间的交流，培养兴趣爱好等。	

资料来源：作者整理。

（3）政府部门的作用

以前无论大小事务，都是政府管理、群众被管，政府提供的社会管理和公共服务，群众只能被动接受，因此很多时候政府觉得自己做了很多事，社区觉得很累，而群众又觉得没有解决好自己的需求，不“买账”。针对这一问题，新塍镇将职能转移、购买服务、承接组织三者有机对接起来，并采用社会组织管理社会组织的社会化运作模式，破解“小马拉大车”的难题。2015年年底，“新塍·全国社区治理实践基地”启用，在政府的支持和引导下，由新塍镇家庭社会工作服务中心管理，实现全社会化运作，进一步激发社会机制活力。在基地四楼，专门开辟了“公益部落”，作为培育社会组织的孵化器，为“草根型”民间组织免费提供办公场地、办公设备、活动空间，并给予注册资金及项目资金资助、功能定位、注册登记、操作培训等方面的支持。

不仅如此，在新塍公共服务中心，群众在任意窗口一次性提交相关材料，就可办结多部门联办事项。“一窗公开”“一表覆盖”“一口受理”“一网办理”“一路监管”的一站式服务，源自该镇推进的一场高效行政审批制度改革。两年来，新塍镇开发“一口受理”系统，将13个窗口调整为6个窗口，人员从17人精减到8人，实现民政、计生、社保、医保、残联等事项“一口受理、一门式办理”，实现了窗口办件“均等化”、百姓办事“便捷化”、事项办理“规范化”，在优化环境、节约人力的同时，也提高了办事效率。自助查询系统、预警提示系统、排队叫号系统、网上预约制度……走进新塍镇公共服务中心，崭新的设备、优美的环境、温馨的服务，让来办理相关手续的群众感受到了社区治理创新带来的全新面貌。“现在办证很方便，所有手续在这里都能‘一站式’办结。”富园村村民王先生说。“减负增效，提升了公共服务事项办理的速度，而‘一口受理平台’就是把‘专科医生’变为‘全科医生’。”新塍镇相关负责人说，如今，百姓办事不论是单办还是联办，申请人只要在窗口一次性提交相关材料，就可办理相关事项，并向村、社区延伸，逐步实现了“百姓不出村、就能办成事”，如图3—7所示。

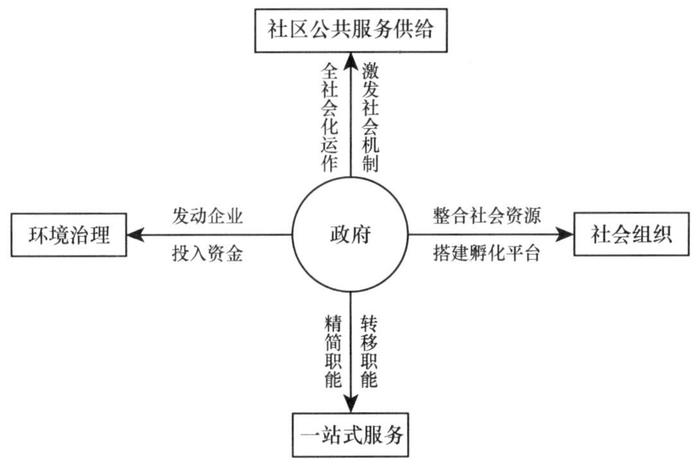

图3—7　新塍镇社区治理主要内容

资料来源：作者整理。

2. 治理效果

嘉兴市秀洲区新塍社区本是环境问题突出、缺乏规划、略显破败的千年古镇，但是在2017年新塍摇身一变成为83个通过“全国社区治理和服务创新实验区”验收社区中唯一的镇级单位。这与新塍社区创新性的社区治理实践有着密不可分的关系。近年来，新塍社区建立社区发展基金会和商会互助资金会，实现社区治理的资金支持；形成“以社带社”“以社育企”的横向联合发展模式；采用“社工带义工”“义工带群众”的方式扩大居民对社区治理的参与；重视发挥政府对社会组织的支持作用和提高政府服务水平。新塍镇首创“一核双轴四社联动”工作模式，即：以“新塍社工”专业力量为核心，以“创新社区治理机制和实施社区社工服务”两条轴线为抓手和突破口，联合社区、社会组织、社工、社会力量，探索“三社联动+”共建，逐步实现“服务联供、自治联推、矛盾联调、环境联建、资源联享”的共治共建共享新局面。新塍镇勇于进入改革“深水区”，在推行“社会机制主导，政府、社会市场良性互动合作”的社区发展机制模式实践基础之上，以“激发社会组织，整合社会资源，助推社会治理和服务创新”为目标，引导居民以组织化方式参与社区建设，推进政府和社会协同治理，使社区自治功能明显加强，社会活力得到有效激发，创造性地搭建了社会组织“孵化”平台，有效引领了社区服务社会化的实践工作。

对于新塍社区的居民来说，“三社联动+”的模式不仅建立起了“社区+社会组织”“社会组织+社工”“社工+义工”的跨专业、多元化服务团队，也为社区居民自治的发展起到了不可忽视的作用。新塍居民跟随社会组织与社区构建的服务团队，先后在“扶老、助残、救孤、济困、爱幼”等领域，开发实施了一批“困境援助”“心理慰藉”等社工服务项目，营造了社区、社会组织、专业社工、志愿者、居民共同参与的社区服务氛围。通过这些多样化的活动，引导居民在社区服务、物业管理等各项事关切身利益的事务中运用自治手段，参与决策，实现自我管理、自我服务的目的。新塍社区所打造的居民群众广泛受益的共治共享局面，开创了多元共治的社区治理新模式，使居民真正成为社区的主人。

五 成都市金牛区实行社区网格化服务

1. 缘起

金牛区是四川成都发展较早的中心城区，经济总量连续多年居于中心城区首位，一度享有“西部第一区”的美誉。然而，随着时间的推移和城市“向东向南”发展战略的实施，处于成都北城的金牛区逐渐成为了中心城区生产力布局较落后、城市整体面貌较差、流动人口最集中、社会治理难度最大的区域，面临着规划布局凌乱、城市二元结构突出、基础设施建设滞后等诸多瓶颈制约。“特别是在工业化、城市化进程中，社会建设长期滞后于经济发展，积累了大量社会矛盾，经济体制改革快、社会结构转变慢，城市规模扩张快、配套设施建设慢，人口数量增加快、公共服务跟进慢，居民收入增长快、群众幸福感提升慢问题越来越突出。”金牛区相关负责人说。

自 2015 年以来，为顺应民众期盼，加快转型发展，系统解决城市转型、社会转轨的历史“欠账”问题，有效打通联系服务群众“最后一公里”，金牛区全面启动了以社区网格化服务管理为核心的系列配套改革举措。城乡社区既是各种利益关系的交汇点、社会矛盾的集聚点，也是加强社会建设的着力点和党夯实执政根基的支撑点，社区的服务管理能力强了，社会治理的基础就实了。推行社区网格化服务管理，就是要通过资源的下倾、权力的下放、力量的下沉，将网格建设成为发展居民自治的载体、促进社会参与的纽带、延伸公共服务的触角，实现社区治理和服务功能的深化拓展、精准释放、全面覆盖，切实保障好、维护好人民群众的根本权益。

2. 实施过程及特点

（1）以人为本

金牛区全面实行社区网格化服务管理工作，出台了《关于创新社会治理全面实行社区网格化服务管理的实施意见》及相关配套文件，按照“街巷定界、规模适度、方便管理、无缝覆盖”的原则，结合原有的各类管理服务网格，全区 108 个社区科学合理划分为 998 个网格，每个网格指定一名负责人，社区工作站实行 AB 岗，A 岗为网格责任区域，B 岗为劳动、计生、残联等专项业务工作，并按照“一格一员”的原则，核定了 1438 名社区专职工作者。2015 年年底网格员已经全部上岗，实实在在为社区居民服务。院落有了网格员，群众身边就多名服务员。实行网格化服务管理以后，变以前坐等群众上门的“营业厅”式为主动服务的“宅急送”式，重新构建了“全覆盖、全参与、全天候、零距离、立即办”的服务管理理念，从而有效提升了社区的综合服务能力。现在，每位社区网格员都有了自己的一份“责任田”，促使他们经常深入群众，了解和听取居民的意见建议，使社区工作重心下移、服务下沉，居民信息的来源更多，情况掌握更全面，更重要的是消除了机关化工作现象，把工作的触角延伸到网格，延伸到一家一户，更加贴近民生，这有效地避免了工作“盲区”和“真空”，实现了社区服务管理全覆盖。

（2）服务为主

根据《关于创新社会治理全面实行社区网格化服务管理的实施意见》及相关配套文件的内容，金牛区制定了工作协调联动办法、绩效考核管理办法，完善了入户走访、工作例会、限时办结等配套制度。对原有办事流程优化再造，推行“一窗式”服务，建立起了“网格巡查、主动问需，窗口整合、一门受理，上下联动、协同办理”的网格化运行机制。明确了网格员“A”岗日常巡查、信息收集和“B”岗专项业务工作职责，建立“出门一把抓、回来再分家”的工作模式，宣传上情、掌握下情、处理民情，实现“人在格中走，事在网里办，天天下院落，情况全掌握”，做到“三活、三清、三百家”（三活，即活户籍、活档案、活地图；三清，即家庭情况清、网格设施清、隐患矛盾清；三百家，即进百家门、知百家情、解百家难），确保“格不漏户、户不漏人”。入户走访、意见收集、院落巡逻、发放通知、纠纷调解……这是金牛区1400多名社区网格员每天平常而重要的事，每个月，他们都会登门拜访数百家居民，收集、报送各类群众信息上百条。从原来等“客”上门，到现在下沉社区问需服务；从原来的业务条块分割，到现在网格员“一把抓”再“带回家”分类处理，社区网格化服务大大提高了居民反映问题的响应速度。这样的办事效率，正是得益于金牛区创新社区管理走出的“第一步”，见表3—7。

表3—7　　金牛区网格员工作内容、模式、理念与目标

网格员类型	工作内容	工作模式	工作理念
A类	网格责任区域的日常巡查、信息收集	出门一把抓 回来再分家	全覆盖、全参与、全天候、零距离、立即办
B类	劳动、计生、残联等专项业务工作		
目标	三活，即活户籍、活档案、活地图 三清，即家庭情况清、网格设施清、隐患矛盾清 三百家，即进百家门、知百家情、解百家难		

资料来源：作者整理。

(3) 减负增效

金牛社区以去行政化为导向，全面清理面向社区的各类创建达标、检查评比项目 32 项。建立社区工作准入制，除法律、法规有明确规定的以外，政府职能部门及街道不得在社区设立对应机构或下达任务，经审核进入社区的工作，必须按照“费随事转、事随责走、责随权变”的原则实施。梳理制定了“社区依法自治工作事项”“社区依法协助政府工作事项”“社区可购买服务事项”“社区工作负面事项”四项清单，明确社区依法履职事项 18 项，可购买服务事项 44 项，负面工作事项 13 项，并将社区协助政府工作事项由原来的 123 项精简为 63 项，有效推动社区“还权、赋能、归为”。

同时，社区将原有各类机构整合调整为“两委一站”（党的委员会、居民委员会、社区服务站），并将社区原有“两委”成员、社区大学生以及招聘的各类人员，纳入社区专职工作者（网格服务管理员）统筹调配使用，社区专职工作者由 791 人增加至 1438 人，基层力量得到有效充实。投入资金 9200 余万元，全面展开社区组织活动场所“提档升级”和标准化建设，解决了 52 个社区用房租赁、借用和面积不达标等问题，统一了社区用房功能分区及标识标牌，筑牢了基层工作阵地，如图 3—8 所示。

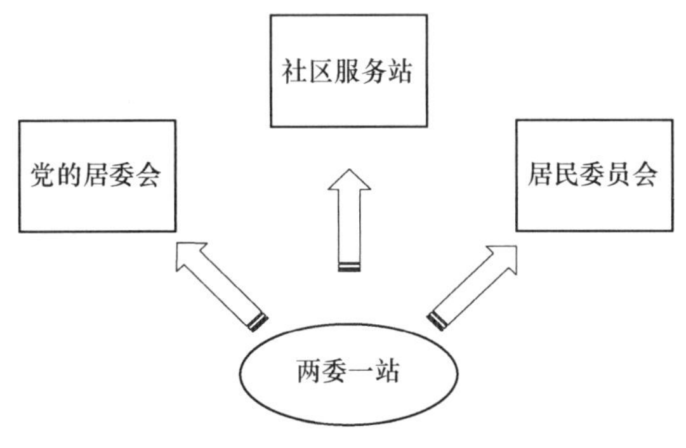

图 3—8　金牛社区机构设置

资料来源：作者整理。

（4）精细灵活

网格化服务管理最关键的就是将城市进行小面积的网格划分，突破传统的依托街道和社区开展基层管理的模式，使社会治理的触角更密，管理更细致。针对以前基层管理总体呈现力量薄弱、针对性和有效性不足的问题，金牛区以信息化手段为支撑，借助网络信息平台，推进“数据集中共享、效能全面提升”，使群众的诉求与声音能够“自下而上”及时准确地传递与记录，并通过信息分析和研判，从而调整社会治理的方向，同时提供个性化、多样化的服务。

金牛区通过建立“闭环式”管理流程，搭建起“区监管中心—街道服务中心—社区服务站—网格员手机终端”网格服务管理信息化“四级网络”，积极推进“天网”、老旧院落视频整合以及流动人口、民政、房管等信息系统共享，建立以“人、地、事、物、组织”为核心的“云”基础数据库，实现信息采集录入、问题分流督办、结果跟踪反馈、目标考核问效“一站式网上运行”“全链条可溯可控”。其中，基础数据的录入是整个网格化服务管理的基石。通过切实做好网格化信息系统建设维护，进一步建立健全“组织机构、人口信息、房屋信息、重点场所、城市管理、网格地图”6类基础信息库，采取网格员实时采录、部门数据导入、适时更新维护等方式，不断充实基础数据信息，促进各部门信息、各区域信息融入网格化信息系统中，实现信息关联、互通共享。据不完全统计，在2016年12月底，成都市13431名一级网格员共录入数据信息就超过了350万余条，并且正在不断更新着基础数据库。此外，搭建“互动式”服务平台，拓展信息网络为民服务功能，打造“网上政务大厅”“区长信箱”“网络问政”“生活服务”“政务微博大厅”等版块。对群众在线反映的一般问题，要求2小时内回应、24小时内处理解决；较难和复杂问题，不超过72小时内解决。解决不了的，必须说明原因，争取理解。通过以上方面，金牛区实现“服务群众一个系统、回应诉求一套人员、事情办理一站分流”，如图3—9所示。

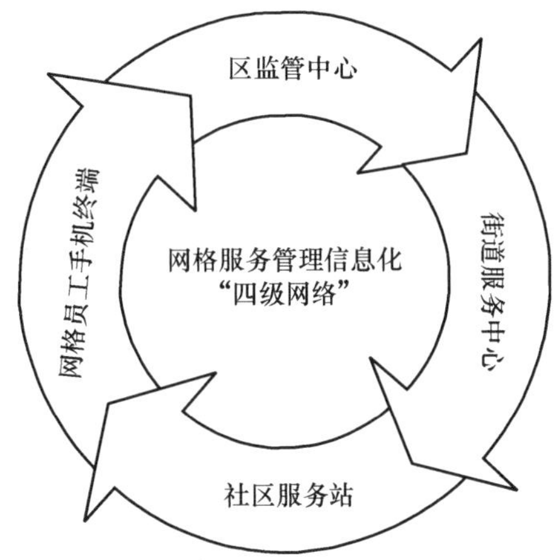

图3—9 网格服务管理信息化“闭环式”管理流程

资料来源：作者整理。

（5）多元整合

金牛区结合区域化党建，将社区基层党组织纳入网格，把驻区单位党组织负责人、优秀流动党员代表、非公企业出资人等吸纳进社区党组织工作，形成党员联动、阵地联建、信息联通；推进党组织触角向院落、楼栋延伸，构建以社区党组织—网格党支部—院落（楼栋）党小组为主，志趣型、物业型等功能型党支部为补充的社区党组织体系，建强了基层战斗堡垒。出台社会组织培育和扶持办法，重点发展与居民生活相关的养老服务、文体娱乐、公益慈善、邻里互助等社区服务组织和社工服务组织，加大政府购买服务力度，既“把错装在政府身上的手换成市场的手”，又切实发挥政府的引导作用，真正“把该管的事管好”。充分发挥社区居委会、居民议事会、院落议事小组等社区自治组织的积极作用，提升居民对社区的认同度和参与度，加强自我教育、自我管理、自我服务。尤其在老旧院落综合整治中，坚持“治标”与“治本”结合，将自治组织的建立作为院落整治的前提条件，摸索出一套以整治促自治、以自治管长效的治理办法；在城乡环境综合治理中，创新“百姓城管”模式，以群众自治促进环境整治，推进了“大城市、细管理”，实现“他律管理”向“自我管理”的转变。

（6）金牛路径

成都市正式印发了《关于深入推进城乡社区发展治理建设高品质和谐宜居生活社区的意见》，目的是要转变特大城市发展治理方式，完善国家中心城市治理体系，努力建设高品质和谐宜居生活社区。以此为契机，成都市金牛区社区发展治理“百千万”工程启动仪式在 2017 年 9 月 19 日举行，将以人本需求为导向、以院落治理为重点，创新开展社区发展治理“百千万”工程，探索构建符合国家中心城市特点和规律的社区治理体系的金牛路径。据悉，金牛区将力争用 3 年时间（2017—2020 年），评选 100 个治理示范院落、建设 1000 支示范院落骨干队伍、实施 10000 个群众参与的院落“微治理”示范项目。“通过‘百千万’工程，加快实现‘策由民定、事由民理、权由民用’的院落居民自治管理新方式，努力构建‘人人参与、人人尽力、人人共享’的高品质和谐宜居生活社区。”金牛区相关负责人介绍，全区将重点实施示范院落评选、院落队伍提能、四级社会组织建设等七大行动。“百千万”工程的目标，就是要通过“以评促建”方式，在全区 2368 个院落中评选出 100 个这样的“微幸福”示范院落，逐步改善院落整体环境，推动院落自治，提升居民幸福感和获得感。要达成幸福院落的目标，金牛区还要建立 1000 支“能干事、会干事、干成事”的院落骨干团队，提高他们的“四自”能力水平，推动居民协商民主进程，全面提升院落治理能力现代化水平。通过逐渐完善便民服务、社区文化、教育、养老等各类公共服务设施，金牛区将以“15 分钟基本公共服务圈”为抓手实施 10000 个社区营造“微项目”，引导居民参与院落公共事务，并培养居民公共意识、责任意识、参与意识。值得一提的是，在“百千万”工程中，有一个核心工作，这就是大力培育社区社会组织。围绕社会组织孵化和培育工作，金牛区将通过成立四级服务平台（区级优化平台、街道孵化平台、社区服务平台、院落“邻里之家”模式的自组织互助平台）发挥和调动社会组织的协同服务功能。到 2020 年，辖区内所有街道、社区、院落实现社会组织全覆盖，在基本实现社区基金全覆盖的同时，打造出 1 家以上全国知名的社区基金会。基于前期的探索实践和经验累积，区民政按照“多元参与、协商共治”的思路，主动探索社会资源参与社区治理的工作新机制，鼓励引导社会资金投向社区服务领域，如图 3—10 所示。

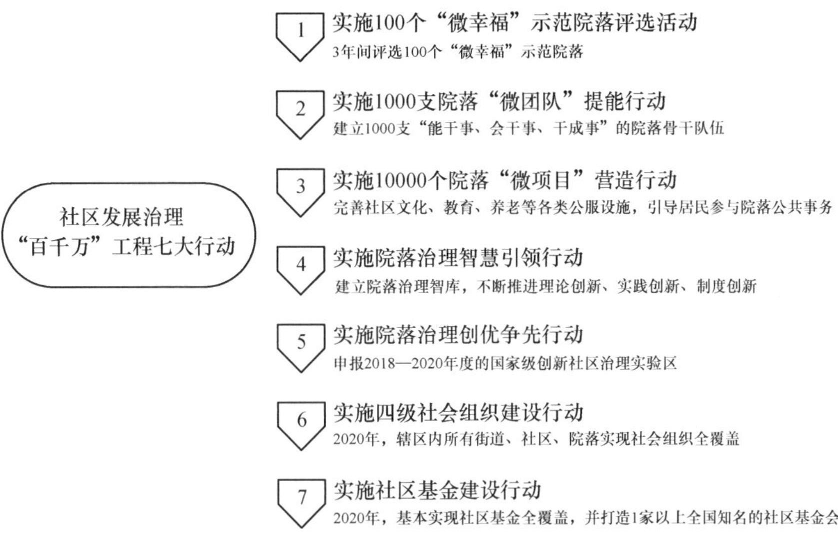

图3—10　金牛区制定社区发展治理"百千万"工程七大行动内容

资料来源：作者整理。

3. 治理效果

经过一年多来的探索与实践，通过全面推行网格化服务管理，有效汇聚了各方力量共同参与社区建设和治理，基本达到群众得实惠、社会增和谐、发展上水平的预期目的。社区网格成为密切党群干群关系的"连心桥"、居民自我教育管理的"主舞台"，疏导情绪化解矛盾的"减压阀"，"小网格"演绎了"大民生"。截至2016年5月底，全区网格员共采集社情民意、公共卫生以及孤老、残障人员等各类信息38万余条，做好计划生育特殊家庭扶助关怀工作，建立一对一、多对一联系制度，完善信息档案，帮助居民代办计生、救助、社保以及廉租房申请等服务事项15819件，按时办结率全部达到100%，群众满意率达到97.6%。一大批事关群众利益的"小事"得到妥善解决，赢得了群众的衷心拥护和赞誉。而在第三方机构开展的效果评估中，群众对社会组织服务的平均满意度也达到了93%。

金牛区通过全面推行网格化服务管理，有效整合了党委政府、社会组织、人民群众三大社会治理主体的力量。党委政府充分发挥了社会治理的主导作用，把角色从"划桨人"转变为"掌舵者"，在服务中实施管理、在管理中体现服务，为社会组织和广大公众参与社会治理提供空间、搭建平台；社会组织充分发挥社会治理的枢纽作用，实行自治、自律，成为政府和群众间的“连心桥”和“缓冲带”，通过平等沟通、协商协调、教育引导等办法参与社会治理；人民群众充分发挥社会治理的基础作用，实行专群结合、群防群治，从社会治理的“旁观者”变为“真主人”。与此同时，通过推行小区、院落自治，搭建居民议事会等民主参与平台，完善了基层协商民主的平台和机制，使居民的知情权、参与权、表达权和监督权得到落实和保障。社区民主自治活动更加活跃，居民参与社区自治事务的积极性明显增强。网格化服务管理整合了职能部门的管理和服务资源，提升了基层组织服务能力和意识，使群众需求在第一时间得到解决，弱势群体在第一时间得到救助，对社区工作的满意度显著提高，参与社区建设的积极性高涨，有效从源头上预防矛盾发生，基层不稳定、不和谐因素大为减少，邻里关系、干群关系得到改善，实现政府治理和社会自我调节、居民自治良性互动，促进了社会和谐。

金牛区在推行社区网格化服务管理过程的同时，也探索开展了一系列创新工作，为更多地方在探索社会治理方面提供了借鉴意义。其所开展的相关实践经验表明，在当前的社会转型期，创新社会治理体系必须要从理念到实践实现“四个转变”。

一是实现治理理念由“管控为主”向“服务为主”转变。传统社会管理模式的突出特点是“管控为主”，往往由政府单方面决定甚至强制性实施。因此，创新社会治理必须要体现和贯彻民本导向与现代服务型政府理念，主动回应和满足群众最关心、最直接、最现实的利益诉求。

二是实现治理方式由“简单粗放”向“精细灵活”转变。当前的城市基层管理大多依托街道和社区展开，自上而下传达实施，工作的快捷性、针对性与有效性明显不足。加之城市化的快速推进，基层管理服务总体呈现力量薄弱、粗放机械等问题。因此，创新社会治理，必须借助先进的网络信息平台，使群众的诉求与呼声能够“自下而上”及时、准确的传递与掌握，减少工作的机械性和盲目性，使得政府服务更加精细灵活，甚至能够提供个性化、多样化的“订单式”服务。

三是实现治理资源由“单一分散”向“多元整合”转变。长期以来，基层社会治理的主体与资源主要为基层党委、政府，单一的资源由于条块分割使得基层党委、政府在面对群众日益复杂多样的诉求时显得力不从心，甚至有时无能为力。要维护群众利益，促进社会和谐，就必须根据政府、市场和社会各自特点，将社会治理的多元主体整合为治理复合主体，并充分发挥各部分主体优势，形成治理合力，保障社会治理多元主体各得其所、各尽其用、相得益彰。

四是实现治理机制由“政府主导”向“居民主体”转变。传统的社会管理，由于职责不明、机制不全、考核不清，导致基层干部在进行社会管理工作中存在被动应付、放任自流，简单化、表面化的倾向。健全与完善社会治理的运行机制是创新社会治理体系的重中之重。除此之外，在创新推动社区网格化服务管理的过程中，同步实施基层警务机制改革、区街财税体制改革、院落自治改革等配套改革，同时注重与推进基层党建相结合、与推进改善民生具体工作相结合、与推进居民自治相结合、与发展社会组织相结合，在充分尊重民意的同时，开展系统性创新等措施，是未来网格化管理实施的关键一步。

第三节　案例比较与经验总结

通过以上的案例，显示基层社会治理实践逐渐走向精细化。本节在以上基础上，对这五个案例进行对比，提炼出社会治理精细化要素，并分析社会治理精细化与居民获得感之间的关系。

一　社会治理精细化的要素

1. 要素的提取

第二章关于社会治理精细化的解读提醒我们，基层社会治理精细化离不开多元主体的参与，对公众需求的把握，以及用精细化的治理技术为民服务等。因此本节从治理主体、需求定位等方面对以上案例进行细分，并结合治理技术的运用，对案例中所反映的基层社会治理精细化要素进行综合提取。具体如表3—8所示。

表3—8 基于治理过程的社会治理精细化要素

案例	治理主体	需求定位	精细化要素
北京市宣武区购买社区养老服务	政府 社会组织	特殊群体需求	多元参与（社会组织）
天津市单亲困难母亲救助示范项目	政府 社会组织	特殊群体需求（强调服务的靶向性）	多元参与（社会组织） 公共服务靶向供给 信息技术手段应用（数据库）
合肥市滨湖世纪社区的建设发展	政府 居民	普遍的公共服务需求（居民反映社情民意的需求）	多元参与（居民） 公共服务靶向供给 信息技术手段应用（虚拟社区）
嘉兴市新塍社区治理	政府 社会组织 社工 居民	普遍的公共服务需求（强调服务的优质与高效）	多元参与（三社联动、居民、企业） 公共服务靶向供给 一站式服务供给 信息技术手段应用
成都市金牛区实行社区网格化服务	政府 社会组织 企业 居民	普遍的公共服务需求（强调服务的精细灵活、精准高效）	多元参与（社会组织、居民、企业） 公共服务靶向供给 订单式服务供给 信息技术手段应用 网格化

资料来源：作者整理。

由表3—8中不难发现，北京市宣武区主要是通过政府购买公共服务的方式来向社会组织购买养老服务；天津单亲困难母亲救助示范项目除了依靠政府支持和保障外，还有更多的社会力量将会参与到项目中，为项目提供外部支持和帮助；合肥滨湖世纪社区主要通过政府职能转型和居民参与两种方式来进行和实现社会治理精细化；嘉兴新塍社区治理过程中，在依靠政府职能转型和居民参与两种方式的前提下，创新性地运用了三社联动方式，从而进一步实现社会治理的精细化。而成都市金牛区的案例，在整个社会治理过程中，首次将网格化的概念应用于实践，实行精准的网格化管理，再加上政府职能转型、社会力量和居民的参与，使得基层社会治理实践向精细化发展。

通过对比发现，以上五个案例在治理的各个环节既存在共同之处，也存在一些差异。如，在治理主体方面，社会治理多元化这一理念已经形成共识[①]。在具体的社会治理创新实践中，政府向社会组织购买公共服务、三社联动等方式都是当下社会治理创新实践中较为成熟的方式。上述提及的各案例的治理主体均为多元化参与，而不再是单一的政府主体进行治理，并且各主体之间走向合作与协同。但是具体到各个案例之中，可以发现政府以及其他治理主体在治理过程中承担的责任与具体的职能、参与程度等又各不相同。

从社会治理的过程来看，多主体参与、信息技术运用、网格化治理、一站式服务等治理手段的运用使得社会治理越来越趋于精细化。具体表现在以下几个方面：

一是职能定位精准。比如金牛区的网格化管理过程中，实现了政府公共服务机关各职能部门间衔接，打破了职能壁垒，在整体的组织设计上实现协作与整合。

二是管理过程精确。比如在天津市单亲困难母亲救助示范项目中，通过制定救助规则确立范式的申请及救助流程、通过调研和考察确定救助的标准及内容、通过建立单亲母亲数据库明确救助对象的具体动态等，这些都体现出管理过程精确的特点，即救助流程化、救助标准化、救助信息化等。

三是服务态度精心。比如在滨湖新区治理的过程中，充分考虑到社区内居民的特点，不断在治理手段上进行更新创新，鼓励居民参与公共事务的解决。这充分体现了精细化治理应该以人为中心，将“人”的发展与“组织”的发展有机地联系起来这一具体要求。

2. 精细化要素的阶段性演进

以上的五个案例在社会治理方面均有其研究的意义和价值。进一步分析可以发现，在治理时间上，北京市宣武区购买养老服务始于21世纪初，天津单亲困难母亲示范项目始于2008年，合肥滨湖世纪社区治理转型在2010年以后；嘉兴新塍社区与成都金牛区的社区治理则是在最近几

---

① 高小平、刘洪岩：《双创：国家治理现代化的重大制度创新》，《理论与改革》2017年第6期。

年开始的。随着时间的推移，对于社会治理的研究与实践不断深入，在社会主体多元化参与、信息技术使用、政府职能转移等社会治理方面不断进行创新扩展和延伸，五个案例的社会治理创新程度也随着时间的推移呈现出阶段性演进的规律，具体情况如图 3—11 所示。

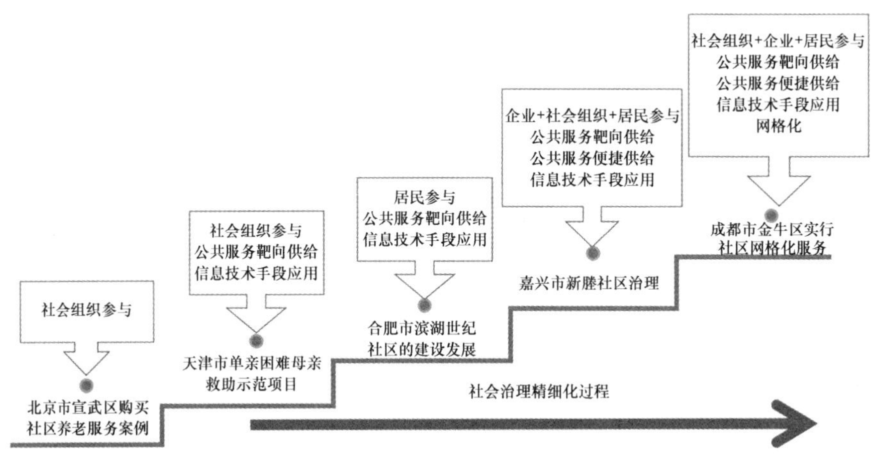

图 3—11　社会治理精细化要素的阶段性演进

北京市宣武区针对老龄化问题进行治理时，政府发挥主导作用，考虑到社会组织具有一定优势和专长，因此决定采用政府购买公共服务的方式，对养老服务进行外包，从而在治理区域内实现养老服务的供给。这一阶段中，社会组织虽然参与其中，但是该社会组织作为政府机构的延伸，提供养老服务，较少发挥主观能动性，政府在这一供给中仍然处于主导地位。而老年人并没有积极地参与到养老服务供给的过程中来，仅作为服务的接收方享受公共服务的供给，这一供给过程是自上而下的、单向的供给。

在天津市单亲困难母亲救助示范项目中，虽然也存在政府购买公共服务、公益创投等方式，通过政府提供资金救助单亲困难母亲的现象，但是天津市妇女儿童发展基金会发挥了积极的能动作用。通过联系医院、大学、爱心人士等其他社会主体，将救助资源进行整合，提供了五救助一保障的多样化服务。在这一过程中，单亲母亲虽然也是公共服务的接受方，但是由于妇联对单亲母亲的需求进行了调查，所以，该服务及资源的供给对单亲母亲存在的问题具有一定的个性化回应。另外，随着信息技术的不断发展，数据平台的建立和使用逐渐应用到社会治理中来，单亲困难母亲救助示范项目通过建立数据库的方式，实现对天津市单亲困难母亲具体情况的动态管理和监控，从而使得公共服务供给精准化。

合肥市滨湖世纪社区的治理则更加体现出信息技术对社会治理的影响。通过社会治理的1.0到4.0时代的迭代更新，使得社会治理完成了从社区治理人员“跑破鞋”到“动指尖”的转换。由于公共参与平台的搭建，社区居民可以在任何时间、任何地点发表自己的看法，提出自己的意见，这也促使了社区居民在参与社区事务时实现了从“冷漠消极”到“热情积极”的转变。在该案例中，滨湖世纪社区的居民已经不仅仅是公共服务的接收方，由于问题的出现，该社区居民开始寻求解决的办法，利用社区搭建的公共平台。基于社区问题，该社区居民提出反映自我需求，进而在社区治理者的帮助下，积极寻求解决之道。

嘉兴市新塍社区的社会治理创新同样也是基于社会问题产生的。但是与滨湖世纪社区不同的是，新塍社区治理主体更加多元化。通过“社工+社会组织+社区”的方式，激发社区内居民参与，供给多样化的公共服务。在这一治理过程中，政府不再以主导者的形象出现，更多地作为参与者和引导者，为区域内各治理主体相互联结、治理活动与治理资金相互联结、服务供给主体与服务接受客体相互联结提供场所、搭建平台，成为各种治理资源衔接的枢纽和桥梁。在这一过程中，居民也积极参与到社会治理中来，通过成立自组织、建言献策、参加活动等方式为公共服务水平的提升和自我获得感的提升贡献自己的一份力量。

成都市金牛区社会治理同新塍社区治理类似，但是金牛区是在网格化的基础上进行的社会治理创新，相比新塍社区，公共服务更加精准化、管理过程更加精确化。社会各方力量发挥积极作用协同合作的同时，政府内部各个部门之间也实现了协同合作，打破了部门间的职能壁垒，集安全、交通、基本事务处理、公共服务供给等各职能于一身，打造一站式服务平台。这使得各公共服务供给主体之间实现纵向和横向的交织，形成社会治理网络。

综上所述，以上五个案例能够呈现出社会治理精细化由低级形态向高级形态逐渐过渡、发展和完善的过程。且随着社会治理精细化过程的不断演进和发展，多元主体参与、治理手段灵活、现代信息技术的使用等方面都显得愈发重要。因此，治理主体多元化、治理手段灵活化、以社会公众为主导和以现代信息技术为主导治理过程和治理条件，已经成为当前我国基层社会治理精细化有效提升公共服务供给水平的重要经验。

二 基于精细化治理的公共服务供给提升获得感的方式

从社会治理效果的角度，一般认为公共服务供给水平的提升可以直接促进居民获得感的提升。也就是，为居民提供各种物质的实际的帮助和服务，其中尤其强调针对弱势群体的实质需要。我们可以将此种提升获得感的方式命名为“服务供给—需求满足”。

不过，获得感包括实质获得和精神满足①。因此有学者将获得感与人们的需求层次密切联系起来，利用马斯洛需求层次理论加以分析②。在实质获得方面，主要表现在治理方式、社会制度改革带来的人们生活水平的提升和生活质量的改善；在精神满足层面，包括人们感觉到被尊重、有追求。另外，获得感不仅仅是居民的接受与获得所得到的满足感，它不是一种恩赐与给予，更应该表现为权利，即居民主动参与到社会治理中来，从而使个人在集体、社会中感受到心理层次上的聚集和整合③。可见，居民获得感既体现在物质获得或服务获得，同时还反映在通过给予、参与治理来得到自我价值的提升，从而达到内心的愉悦和满足。

图3—12是基于居民参与和需求满足两个维度的二维关系图。纵坐标是居民参与，按照居民参与程度从低到高来划分，无明显参与社会治理（仅接受服务）、居民基于自我诉求的参与、居民积极主动参与三个层级。

---

① 周显信：《历史感、立体感、获得感：治国理政总方略的三大支点》，《唯实》2017年第2期。

② 曾维伦：《“将改革进行到底”笔谈之五：切实增强人民的获得感》，《重庆社会科学》2017年第8期。

③ 唐钧：《在参与与共享中让人民有更多的获得感》，《人民论坛·学术前沿》2017年第2期。

横坐标是居民需求的满足，参考马斯洛需求层次理论，分为生理与安全层次、社交层次、尊重层次、自我价值层次。据此，命名为“居民参与—需求满足”的获得感提升方式。

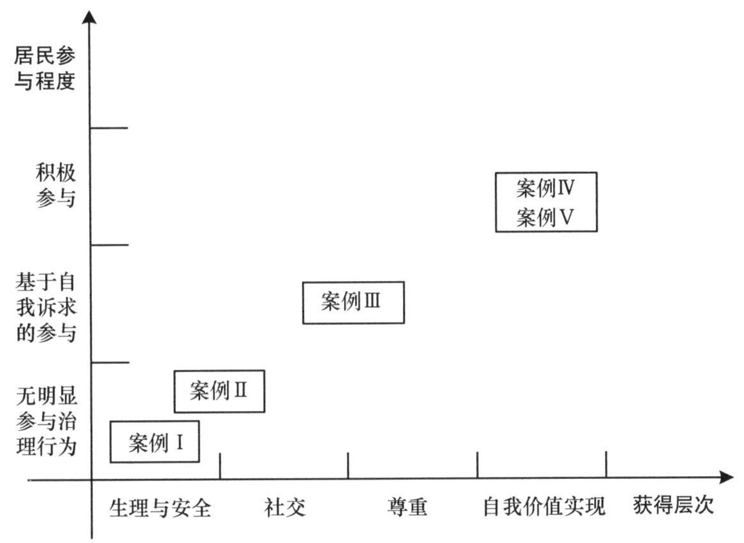

图3—12 基于“居民参与—需求满足”的获得感提升

通过马斯洛需求层次理论，结合学者的研究，本书将获得感分为实质获得与精神获得。如图3—13所示，实质的获得主要通过社会治理方式的改进、社会制度的不断改善等方式以实现居民生活水平的提升和生活质量的改善；而精神的获得则主要通过居民的高层次需求得到满足使得居民感受到被尊重、被需要、自我价值的提升等。居民通过接受政府、社会组织等主体供给的公共服务和主动参与基层社会治理提升获得感。其中，居民可以通过主动参与社会治理，解决社区内主要问题改善生活环境、积极建言献策发挥主观能动性、建立自治组织实现自我治理等方式提高自我价值，获得精神上的自在与满足。

概而言之，从基层社会治理的效果方面看，根据居民获得感的提升方式，可以分为“服务供给—需求满足”和“居民参与—需求满足”两种。表3—9是对上文五个案例社会治理效果进行的总结。

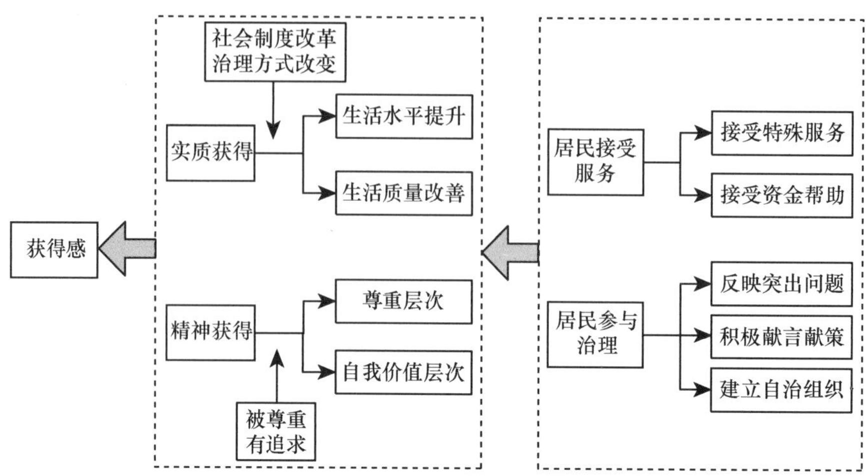

图3—13 居民获得感的提升方式

表3—9 基于治理效果的获得感提升方式比较

案例	获得感的提升	
	服务供给—需求满足	居民参与—需求满足
北京市宣武区购买社区养老服务	保障区域内老年人基本养老	居民接受服务； 物质和服务获得
天津市单亲困难母亲救助示范项目	最大程度保障单亲母亲权益	居民接受服务； 也提出了个性化需求； 物质和服务获得
合肥市滨湖世纪社区的建设发展	建立智慧社区，社区内公共服务效率提高，满足居民需求	居民发现问题； 基于自我诉求参与社区治理； 社交和尊重获得
嘉兴市新塍社区治理	公共服务多样化，满足居民需求	居民积极参与； 自我价值提升
成都市金牛区实行社区网格化服务	公共服务效率提高、质量优化，满足居民需求	居民积极参与； 自我价值提升

与图3—11基于社会治理过程对精细化治理要素的分析相对应，当从社会治理效果方面，即获得感的不同生成维度对五个案例进行分析，案例也呈现出不同的特色和逐渐升级的趋势。

北京市宣武区购买社区养老服务与天津市单亲困难母亲救助示范项目中，居民的获得感多源于服务与物质的实质获得，满足的居民需求层次均较低。

滨湖世纪社区治理则是居民发现与自己利益切实相关的问题，并基于这一问题积极讨论，提供社区治理的方法与建议。因此该案例中居民在获得基本公共服务的同时，还通过参与解决社会问题满足社交的需求与被尊重的需求。

新塍社区与金牛社区居民积极参与到社会治理中去，通过建言献策、参与社区活动、建立自治组织或互助小组等方式进行自我治理，从而实现社区内部的和谐与发展。在居民积极参与社会治理的过程中，不仅得到了公共服务的获得，同时更多地感觉到自我价值的实现。比如新塍社区通过三社联动的方式，发挥社工的专业性，发现居民的个性化需求，从而有针对性地开展公共服务，使得居民的获得感增加；发挥社会组织的能动性，建立居民自组织，充分激发企业、居民、社会组织的积极性，使得居民从参与中获得服务，从参与中获得满意，从参与中获得幸福；发挥社区的联动作用，为社区内活动提供场所、提供资金、联系资助方等，建立共建共享的新型社区。

三　基于精细化治理的公共服务供给提升获得感的经验

1. 以多元参与推动社会治理的精细化

随着我国政治改革和社会转型的深入，治理主体由单一化向多元化转变的思想逐渐被接受。推动社会治理精细化，仅依靠单一的政府主体努力，以及各治理主体各自为战是达不成的，需要进行多元化协同治理。由于各治理主体拥有的优势资源不尽相同，因此需要通过协商交流和资源交换进行合作，以便更好地供给公共服务，推动社会治理走向精细化。

当下社会治理主体主要包括政府、社会组织、企业和社会公众。我国在社会治理精细化的实践中形成了政府购买公共服务、社会组织自发进行社会治理、三社联动、居民主动参与社会治理等多元主体参与治理的方式。通过这些方式实现各治理主体之间互联互补、协同合作，培育发展社会共同体的意识，激发社会参与活力，建立以社会问题导向的自上而下和自下而上治理相结合的精准化治理路径，从而实现社会治理的精细化。

2. 治理过程由“政府主导”逐渐转向“共建共享共治”

政府在社会治理中逐渐摆脱“全能”的形象。随着政府逐渐退出，社会公众作为社会治理尤其是基层社会治理的主体逐渐发挥积极作用，治理过程逐渐改变“政府主导”的一贯色彩。这一转变的前提是居民参与社会治理的优势得以充分发挥，同时居民可以在参与的过程中，提高自我治理的能力。

社会公众作为治理主体的特点在于，往往能够以最快的速度发现社会问题。而通过发现问题，对症下药，实现精准治理是社会治理精细化的重要要求。精细化的治理通过建立社会问题反映渠道以及及时的回应机制，鼓励公众发表意见和建议。对于社区内的建设或发展等问题，由社区内的居民代表、相关社会组织、直接利益相关者等共同参与决策。另外，引导居民建立互助小组、社会组织等方式提高居民自我治理的能力，通过信息公开、专业化引导等方式培养居民理性思考的能力，从而使得居民可以正确参与社会治理。通过以上方式提高居民参与社会治理积极性的同时，培养居民的治理思维和治理能力，以期获得更好的社会治理效果。

3. 以现代信息技术为支撑实现精细治理

大数据时代为我国当下许多社会治理主体进行决策提供了数据支撑和轨迹指引。通过数据平台的建立，可以使得社会治理的问题更加具有针对性，使得公共服务的供给更加具有靶向性，使得信息更加具有动态性和可监控性。另外，建立数据平台，可以实现各治理主体间的互联互动，实现资源的合理流动和共享使用，从而提高治理效率和服务质量。

信息技术使得一站式服务成为可能。围绕民生相关的公共服务需求，对涉及不同的、互相封闭的职能部门、社会组织等进行有机整合，实现公共服务供给的多部门联动。把整个治理领域内部相关的组织关联起来，重构社会治理流程，建设高效的社会治理平台，使得一站式服务成为解决社区治理问题的高效路径。

信息技术有利于及时了解居民需求，提高公共服务的回应性。与传统社区治理模式相比，社会化媒体搭建的公共服务平台无限延伸了治理的时间和空间[①]。通过QQ群、微信群、虚拟社区等建设，使得居民反映自身诉求有了一定的通道。实现了公共服务供给者与公共服务需求者的沟通，便于了解百姓心声，提高公众对公共服务的期待和对政府的信任。同时利用社交平台可以更多地吸引中青年群体积极参与到社区建设中来，扩大社会治理参与程度，提高治理效能。

4. 从服务供给与居民参与两个角度提升居民获得感

获得感是反映社会供给满足民生需求程度的重要指标，社会供给状况与国民需求满足程度相适应是提升获得感的关键[②]。如前文对案例的分析，获得感的模式分为两种，“服务供给—需求满足”和“居民参与—需求满足”。提升居民获得感，首先应该满足居民的需求，尤其是弱势群体的需求。为此，我们要建立健全社会保障制度，为弱势群体提供更多的资源与机会，同时通过政府购买公共服务、公益创投等方式引导社会资源的流动。还要加强对弱势群体的精神慰藉，让他们有更多的获得感。除了关注弱势群体的需求之外，政府还应该满足居民的多元化物质、精神需求。单纯依靠政府的力量无法满足这一需求，应当结合不同的需求特点，引导各供给主体满足群众的多元需求，切实保障全体居民共享发展成果。

提升居民的获得感还应该保障居民的参与权利，积极引导居民参与到社会治理中来，培养居民在社会事务中的责任感，调动居民参与的积极性，从而提高居民对社区、对社会的归属感，感受自我价值的实现。

本章小结

本章通过对五个典型社会治理案例的剖析，提取了社会治理精细化的基本要素，并探讨了公共服务供给提升获得感的两种方式，以及相应的经验。可以看到基层社会逐渐走向治理精细化，并且精细化的程度不

---

① 吴青熹：《社会化媒体与大数据视野下的城市社区治理》，《华东师范大学学报》（社会科学版）2017年第6期。

② 邢占军、牛千：《获得感：供需视阈下共享发展的新标杆》，《理论学刊》2017年第5期。

断加深。通过社会治理精细化改善治理效果，提升公共服务供给水平，有助于提高居民获得感。

然而，对于社会治理精细化如何提升公共服务水平、公共服务水平又如何影响居民获得感的路径仍然不甚清晰，同时居民获得感的内部层次仍然停留在比较笼统的层面，因此需要通过进一步研究，了解社会治理精细化提升公共服务水平的逻辑，解构获得感，在此基础上提出基于精细化治理的公共服务供给提升获得感的路径，从而使得以上的问题更加清晰化。

第四章

基于精细化治理的公共服务供给提升获得感的内在逻辑

第一节 公共服务的供需与居民获得感：供需失衡的困境

一 公共服务需求的特征分析

不论社会的发展处于什么阶段，公共服务的需求都是客观存在的，然而随着时空的演进这种需求也随之发生变化。公共服务需求的变化表现在两个方面：一方面是个人角度，个人需求量的变化以及需求层次的螺旋式上升；另一方面是社会角度，社会总体需求的逐渐增多，且不同时期、不同空间下公共服务需求的类别侧重不同。

1. 公共服务需求的层次结构差异

需求是经济学的核心概念，它是指消费者在各种可能价格下愿意而且能够购买的商品的数量，而公共服务的需求与之不同。公共服务的供给是面向全体社会成员，这就决定了公共服务中的需求是社会个体成员构成的社会集体的需求。在社会成员中的个体需求发展成为一种普遍的、集体的并且能够被表达的社会性需要时，政府的公共服务供给便成为需求满足的重要手段。社会性的需求如同个人需求一样也具有需求的层次性。马斯洛需求层次理论从人的动机角度认为人的各种需求有高低层次的差别，人的需要按照应被满足的递进关系分为生存需要、安全需要、归属与爱的需要、自尊的需要以及自我实现的需要。需求层次理论是从个体成长的内在动机角度对需求的一般规律进行分层，公共服务需求的层次与个体需求层次有共性的地方也有相异之处。个体需求的层次性是公共服务需求层次的微观基础，层次的演进受到社会经济发展水平的影响，与居民自身的特征也密切相关。当然公共服务需求的层次性与公共产品自身的非竞争性、非排他性的强弱密切相关，根据公共服务的特性与功能的不同，可以将公共服务的层次分为保障型公共服务需求与发展型公共服务需求①。

保障型的公共服务主要在于满足基本生存和生活需要。生存需要是个人最基本的需求，当得不到满足时，就对生存构成了威胁。满足生存需要的公共服务一般具有严格的非竞争性与非排他性，像自然环境保护、公共安全等。生活需要的公共服务包括满足生活必需的衣食住行、教育和医疗等相关需求。这类需求基本上是靠基本公共服务供给得以满足，具有纯公共物品的属性。发展型公共服务需求，是在保障型的需求得以满足的基础上，为了提高生活质量，扩大生存空间而出现的对于公共服务的需求。例如公共文化的需求，图书馆、科技馆等的建设，能够为居民提供科学知识，提高个人修养与境界；还包括一些促进生产所需的公共设施，例如立体的公共交通、信息网络的建设、农村的水利系统等；这类需求往往并不具有严格的非竞争性与非排他性，且需求多元多样，简单地靠政府来提供不能满足日益增长的需求，供给成本也比较高。保障型和发展型需求之间的界限并不是很明显，随着经济社会的发展，原有的发展型需求可能变为居民满足自己基本保障的需求，同时居民公共服务需求也不断延伸。处于不同阶段的居民在社会、经济、文化、政治等方面的公共服务需求层次也不同，随着时间的推移以及个人需求的不断提高，居民的公共服务需求层次也在相应提升。

2. 公共服务需求的空间结构差异

居民对公共服务的需求受经济发展阶段的影响，我国目前经济社会发展的非均衡性，不同群体处于公共服务的需求层次不同，这就造成了宏观上公共服务需求的空间差异。

---

① 张立荣、李军超、樊慧玲：《基于收入差别的农村公共服务需求偏好与满意度研究》，《中国行政管理》2011 年第 10 期。

（1）社会阶层分化造成的需求差异

社会阶层的分化导致群体公共服务需求的差异，催生了异质性需求。公共服务面向全体社会成员，只要在服务范围之内，任何合理的、适度的、同质性需求都有机会得到实现。可是基于职位、教育背景、社会地位等因素而产生的经济收入差距，在一定程度上造成了不同群体之间享有公共服务水平的巨大悬殊。在具体实践中，要结合群体的特性，寻找个体的共性。根据不同社会阶层的现实需求，在满足大部分居民的同质性公共服务需求外，提供一部分多元的、异质性的服务和产品，满足不同群体特殊的但又必不可少的公共服务需求。

虽然不同群体公共服务需求存在差异，但是基本公共服务需求趋同。居民最关心、最急需的公共服务包括基本卫生医疗、义务教育、最低生活保障、就业服务、生态环境保护、社会治安等。最基本的公共服务需求包括因看病难、看病贵，子女上学难、费用高和提高收入而产生的医疗、教育和增收三大方面的公共服务，还有就是养老、就业、最低生活保障等方面的公共服务需求。这些趋同的基本公共服务主要涉及与居民切身利益和现实生活相关的领域，这也从侧面反映出公共服务供给水平有待进一步提高。

（2）经济社会非均衡发展造成的空间差异

我国东、中、西部地区之间以及城乡之间经济发展程度和居民生活水平存在着差距，影响不同区域公共服务需求的外部环境因素也有别，因此，东、中、西部地区之间和城乡之间公共服务需求结构上也有差异。

区域间的公共服务需求的差异是受到区位条件和政策引导双重因素的影响。东部沿海地区以平原为主，在发展外向型经济上有着得天独厚的优势；中西部内陆地区地形相对复杂，气候多变。改革开放以来，我国发展重心放在东部沿海地区，加上各地区先天禀赋的差异，东、中、西部地区之间经济的分化已经成为不争的事实。由此必然导致沿海地区人民的公共服务需求无论是在种类上，还是总量上都胜过内陆地区一筹。城乡二元的户籍制度是城乡公共服务需求差异的诱因。户籍制度的背后，折射的不仅仅是地域、行政区域的简单分割，更是牵涉到我国居民在基本教育、公共医疗、社会保障、劳动就业等方面享有权利的差别分配、利益不均等问题。城乡之间公共服务供给差异以及城乡间生产生活的特点造成了城乡之间需求差异的既成事实。

群体、区域、城乡之间公共服务需求的差异性，是自然、历史、政治等各种因素共同作用的结果，具有一定的客观必然性。需求的差异折射出公共服务供给能力的差异，这一困境短时间内不可能得到迅速解决。只有在尊重客观差异的前提下，通过长时间的努力，逐步弥合差距。在提高基本公共服务供给总量的同时，通过精细化治理手段准确理解并把握好“均等化”和“差异化”两者之间的平衡，提高公共服务水平，以提高不同区域、城乡、群体的人民获得感。

二 公共服务需求满足的机理分析

公共服务需求的特殊性决定其不能够按照市场交易的规则来满足。因为搭便车心理的存在，居民不愿意表达自己对于公共服务需求的偏好，公共服务需求也就不能仅仅依靠价格来表达。在需求表达、需求整合的基础上充分掌握需求信息，作出公共服务供给决策，才能有效满足居民公共服务需求。

1. 公共服务需求表达与整合

（1）公共服务需求表达

需求表达是公共服务需求满足的前提，居民想要获得满意的公共服务，需要作为公共服务消费者的居民自下而上的积极表达自己的需求偏好。居民自下而上的需求表达打破了政府自上而下的公共服务供给决策，有利于决策更加关注服务需求、更突出服务效果。根据居民表达途径以及自发程度可以将表达分为自发性表达、组织性表达和参与式表达①。自发性表达一般发生于与居民切身利益特别相关时，这种情况下居民表现出强烈的参与诉求和参与意愿。组织性表达是在一定的制度框架内搭建平台，提供官方的表达渠道时，居民通过各类组织渠道和平台进行需求表达。参与式表达是指在表达个人意见的基础上，在公共服务供给的决策上有决策权，居民此时不再是被动表达需求的公共服务受众，而成为积极参与的治理主体。

① 蔡礼强：《政府向社会组织购买公共服务的需求表达——基于三方主体的分析框架》，《政治学研究》2018 年第 1 期。

（2）公共服务需求整合

由于公共服务的非竞争性和非排他性，居民在表达个人需求时会存在搭便车的行为，不一定真实表达自己的需求。这就需要在面对复杂多样的需求信息时，对需求信息进行识别和整合，将个人的需求信息转化为集体的需求以指导供给。公共部门或者社会组织面向公共服务的消费者即居民展开需求调查，将居民分散化、个体的公共服务利益诉求进行组织化的表达。个人需求汇成集体需求并不是简单的加总，是在通过专业化的手段和方法提炼服务对象的共性需求与个性需求的基础上，归纳出集体的需求。需求信息的整合是对居民表达需求的进一步补充，是居民公共服务需求满足必不可少的环节。

2. 公共服务供给

公共服务需求信息整合的最终目的在于有效地供给公共服务，满足公共服务需求，达到公共服务供需均衡状态。公共服务的供需均衡不仅仅是数量上的对应，更重要的是居民满意，公共服务的供给在均衡的状态下兼顾公平与效率。

（1）公共服务供给公平

公共服务供给的公平更多强调的是“机会均等”和“自由选择权”，不仅仅是公共服务的“结果均等”。按照公共服务的需求提供公共服务，避免歧视性分配，减少政府在分配公共服务时对特定阶层和人群的偏向性，从而做到更加公平。公共服务供给的公平应考虑异质性的公共服务需求，即公平还应该包含差异化维度。因为均等化具有相对性，这是受公众需求、政府供给能力、自然区位条件等多种因素的影响。供给的单一化，形式上的均等化，是以牺牲部分公众利益为代价，此种徒具其表的供给方式往往为了实现形式的平等而忽视了部分公众的真实需求。

均等化和差异化两者之间不存在矛盾，不能仅仅追求均等化的形式，而要在具体实践中，因地制宜，因人而异，根据服务供给对象的需求提供有针对性、差异化的公共服务，从而实现公众基本权利的实质平等，真正实现社会公平。公共服务供给过程中根据需求不同而体现供给差异，这种差异化供给是实现公共服务供给公平的一种途径和方式，其目的是为了更好地实现实质公平。

（2）公共服务供给效率

公共服务的非竞争性和非排他性（当然部分公共产品不是严格的非排他性和非竞争性）决定了公共产品的供给容易形成自然垄断，垄断自然影响公共服务供给的效率。引入市场化手段，打破垄断地位，通过市场化的竞争提高公共服务供给效率。政府公共服务行动是“取之于民、用之于民”，是对公共资源的一种配置，围绕公共服务的特性实现这一资源的有效配置也是公共服务供给的应有之义。

公共服务供给的效率包括两个阶段的要求。在公共服务的生产阶段，要实现公共服务投入—产出上的技术效率；在相同的投入下能够产出更多的高质量的公共服务，或者在满足一定公共服务需求的前提下投入的成本更小，体现的是生产效率。在公共服务的分配阶段，要实现供给—需求之间的配置效率；公共服务的分配以满足居民公共服务需求为目标，不同公共服务偏好居民的公共服务需求得以满足，实现供给与需求的均衡状态，实现了消费效率。

然而我国公共服务资源稀缺，分布不均，大量优质资源集中在城区和发达地区，优质资源在大城市和发达地区过于集结。广大农村和落后地区居民的需求很难得到有效的匹配。随着城镇化进程的快速推进，为了实现公共服务供给的公平与效率，公共服务资源配置结构面临着调整的压力。在公共服务的供给方面，不平衡在发展阶段是长期存在的。

三　公共服务供需失衡与居民获得感提升困境

1. 公共服务供给与居民需求的非均衡

（1）公共服务供给和公众需求的总量非均衡

公共服务供给和公众需求的总量非均衡关系，存在以下三种情况：第一种，公共服务供需总量上处于供不应求的状态，即公共服务供给不足；第二种，公共服务供需总量上供大于求，即公共服务供给的相对过剩；第三种，公共服务供给与公众需求总量上刚好处于供求平衡的状态，即公共服务与公众需求供求平衡。其中第一种和第二种是供需总量非均衡状态，第三种是供需总量的均衡状态。公共服务供给不足是政府提供的公共服务数量上不充足，无法完全满足居民的公共服务需求。造成这一现象的原因可能是：公共资源的限制，无法提供充足的公共服务或产品，或者公共服务供给的增长落后于居民需求的增长；公共服务供给过剩往往是因为政府没有正确地理解居民需求，导致公共服务供给与公众的真实需求产生了偏差，公共服务供给相对于居民需求过剩。需求的多元化与复杂性决定了公共服务与公众需求之间处于一个动态的过程中，即从非均衡到均衡，再到非均衡。总的来讲，随着经济社会的发展人们对于公共服务需求要求越来越高，需求总量也越来越大，这就要求公共服务供给动态调整以适应需求的变动，不断地满足公共服务需求，提高居民生活质量。

（2）公共服务供给和公众需求的结构非均衡

不仅存在公共服务供给数量上的非均衡状态，而且还存在供给结构上的非均衡状态，公共服务供给与居民需求的不匹配，往往是造成这一现象的主要原因。居民不同的公共服务需求类别优先顺序与公共服务供给的优先顺序不匹配，产生了供需之间的结构性非均衡。结构非均衡不仅是在公共服务内部存在，而且在地区之间也存在着供需不均衡的现象，体现公共服务水平地区之间的差距。即使是在同一个城市中，由于城市发展规划有所侧重，对城市各个区域发展所提供的财政支持会有所不同，加上各个行政区域不同的经济发展水平和历史环境等，这些因素致使公共服务在不同区域的供给水平和需求水平存在较大差异。这种差异是一种非均衡，而且这种区域差距具有不合理性，这表明当前公共服务存在地区非均衡供给。

2. 公共服务与居民获得感

获得感是主观感受，是一项主观指标，体现为“拿在手里，喜在心里”，是指实际社会生活中的人们享受改革发展成果的多寡和对于这种成果享受的主观感受与满意程度，它包括客观获得和主观获得两个方面，二者缺一不可。[①] “获得感”有别于“幸福感”，它强调一种实实在在的“得到”，体现在对社会资源的获取与占有的认同状况。获得感带有一定的主观性，是人们对主观状况的客观映射，并用生活的改善情况这一指

① 丁元竹：《让居民拥有获得感必须打通最后一公里——新时期社区治理创新的实践路径》，《国家治理》2016 年第 3 期。

标对获得感进行测量。[①] 虽然学术界对于获得感的内涵还没有统一的界定，但是大多学者都认为"获得感"是基于"获得"实惠而产生的心理感受与满足，是一种实实在在的物质与精神得到。一方面包括改革开放以来财产性与劳动收入的增加、住房条件的改善、社会保障水平的提高等物质层面的心理感受；另一方面包括享有稳定持续的幸福体面生活、享有公平公正的同等权利、享有追求未来美好生活的精彩梦想等精神层面的心理满足。本书界定的公共服务获得感的概念包括居民精神与物质服务等的实际获得以及获得基础上的满意。

获得感的提出时间较短，现有公共服务供给影响获得感的研究较少，大多是从公共服务水平与满意度、公平感和幸福感的角度阐述它们之间的关系。顾客满意度是指顾客对预期目标和现实情况进行对比后得出的评价。后来很多学者开始对其有多种不同的解释，将其内涵扩大，用于评价政府的公共服务。公共服务满意度主要是享受公共服务的居民对公共服务的预期和实际是否一致做出的评价，具体来说是当相关部门实际提供的公共服务与居民之前的期望相同，或者超过居民的期望时，居民就会对其满意或十分满意，而实际提供的公共服务没有达到居民的期望，那么居民就会对其不满意，甚至是产生埋怨。

政府公共服务质量与国民对公共服务的满意度之间存在高度相关性，后者能够准确地反映前者的水平。公共服务主要从供需两个方面影响公共服务满意度：需求方面，社会经济的发展使得居民公共服务需求上呈现出日益增加的趋势，同时需求内容多元化，对公共服务质量要求越来越高；供给方面，公共服务在供给机制和满足公众需求方面存在不完善的地方。公共服务对于个人生活的有效干预，很大程度上是提高了公民的公平感，能提升民众的幸福感。公共服务主要通过收入再分配和医疗卫生服务体系等途径来增强国民公平感，其对穷人的影响大于对富人的影响。基层社区能够通过公共服务和社会支持网络，减小绝对贫困和相对收入差距的影响，提高城市低收入居民公平感。也就是说，居民对社区基层公共服务越满意，贫富差距对他们的冲击就越小，公平感自然就越高。

---

① 孙远太：《城市居民社会地位对其获得感的影响分析——基于6省市的调查》，《调研世界》2015年第9期。

3. 公共服务供需失衡阻碍获得感提升

政府与公众之间是层层委托代理关系，由于存在着不完全信息，政府在理解公众需求方面存在着这样或那样的障碍。同时，政府本身也具有自利性的一面，因此，政府的公共服务与公众需求之间不可避免地存在着偏差。政府的行为模式及其影响因素决定基本公共服务的供给，居民个人或居民群体的行为模式及其影响因素决定公共产品的需求，当公共服务供给与需求基本吻合时，即公共服务供给和需求的品种相似、数量相似时，供求达到均衡，公共服务供求均衡的状态是帕累托最优状态。从根本上说，居民公共服务的需求最终决定着基本公共服务的供给，并且决定着供给的种类、范围、质量等各方面，而且从长期看，公共服务总供求应处于均衡状态。但是，公共服务供给与需求的决定因素多而复杂，这种均衡是很偶然的，更常见的是政府公共产品供求的结构失衡状态。公共服务领域出现供需结构性失衡，这种失衡表现为一部分公共服务供给过剩与一部分公共服务供给不足并存，居民的公共服务需求得不到满足，这些问题严重影响了居民获得感。

现实社会中，社会资源的供需关系如果出现了结构性矛盾或者动态化失调，则往往会出现社会供给过剩或需求满足不足。供需失调在私人商品消费范畴中以消费者购买力及收支比的变化为集中反映，而在公共服务中往往会以供给量不足、覆盖面有限或者供给不均衡为主要表现，如不同区域、群体获得某一公共服务的质量存在差异。公众只有面对社会福祉的进步与发展能够得其实利、满足其需求、公平享有其发展机会与公民权利，谈获得感的提升才具有现实可行性。提升人民获得感、促进民众共享改革成果成为当前深化改革的重中之重。结合需求侧不同主体需求与供给侧不同供给部门的特点，平衡不同供给部门以满足民众的多元需求，在供需关系的动态调整中构建渐进的共享发展机制，是供需视阈下民众获得感提升的基本思路。

第二节　精细化治理要求下的公共服务供给

基层社会治理精细化要求在基层社会治理过程中，坚持以人为本，通过科学的治理方式和手段，实现基层社会治理的低成本与高效率。在这一标准下公共服务供给要实现精细化，坚持公共服务的公共价值导向，以满足居民需求作为供给公共服务的目的。引入其他供给主体实现多主体供给以提高效率，互联网信息技术的应用改善基层"碎片化"缺陷，为整合资源提供了重要支撑。

一 公共服务供给的公共价值导向

1. 人本主义特征

20 世纪 60 年代以来，随着西方民权运动和经济膨胀，导致就业、公共安全、环境污染、社会保障等一系列问题。由此，为了应对在传统官僚体制下政府膨胀、效率低下和财政开支过大的情况，新公共管理产生，以市场的运作来拯救"政府失灵"下公共物品无法满足公共需求的现状。然而，新公共管理理论的产生并没有完全解决当前的问题，反而遭到了学界各方面的批判，尤其是对于公私部门之间的关系上遗留了很多问题。20 世纪 90 年代，随着经济全球化进程的不断加快，更多的学者和政府人员寻求一条解决公共事务当中复杂问题的道路，治理理论应运而生。

治理理论迅速得到了广大学者的认可，尤其在处理能源、环境等一系列问题上，提出了新的管理理念。同时，也为政府改革进一步拓宽了视野，回应了当代社会的很多现实问题。但是，治理理论本身也存在着诸多问题，其核心诉求没有真正表达出来。因此，治理理论要想继续体现它的优势，就必须在核心理念上进行突破，公共价值由此产生。

1995 年，美国哈佛大学马克·莫尔（Mark H. Moore）在其《创造公共价值：公共部门的战略管理》一书中提出了公共价值这一概念。莫尔认为，政府的首要任务不是确保政府组织的延续，而是作为创造者，根据环境的变化和他们对公共价值的理解，改变组织职能和行为，创造新的价值。政府管理的最终目的就是要为社会创造公共价值。对于"价值"的解读，马克·莫尔认为，价值是扎根于个人的期望和感知的，对于公共管理者应该关注的问题是，公民通过代议制政府所表达的期望①。所

① Moore, M. H., Creating public Value: Strategic Management in Government, Cambridge, MA: Harvard University Press, 1995.

以，公共价值实际上就是公民对政府的期望程度。莫尔之后，公共价值概念开始在公共行政学中被广泛应用与拓展。对于公共价值，实际上并没有明确的解释，学术界对于公共价值的概念仍然在争议中①。例如，Kelly 等人认为，“公共价值是政府通过服务，法律法规和其他行动所创造的价值”，“价值由公民们的偏好决定，通过多种手段表达，并由选举产生的官员的决定表现出来”②。所以，在公共价值的发展过程中，重在以人为本的理念，突出公民对于公共管理者的重要意义。

对于公共价值可以总结出以下几方面要素：一是服务的价值，公平公正地给服务的使用者分配服务，本身就是传递公共价值；二是产出的价值，尽管一般与服务的价值是重叠的，但当它们包含更高层次的含义时，应该独立看待它们（如国家安全、扶贫、公共卫生等）；三是信任与合法性。公共价值管理认为，信任在公共价值中处于核心地位③。由此，公共价值所体现出来的更多是非工具性的理性选择，从公民作为服务对象主体出发，展现公平、公正的服务价值，凸显了其人本主义的特征。但是，公共价值本身也是在于调节提供公共服务的政府与公民之间的关系，把握好服务的价值取向。所以，从政府角度来说，治理问题不仅仅是管理工具层面上的优化，而且也必须关注政府治理的价值导向。在公共战略的选择上，要不断地整合周围资源，进行公共价值的创造。莫尔也清晰地描述了这一战略的构成（见图 4—1）。④ 作为公共管理者所要考虑的是应该如何运用公共价值，实现治理目标。作为公民个体，将观点联合起来形成公众意见，以表达期望政府应该创造什么样的公共价值⑤。

---

① 何艳玲：《“公共价值管理”：一个新的公共行政学范式》，《政治学研究》2009 年第 6 期。

② 参见尹文嘉《公共价值管理：西方公共管理发展的新动向》，《天府新论》2009 年第 6 期。

③ Kelly，G.，G. Mulgan，S. Muers. Creating Public Value：An Analytical Framework for Public Service Reform. Discussion paper prepared by the Cabinet Office Strategy Unit，United Kingdom，2002.

④ 参见杨博、谢光远《论“公共价值管理”一种后新公共管理理论的超越与限度》，《政治学研究》2014 年第 6 期。

⑤ Moore M.，Public Value Accounting：Establishing the Philosophical Basis. *International Journal of Public Administration Review*，2014，74（4）：465 –477.

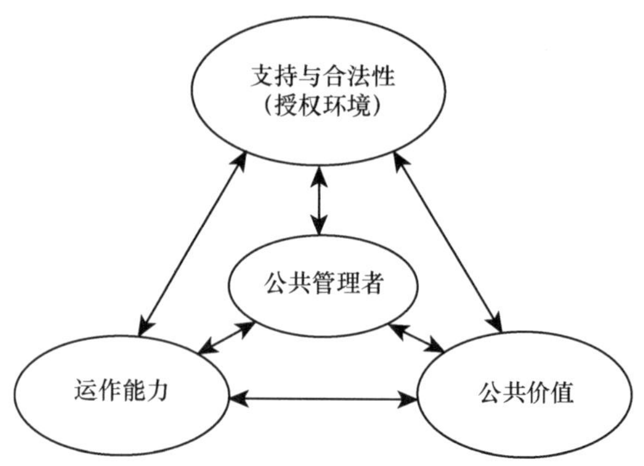

图 4—1 公共战略管理的三角模型

从社会治理精细化的角度，实际上也是将公共价值作为实现善治的有效手段。尤其在基层社会，这种价值性功能在实现公共服务的均等化、有效调节政府与公民之间的关系上更加凸显出来。以公共价值为导向，就是以居民为中心。这种从“人”的角度出发去思考社会发展问题，将成为公共价值实现的具体表现。通过价值疏导，公民真正享受到由政府提供的各种便捷与服务，在此基础上产生相应的获得感。

2. 公共性规范

“公共性”是人们在不断的社会实践中所展现出来的社会属性，展现了人与人之间的社会构成与相互依存关系。在这个过程中，人既为了基础的生存创造物质条件，又在不断的社会实践中提升自我，展现社会价值。最初，对公共性的阐述从阿伦特开始，他继承了康德的思想，将公共性表述为一种显现：“任何在公共场合出现的东西能被所有看到和听到，具有最大程度的公开性。”①

在此基础上，对于公共性的理论解释，哈贝马斯在其著作《公共性的结构转型》中进行了讲述，并把公共性放入现代社会当中论证现代社会民主的发展。他所说的“公共领域”是一个特定的历史范畴，是从 18 世纪至 19 世纪初，英、法、德三国的历史语境来阐明的一个理想类型，

① 汪敏：《从阿伦特、哈贝马斯到桑内特——关于公共性问题中的理论变迁》，《新闻传播》2011 年第 24 期。

指由具有批判性的私人所组成的以公众为主体的资产阶级公共领域。在这里作为私人的公众可以自由地集合、自由地表达他们的意见，通过对普遍利益问题展开讨论，形成公众舆论，并且和公共权力机关直接相抗①。实际上，哈贝马斯的公共性理论更加显现出对现代社会发展的价值观的要求。所以，公共性是公共领域的价值旨归，公共性引导着公共领域的价值实现②。在社会治理过程中，公共价值作为公共服务生产的重要环节，将公共性规范作为控制公众和公共权力的平衡性原则，处理好政府与公民之间的关系，达到治理的最佳效果。

在基层社会治理过程中，政府在提升公共服务供给水平上处于核心地位。对于公共性的要求，其目的是更好地将公共价值贯穿到整个公民社会之中。公众参与的快速发展，让公共价值的引导性功能更加有效直接。在治理精细化的背景下，公共服务的产出通过这种价值导向，使居民能够感受到公共服务设施所带来的各种便利。这不仅是从基础设施条件上的获得，更是从精神层面上达到真正意义上的获得。综上所述，公共性规范是公共价值实现的准则，也是精细化治理过程中，公共服务产出的重要组成部分。

二　公共服务产出的需求导向

公共服务供给的精细化要求公共服务的供给以居民需求为导向，这是公共服务本质的体现③。公众通过感知到的公共服务质量与数量对政府的治理能力进行评价，公共服务是否能满足公众需求是直接影响政府公信力和治理效能的重要因素④，也是对基层治理精细化程度的衡量。以服务促进基层治理的创新，推动基层治理精细化，寓治理于服务之中是推进治理现代化、保障与改善民生的必然要求。

---

① ［德］尤根·哈贝马斯：《公共领域的结构转型》，曹卫东等译，学林出版社 1999 年版，第 225 页。

② 杨东东：《公共性观念的价值——哈贝马斯公共性思想的功能分析》，《山东社会科学》2007 年第 1 期。

③ 曹海军：《功能、技术、场景：社区公共服务供给侧改革的三维向度》，《求索》2018 年第 1 期。

④ 姜晓萍：《基本公共服务应满足公众需求》，《人民日报》2015 年 8 月 30 日。

正如前文所分析，差异化的需求结构与行政指令型的供给结构造成的供需之间的鸿沟，这不仅降低公共资源分配的效率，也违背精细化治理的要求。公共服务供给的精细化落脚到产出上，体现在公共服务的产出满足公众的需求上，即提供的公共服务产品多样化、多层次，公共服务设施的便利与可及，公共服务的产出既重视质量又注重效率。

1. 公共服务产品

随着经济社会的发展，居民对高质量、差异化的公共服务需求不断凸显，这就要求公共服务的财政投入相应增加。适时增加的公共服务投入是应对增量服务需求的前提，然而公共服务单纯数量上的增长并不能满足居民公共服务需求的日益增长。在有限的资源约束下，如何实现尽可能大、更优的公共服务产出是公共服务供给精细化应该努力的方向，这就涉及供给的需求导向，实现供给产品的多层次、多样性。

对于不同类别的公共服务，居民的需求优先次序存在差异。公共服务末端的单个居民需求的差异性客观存在，构成了公共服务需求多样化的微观基础。以微观层次的原子式利益为出发点，居民通过参与社群、团体等社会组织耦合个人利益，凸显集体需求。公民需求聚集成为公共利益被政府等公共服务的提供者识别，群体间的异质性决定了服务需求的多样，这就要求提供充足、均衡以及普惠的公共服务产品。公共服务产品的充足性体现在保证质量和数量的基础上，公共服务的品质和性能满足公众需求。公共服务产品的均衡体现为公共服务分配的公平性上，增进各个群体特别是弱势群体的福利，彰显公共服务的公共利益导向。公共产品的普惠体现为公共服务边际生产成本和边际消费成本较低或者为零，全体居民享有公共服务的机会大致均等。

2. 公共服务设施

公共服务设施作为公共服务供给的物质载体，其配置规模与空间区位直接影响了公共服务供给的精细化。不同的社会发展水平、不同的社区属性、不同的社区居民结构决定了社区公共服务设施的需求特征，进一步决定公共服务设施的配置类型与数量。基于居民需求和需求发展的趋势来供给公共服务设施，完善社区公共服务的布局层次，建立有机增长的公共服务设施空间体系，体现平等与关爱的理念。这既是公共服务供给有效率的体现，也是社会治理精细化的必然要求。

公共服务设施是改善民生、满足居民公共服务需求和保障社会公平的重要基础。公共服务设施层级复杂，类型多样：从服务的层次上看，既有服务于较大区域范围内的大型公共服务设施（如省级图书馆），也有服务于社区内居民的基层公共服务设施（如社区阅览室）；从公共服务设施的功能上看，包括教育、医疗、文化体育等。多样化设施承载着多样化的公共服务，丰富居民的生活，提高生活质量，同时也增强了地区的活力与吸引力。公共服务设施的配置既需要满足居民多样性服务的普遍需求，也要使不同属性的人群找到满足自身个性需求的公共服务设施。在重视设施供给数量的基础上，提升服务的质量以及服务的水平。

合理的空间布局是公共设施有效利用的保障，通过提高设施的可及性来提高设施的供给效率。不同层次的公共服务设施居民能够承受的时间成本不同，根据居民现实需求配置公共服务设施，保障不同居住区居民获得公共资源的机会和成本大致相等，体现了公共服务设施配置的空间公平性。然而公共服务设施空间分布的社会分异性特征是普遍存在的，不同阶层的社会群体的居住单元配套建设的公共服务可及性存在显著差异，这就要求从空间视角优化公共服务设施的空间分布，前瞻性地配置规划公共服务设施，突出公共服务设施的便民性与公益性。

多样化发展可保障居民享受公共服务的权利，改善公共服务设施的服务品质达到满足居民个性需求的目标，提高公共服务设施使用的便捷性能给予公民更多的自由选择的机会，体现了以居民需求为导向的公共服务产出，是公共服务供给精细化的要求。

3. 公共服务对需求的回应

实现公共服务产出的多样性与多层次性，离不开公众需求的表达以及对居民需求的回应。公共服务供给的精细化体现在公共服务的供给体系要将公众需求和服务决策连接起来，形成有效的供给体系，在这一体系中对于需求表达是关键环节。需求表达是公众对于公共服务需求的种类、数量、需求结构、如何生产、如何供给的表露。公共产品理论中通常用林达尔均衡模型“用手投票”和“用脚投票”理论解释居民对公共服务的偏好显示（preference revealing）。林达尔均衡模型将竞争性市场均衡的分析框架引入公共产品领域，通过局部的均衡分析将公共产品供给的决策与公共产品成本的分担结合起来，在个人偏好既定的假定下，通过对备选方案的投票，确定公共产品供给水平及其成本的分摊份额。“用脚投票”理论将地方性的公共产品供给水平与居民的偏好显示联系起来，居民通过对不同公共产品供给水平社区的选择间接显示自己的偏好。“用脚投票”与“用手投票”并不能完全解释中国情景下公众对于公共服务的需求表达，需要建立一种渠道连接服务供给与需求，将公众的群体偏好信息进行整合。这种渠道实质上是一种制度设计，体现的是公共服务供给的精细化，解决公共服务供给滞后甚至无效的重要手段。

三 公共服务供给主体的多元协作

面对日益多元化的居民需求偏好，要做到公共服务供给的需求导向，满足居民多样化、差异化、个性化的需求，在单一的公共部门或单一的政府体系之内实现是不可能的。社会各个部门的互动与合作治理成为实现公共服务多元化供给的重要路径。

政府主导的单一供给模式在我国公共服务供给领域仍占据主导地位。缺乏市场竞争和公民社会参与，单纯依靠政府提供公共服务会造成政府负担过重、供给总量不足、效率低下。相对于政府部门而言，社会力量在公共服务的生产上更具有灵活性、专业性。而市场机制的引入能够帮助政府在财力有限的情况下，选择更高质量的公共服务。多元主体供给公共服务，有利于提高效率，促进公共服务水平和社会公平。虽然在公共服务领域诸如使用者付费、特许经营、合同外包、凭单制等市场化方式都已经出现，但是我国政社合作、政府购买公共服务的实践时间较短，相关制度仍需完善。

大力推进公共服务供给侧改革，促进社会力量参与公共服务事业发展，对于公共服务事业扩大总体规模、优化内容结构、提高发展质量、提升内涵品质意义重大，在促进城乡居民消费、社会领域产业发展、经济发展方式转变等方面将发挥重要作用。进一步激发市场活力，让市场在提供公共服务方面也发挥重要作用，进一步改进公共服务体系的绩效。充分发挥政府的主导作用和市场在资源配置中的决定性作用，聚焦民政发展短板，优化公共服务的供给主体、供给途径和供给内容，提高供给体系的质量和效率。处理好“最先一公里”的公共服务的有效供给与“最后一公里”居民基本公共服务需求得到切实满足之间的关系。从公共服务的精细化供给入手，满足群众需求，切实提高居民获得感。

1. 公共服务供给的多元主体

公共服务本质上是一种非竞争性和非排他性的公共物品。由公共服务的这一属性推导出政府机制需全力提供公共服务，政府在公共服务供给中应建立与市场经济体制相适应的公共服务体系①。政府提供的公共产品和公共服务到位的标志是人民群众日益增长的物质文化需要的满意度，主动作为，突出公共管理和民生服务特征，才能不断满足社会和公民的需求和期望②。长期以来，我国公共服务主要以政府为单一的供给主体，缺乏多元化的社会参与机制和公民参与机制，造成公共服务供给总量不足、供求结构失衡③，造成这一偏差的原因，是财政支出结构失衡背景下，地方政府选择性供给公共产品，与居民多样性的公共产品需求偏好出现了矛盾④。改变以政府为中心的基本公共服务供给模式，成为当前改革的重点。根据公共服务生产与供给分离理论，公共服务供给是政府、市场与社会协作共治的过程，公共服务生产应该是政府与公众互动，市场机制开始在提供公共服务方面发挥作用。公共服务的供给由政府主导走向服务主体多元，通过政府购买公共服务创新公共服务供给机制、转变政府职能、构建服务型政府和推进国家治理能力的现代化⑤。

政社合作是当前全球公共政策改革的基石之一，也是有价值的公共服务改革路线和有效的公共服务规划和供给方法⑥，推动社会组织与社会力量参与到公共服务的供给之中，可以有效提高供给效率。通过对中国农村定性和定量相结合的数据研究发现，某些社会组织参与公共产品和社会福利的供给，可以使地方官员更积极地执行国家政策并使得民众遵

---

① 迟福林：《政府转型与基本公共服务》，《中国浦东干部学院学报》2009 年第 1 期。

② 孙涛：《近年来服务型政府建设研究述评》，《中国行政管理》2011 年第 1 期。

③ 张开云、张兴杰、李倩：《地方政府公共服务供给能力：影响因素与实现路径》，《中国行政管理》2010 年第 7 期。

④ 韩正龙、王洪卫：《财政支出偏向背景下公共服务供给与住房价值关系研究——基于优化公共产品供给结构视角》，《财经论丛》2015 年第 3 期。

⑤ 魏娜、刘昌乾：《政府购买公共服务的边界及实现机制研究》，《中国行政管理》2015 年第 1 期。

⑥ Osborne S P, Radnor Z, Strokosch K. Co – Production and the Co – Creation of Value in Public Services: A suitable case for treatment? Public Management Review, 2016, 18 (5).

从这些政策，社会组织的参与对于促进政府提供公共服务有积极作用①。在财政紧缩和削减公共部门规模的情况下，选定一个社会组织替代政府作为公共服务的主要提供者，可以显著提高公共服务效率。②

2. 公共服务供给的居民参与

公共服务的生产、分配过程往往是政府和/或市场主导的，表现为一个自上而下的单向过程。而被迫夹杂在权力和资本之间的公众，其作为公共服务生产者和再生产者的角色被长时间忽视。公共服务的最终目的是满足“人”的需求和发展，受性别、职业、年龄、收入、受教育水平等因素的影响，公众对公共服务需求的迫切程度和偏好也存在很大的差异。因此，公共服务的生产和消费既要能够满足多数公众的公共服务需求，又要能对少数群体和公众个人的公共服务偏好做出有效回应。自上而下的决策机制，造成各级政府决策的不科学，公众需求高却难出政绩的公共服务不能得到充分供给。满足居民公共服务需求的供给才是有效的供给③。公民参与的不足，导致公共服务受众的需求得不到满足，不能享受高质量的公共服务供给。公民的参与除了从底部施加压力，使得公共服务提供者能为居民提供更好的服务之外，也是对公共服务提供者在对待公众责任方面关键的激励④。

公共服务的有效供给离不开对居民需求的准确把握，然而政府供给与公众需求的结构失衡问题却日益凸显。必须打通公共服务消费者与供给者之间的沟通、反馈渠道，凸显出“人”的作用和意义。公共服务的发展模式由单纯追求数量和投入的传统粗放式、引导式发展，朝着注重精品项目的精细化、激发式方向转变。公众不再是被动的公共服务消费者，而是积极地参与到公共服务生产消费的各个环节。社会大众、少数

① Tsai L L. Friends or Foes? Nonstate Public Goods Providers and Local State Authorities in Nondemocratic and Transitional Systems. Studies in Comparative International Development, 2011, 46 (1).

② Gallet W, O'Flynn J, Dickinson H, et al. The Promises and Pitfalls of Prime Provider Models in Service Delivery: The Next Phase of Reform in Australia? Australian Journal of Public Administration, 2015, 74 (2).

③ 陈振明、李德国：《基本公共服务的均等化与有效供给——基于福建省的思考》，《中国行政管理》2011 年第 1 期。

④ Wenene M T, Steen T, Rutgers M R. Civil servants' perspectives on the role of citizens in public service delivery in Uganda. International Review of Administrative Sciences, 2015, 82 (1).

人，甚至个人公共服务的意愿、满意度和获得感都将成为评价公共服务供给效能的重要参考指标。因此，需要利用现代信息技术，开展广泛的调查，在了解居民使用公共服务基本需求上，保证公民享受公共服务的基本权利。

四　公共服务供给中的信息技术

现代信息技术的发展为了解居民需求，促进居民参与提供了技术支撑。信息技术促进公共服务供给系统设计的创新，利用现代信息技术提供一站式、多渠道、多边活动的以城市为中心的无缝公共服务，能够切实满足居民需求①。

1. 信息技术的利用提高居民公共服务满意度

信息技术的应用可以显著提高居民对公共服务的满意度。现代信息技术在公共服务领域的应用可以基于时间、地点和需求来细分居民公共服务需求，并对居民最为关心的信息提供便捷渠道，居民对于政府提供的这一服务与对企业提供的一样满意②。

政府往往追求标准化服务，公共服务往往在统一化、“一刀切”的标准之下，有意无意忽视公民个性化、差异化需求，也无法通过弹性的机制使服务能够满足不同人群的多样化需求，公共服务的“锚向性”不足、精准性欠缺。现代信息技术的使用能够提高决策科学化与管理精细化水平。政府管理有可能迈进“循数管理”的时代，公共服务决策趋于“社会化”，社会参与从“象征性”到“实质性”。逐渐形成适应大数据分布的平权性治理结构，强调民意辩论与协商共识，且互联网与云计算将促进彻底的多数决策，这为提高决策科学化与管理精细化的水平提供了技术可能。信息技术的更新与变革对数据的处理和匹配达到了新的阶段，公共服务也将呈现开放化、推送化、个性化特征，这将彻底改变公共服务方式，真正实现“需求导向型政府”。

---

① Flumian M, Coe A, Kernaghan K. Transforming service to Canadians: The Service Canada model. International Review of Administrative Sciences, 2007, 73 (4).

② Shareef M A, Dwivedi Y K, Kumar V, et al. Reformation of public service to meet citizens' needs as customers: Evaluating SMS as an alternative service delivery channel. Computers in Human Behavior, 2016, 61 (C): 255 -270.

在原先的技术条件之下，信息资源的交互与共享存在困难，部门协作存在瓶颈，管理信息平台缺乏整合，往往导致分散管理、多头管理、重复管理，管理政策难以统一，管理信息不能互通，管理资源难以整合。现代信息技术的使用，政府部门分割、各自为政的现象也可以得到解决。公共服务云平台能加强服务部门之间的沟通与协调，解决信息资源建设过程中横向“信息孤岛”和纵向“网站内容雷同”的问题，使分散的信息资源得到有效整合，从而真正实现“协同政府”。

21 世纪以来，信息技术的快速发展不断推动着社会经济、政治、文化等各个领域的变革，互联网 +、云计算、物联网等新技术的出现，改变着社会发展的方方面面。在公共服务供给系统中，政府、企业、公民、社会组织是参与的主要力量，信息技术的创新发展，能够使管理更加便捷，倒逼单一供给主体让渡一定的权力给其他主体，形成多元主体供给的公共服务供给网络，共同增进公共价值，提升公民满意度和获得感。

2. 信息技术推动管理模式的转变

信息技术为政府管理提供了更多手段和方式，也促进了更多新型公共产品的创建，技术的创新与进步推动了生产力的发展，为公共服务的持续发展奠定了坚实的基础。与此同时，信息技术的发展也加快了管理的速度，提高了管理的效率，使政府能够取得更好的管理成效。伴随着城市的快速扩张和发展，传统的管理模式已无法解决现实问题，采用各类新兴的信息技术手段可以提供创新性的公共服务，促进公共机构转变管理方式，调整管理结构。例如现代城市发展中不可避免的大城市病问题，是利用信息技术手段改善管理，提供优质公共服务的典型事例。预计到 2050 年全球将有约 70% 的人口居住在城市，城市的管理问题就显得十分严峻。结合新一代信息技术提出的“智慧城管”是政府管理模式的重大转变，这种城市管理新模式是以新一代信息技术为支撑、面向社会创新 2.0 的管理模式。在理念上强调以用户创新、大众创新、开放创新、协同创新为特征的知识社会环境下以人为本的可持续创新；在制度上注重营造全社会参与塑造城市公共价值的开放创新生态；在技术上注重通过移动技术、物联网、云计算等新一代信息技术以及维基、社交媒体、FabLab、LivingLab、综合集成法等工具和方法的应用，实现全面透彻的感知、宽带泛在的互联、智能融合的应用、以人为本的可持续创新。北京城管对于构建智慧城管的总体要求是感知、分析、服务、指挥、监察五大功能的“五位一体”，基于五位一体，将有利于推动城管执法的公共服务、指挥决策、巡查监察三大职能，最终实现城市管理精细化、智能化、社会化的总体目标。

3. 信息技术促进管理效率的提升

社会管理事务日趋复杂多样，公共服务的提供也需要更精细、更快捷，对政府管理提出了更高的要求。采用各类信息技术手段进行社会管理，能够帮助改善公共服务的供给效率，提升公共服务的质量和水平。城市交通规划管理是保障城市有效运行的重要组成部分，公共交通工具中的传感器可以向交通规划部门提供实时的交通状态报告，以便统一优化交通路线，为公众调整出行方案提供有效信息，提升交通管理的效率。社区基本公共服务的供给中也体现着信息技术的重要作用，云端课程教授和在线指导，能够节约青少年的学习成本和时间，提高教育服务水平。远程社区诊疗服务能够及时解决公民的就医需求，提高居民的公共服务满意度，互联网技术和智能技术在社区日常服务中的应用，是信息技术促进管理效率提升在基层的表现形式。除了城市的基础设施和基层管理，政府的办公和管理效率直接影响公共服务提供的效率，信息技术在政务活动中的应用支撑公共服务的有效供给。电子政务是指国家机关在政务活动中，全面应用现代信息技术、网络技术以及办公自动化技术等进行办公、管理和为社会提供公共服务的一种全新的管理模式，它包含多方面的内容，如政府办公自动化、政府部门间的信息共建共享、政府实时信息发布、各级政府间的远程视频会议、公民网上查询政府信息、电子化民意调查和社会经济统计等，通过网络，公民即可完成相关事务的申请，政府也能够及时有效地提供相应的服务。

4. 信息技术拓展居民参与管理的路径

在公共服务的改革和发展过程中，企业、公民、社会组织等主体逐渐发挥着越来越重要的作用。公共选择理论强调将私营部门等主体纳入公共服务供给体系中，并采用承包等方式参与公共服务的供给，信息技术的发展为企业、公民、社会组织等主体参与公共服务供给提供了更多渠道。其他社会主体参与公共服务的改造，在很大程度上重塑了公共服务的流程，增加了政策制定和实施的透明度，也为企业、公民、社会组织等主体与政府互动沟通打开了通道。在电力、能源、交通等领域，企业通过承包相关公共服务项目参与到服务供给之中，利用互联网信息技术能够及时向社会披露项目信息，整合优质资源，通过社交媒体平台的互动，增进公众与政府的交流，弥补政府供给公共服务的不足。互联网第三方平台的产品加工和运营能力，让政务服务能够实现更多功能，并且更有效地触达最终用户，政府部门与百度地图合作的出行云通过接入全国不同省市的交通运输主管部门，连接多家科研院所和互联网公司的出行服务相关数据，为企业和研究机构使用其城市、路网管理相关的决策、开发、共建服务搭建合作平台。除了企业，信息技术的发展也为公民和社会组织参与公共服务供给，表达公共服务需求提供了更为丰富的渠道，2018 年，全国首个集成民生服务微信小程序“粤省事”及同名公众号正式上线，“粤省事”通过“实人 + 实名”身份认证核验，无须下载，避免重复注册，指尖动动，即可在微信上通办所有上线民生服务。目前，该平台首批上线政务服务 142 项，涉及出入境证照、劳动人事调解仲裁、社保卡医保移动支付等高频民生服务，通过网络平台，公民既可以快速地享受有关公共服务，也可以参与公共服务供给讨论，为政府建言献策的同时也形成了公民、社会组织的自我互助机制。

第三节 从供给到需求:居民获得感提升的逻辑

精细化治理下的公共服务供给原则是供给过程兼顾价值理性与工具理性，在公共价值优先的指引下，以居民需求为导向，利用现代信息技术，实现供给主体的多元化，公共服务的水平因此不断提升。居民的公共服务需求随着消费供给水平逐渐提高的公共服务而得到满足，居民获得感也相应提升。为了阐明这一过程，本节选取公共服务供给水平较高的中新天津生态城作为研究对象，采用扎根理论的质性研究方法，试图揭开居民获得感提升的“黑箱”。

一 案例的引入

中新天津生态城是中国、新加坡两国政府战略性合作项目。生态城坐落于天津滨海新区，临近渤海。生态城建设的主要方向是应对全球气候变化、加强环境保护、节约资源和能源，为资源节约型、环境友好型社会的建设提供积极的探讨和典型示范。

1. 中新天津生态城概况

2007 年 4 月，国务院总理温家宝在会见新加坡国务资政吴作栋时，共同提议在中国合作建设一座资源节约型、环境友好型、社会和谐型的城市。2007 年 7 月，吴仪副总理访问新加坡，与新方进一步探讨了生态城选址和建设原则。随后，国家有关部委对天津等多个备选城市进行反复比选和科学论证，在征求新加坡国家发展部的意见后，于 9 月底初步认定生态城选址在天津滨海新区。2007 年 11 月 18 日，国务院总理温家宝和新加坡总理李显龙共同签署《中华人民共和国政府与新加坡共和国政府关于在中华人民共和国建设一个生态城的框架协议》。国家建设部与新加坡国家发展部签署了《中华人民共和国政府与新加坡共和国政府关于在中华人民共和国建设一个生态城的框架协议的补充协议》。协议的签订标志着中新天津生态城的诞生。

按照两国协议，中新天津生态城将借鉴新加坡的先进经验，在城市规划、环境保护、资源节约、循环经济、生态建设、可再生能源利用、中水回用、可持续发展以及促进社会和谐等方面进行广泛合作。为此，两国政府成立了副总理级的“中新联合协调理事会”和部长级的“中新联合工作委员会”。中新两国企业分别组成投资财团，成立合资公司，共同参与生态城的开发建设。新加坡国家发展部专门设立了天津生态城办事处，天津市政府于 2008 年 1 月组建了中新天津生态城管理委员会。至此，中新天津生态城拉开了开发建设序幕。

中新天津生态城作为世界上第一个国家间合作开发建设的生态城市，将为中国乃至世界其他城市治理及可持续发展提供样板；为基层治理的创新、生态理论创新和节能环保技术使用提供国际平台；为中国今后开展多种形式的国际合作提供示范。

2. 中新生态城公共服务的发展举措

中新生态城在目前的发展过程中体现着一个城市的活力，尤其在区域整合之后，更凸显出它的城市功能优越性。在经济、社会、环境建设等，形成了整体性的区域和产业发展规划。因此，经过多年的不断建设，在教育、社区建设、医疗、交通等方面都取得了卓越的成效。

第一，继续巩固品牌教育优势。在2016年，生态城落实好三年建设计划，确保南开中学、华夏未来等学校按时开学，抓紧推动北师大附属学校建设，加强与新加坡学校的紧密合作等。不仅在教育的硬件设施上，而且在师资建设上也加大力度，对教师的培训等方面形成体系。在教育上形成生态城独有的特色，也是吸引人们来到生态城工作、生活的主要原因之一。第二，在社区建设上，建立了三个社区中心并开始投入使用，服务于周围的居民，也建立了多个商业区，提升了生态城的商业功能，改善了区域的功能，让人们的生活环境不断改善。第三，医疗条件的改善，推进与新加坡在医院管理、技术交流、人员培训等方面的合作，提升医疗服务能力。第四，在交通建设上，生态城在打造区域交通重要地理方位上做出努力。主要措施包含了Z4线的建设、增加过境公路，让生态城的交通出行便利、更快捷。

在公共服务的发展过程中，生态城不断发挥它的优势，建设新型的城市管理模式。在整体建设中，努力打造支柱产业，加快社会建设，充分发挥中新合作优势与协调机制。在创新治理模式上，采取多元化参与、网络化巡查、信息化手段、社会化服务、精细化管理、法治化保障“六化”工作机制。选择天津中新生态城作为研究对象是因为其在公共服务建设上的成功机制，居民生活与城市功能紧密结合，居民获得感也会因公共服务的供给而受到影响。通过居民生活状态改变前后对比，充分展现目前居民在公共服务供给水平逐渐提高后获得感的提升。

二　公共服务供给影响居民获得感的质性分析

1. 资料来源与研究方法

质化研究，也称质性研究、定性研究，是一种探索性研究，主要以研究者本人为研究工具，在自然情境下探究社会现象。质化研究的研究情境不受研究者的操纵和干扰，研究者一般利用观察和访谈等开放式的各种办法，敏感地收集与研究对象相关的一切信息，然后利用归纳法分析资料，挖掘社会现象背后的原因和意义，并形成相关理论。区别于量化研究对事先设定的理论假设的数字度量，质化研究主要用文字来描述现象，在现象分析过程中逐步形成理论假设。由于获得感、社会治理精细化这两个概念是新提出的，二者之间的作用关系是一个全新的范畴，其核心要义是探索基层政府的治理精细化改革是如何提升居民获得感的。对于这一中国情景下的理论范畴，目前理论界对此还缺乏成熟的研究。本研究旨在对公共服务供给提升居民获得感的内在逻辑进行深度的描述和阐释，不仅要考虑居民获得感提升的影响机制，还要探索一些新的变量范畴。基于此，本书先采用探索性的质化研究，然后在此基础上再采用量化研究对质化研究结论进行大样本实证检验。质化研究的研究过程主要包括资料收集、资料分析和研究报告的呈现。

（1）资料的收集

质化研究的第一个过程为资料收集，资料收集的途径主要有直接观察、深度访谈、文件记录和影片分析等。本研究数据主要是通过深度访谈和实地观察等方式收集。访谈对象的选择主要是按照分析框架和概念发展的要求进行理论抽样。由于访谈对象是质化研究资料和结论的主要来源，因此访谈对象的选择较为谨慎，研究要求访谈对象须要对社区公共服务有一定的认识和理解。本书将访谈对象限定在以下范围：管委会负责公共服务以及社区治理的部门（如社会局、城管局）的相关负责人员，社区居委会工作人员，直接提供服务的机构（如图书馆、体育场馆、养老机构、社区卫生机构等）的工作人员，社区居民。

访谈方式主要采用面对面访谈。面对面访谈可以与被访谈者进行近距离互动，除了获取访谈内容以外，还可观察被访谈者的表情和肢体状态，适时调整访谈内容，获取更多的一手信息。面对面访谈的信息记录主要为关键词记录，如果受访者同意，在访谈时会进行录音，访谈结束后及时整理。访谈内容包括：生态城便民、惠民、改善民生的典型案例；社会组织参与生态城公共服务供给的典型案例；生态城创新社会治理的典型案例；生态城内社区的日常管理以及社区居委会的日常工作方式、内容等；社区内各类型组织（居委会、社区工作站、物业公司、业委会等）参与社区治理，提供公共服务的情况。

本研究还采用驻地观察的方式采集数据。观察社区服务中心的日常运营情况，社区居委会以及其他社会组织开展活动的情况，参与“邻里日”这类社区组织自发的邻里互动活动，并以日志的形式保留。另外，本研究收集官方文献以及新闻资料为辅助。

（2）研究方法的选择

上文提到，社会治理精细化与获得感提升这一议题目前尚未完全清晰，需要进行探索性的质化研究，因此，本书的资料分析方法主要为扎根理论这一探索性的研究方法。扎根理论（Ground Theory）于1967年由Glasser & Strauss提出，目前被认为是“今日社会科学中最有影响力的研究范式，走在质化研究革命的最前沿”。扎根理论作为一种探索性研究方法，虽然要有一定的资料和经验做基础，但它不仅仅是对先验理论的验证，更重要的是在资料的分析过程中逐步构建理论。具体而言，扎根理论通过对原始定性资料进行系统分析和归纳，使之概念化和范畴化，然后通过持续比较、进一步浓缩，在各个概念和范畴要素之间建立联系，最终形成理论框架。扎根理论中的原始分析资料多为文字资料而非数据资料，本书采用与代表性社区的深度访谈记录。扎根理论分析过程中的核心思想是持续比较分析，它体现在一份资料前后内容之间、资料和资料之间，通过这种持续比较分析，发现与研究目标相关的概念和范畴要素，归纳概括其属性，自下而上构建出相应理论。

2. 数据编码过程

（1）开放式编码

将收集的资料打散进行操作化，以赋予概念的方式进行开放式编码。从整理的资料中抽象出相对独立的初始概念，然后对初始概念进行范畴化并形成12个范畴。表4—1为开放式编码获得的初始概念和范畴。

表4—1　　开放式编码及范畴化

范畴	原始资料（初始概念）
公共价值	与此同时居民爱我的家，然后阿姨们每天分成一组，3人一组风雨无阻地在小区里巡视 我们就是这样的，我们就是为居民服务的，核心点就是居民服务 生态城这个起点有点高，提供的服务啊、理念就比较新一点 维护广大业主的利益为先 如在排队等候区架起遮阳伞等措施，力争让前来办理落户的人员享受到更加便捷、贴心的服务

续表

范畴	原始资料（初始概念）
需求导向	我们各个社区也是多点开花吧，面对一定的主题，没有特定的、固定的时节，他们可能就是觉得居民想有这样的一个活动，日常的活动、社区的活动都在做 就是居民基本上的需求，都能在社区内得到满足 活动策划有专项的社工
多元主体	社区工作站隶属于社区服务中心，每个都有责任划片，有行政类的事务 中福早期是注册成立一个民办非企业单位，在整个生态城招募会员，开展活动，开展特长类、艺术类，志愿服务类，在整个生态城活动中都发挥了积极作用 居委会初期力量比较薄弱，所以一些志愿服务组织发挥重要作用 社会组织备案，永定社区有 9 个，大概生态城有六七十个 居委会体现居民自治可能更多地体现在依法履职这一块，以他们为主 只要社区里面，把社区组织做好后，就能够把整个居民凝聚到一块 经费是由我们社会局支持的，我们每一份活动都可以申请费用支持 生态城将设立“社会组织孵化器”——社会组织服务空间
多元平台	大的群有和谐共享群，小到每个楼也有自己的群，马上有人回应 我们有个小牌，是智能的通过能源卡办的，每家一个生态城内通用 2015 年 11 月我就建立了一个社区公众号 年轻人就通过网络、通过微信、通过公众号，年龄大的呢，我们就通过各种组织舞蹈队 我们也会有这样的平台去曝光一下一些业主的行为 智慧城市顶层设计的同时，促进一批“摸得着”的智慧项目落地
参与供给	本楼的老人、孩子把自己的作品放在楼门里面促进居民融合 小区幼儿园，让孩子们过来参加后，让他做完后，就联合起来共建，让作品及时更换 根据百姓的需求，比如说我们可能会提前在网上发一些问卷，有针对性进行采购 生态城企事业员工和居民共同参与的《青年友谊圆舞曲》，则将活动推向了高潮
参与消费	图书馆写作业的小孩也不少 提供的演出多样，针对各个阶层都有 生态城志愿服务的家庭正在不断壮大 生态城居民现场签名，承诺远离非法集资

续表

范畴	原始资料（初始概念）
公共服务感知	社区服务中心的条件特别好 邻里之家和社区服务中心的图书馆都能找到我想看的书
公共服务期望	我们小区现在4000多人，1000多户，有2/3都是外地的人口 我们生态城是新城，各种设施都是新建的应该好 生态城和别的地方不一样，它是借鉴新加坡模式，各项标准都应该高才是
公共服务可及	生态城域内的这个公交，交通都是免费 建立四级分层式设施体系和服务模式。日益完善的社区基层组织让社区治理更高效，社区服务更精细
公共服务均等	就是有部分项目收费，但是对老年人定期地免费 生态城社区卫生服务中心对辖区60岁以上（含60岁）居民开展2018年度免费体检工作
公共服务回应性	业委会就通过定期的一个会议进行搜集，去传达给物业这一块 我们书法爱好者想请人指导，后来社区服务中心给我们联系了一位老师
公共服务满意	我觉得我们生态城的公共服务挺好的 以前在别的社区没有什么活动，搬到生态城感觉活动很多，业余生活很丰富

（2）主轴编码

将开放性编码过程中得到的各范畴进一步归类整合，并梳理范畴之间的内在联系。形成了4个主范畴，见表4—2。

表4—2　　主轴编码形成的主范畴及副范畴

主范畴	副范畴	关系的内涵
公共服务供给精细化	公共价值	以公共利益为导向
	需求导向	满足居民需求、自下而上的决策
	多元主体	协商、政府购买、需求信息采集、服务评估
	多元平台	互联网、大数据、一卡通等
居民参与	参与供给	包括建言献策、参与需求信息采集等活动
	参与消费	参加公共服务活动等

续表

主范畴	副范畴	关系的内涵
公共服务期望	公共服务感知 公共服务期望	公共服务的质量、公共服务产品、设施质量等正向影响感知 个人特征、以前的服务水平等；以前服务水平越高期望越高
居民获得感	主观获得 实际获得 机会获得	包括公共服务满意度、公共服务感知、公共服务期望 包括公共服务供给有效、公共服务可及、公共服务均等 包括公共服务可及、公共服务回应性

(3）选择性编码与模型构建

选择性编码是从主范畴中发现核心范畴，分析范畴之间的相互关系，从而建立起实质性的理论。本书确定的核心范畴是精细化治理视角下居民获得感提升的内在逻辑，它由公共服务供给精细化、居民参与、公共服务期望与居民获得感四个主范畴构成。内在逻辑包括三条路径分别是：实际获得路径、主观获得路径和参与机会获得路径。本书将这一理论的详细介绍放在本节的第三部分。

三　公共服务供给影响居民获得感的逻辑

公共服务供给是满足公共服务需求的过程，主要指公共部门通过公共权力的合理运用对公共资源进行合理配置的过程。而获得感作为一种主观与客观相结合的感受，产生于公共服务消费之后。福利经济学认为，国家掌握大量的公共资源，通过提供充足、便利以及公平的公共服务，以满足公众的需求。政府提供的公共产品和公共服务是否到位的标志是是否满足人民群众日益多样化的物质文化需要。政府应主动作为，突出公共管理和民生服务特征，才能不断满足社会和公民的需求和期望。

提升人民获得感、促进民众共享改革成果成为当前深化改革的重中之重。结合需求侧不同主体需求与供给侧不同供给部门的特点，公共服务供给的精细化改革以满足民众的多元需求为导向，在公共服务链条中存在三条主要路径对居民获得感产生内在的影响。

1. 公共服务供给精细化下居民的实际获得

提供公共服务是政府的主要职能之一，政府提供的公共产品或者服务，包括公共基础设施、教育、科技、文化与体育、卫生和社会保障等满足公民生活、生存和发展的基本权利需求。通过有形的产品或者无形的服务直接满足居民的需求。居民有衣食住行和教育发展等具体的需求，通过消费公共部门提供的公共服务，改善自身经济社会状况，从而获得切身感受的满足。

“精细化管理”思想和“治理”概念结合的社会治理精细化要求下的公共服务供给，提高了管理效率，拓展了公共效益。在“技术 + 治理”的逻辑引导下，通过理念创新、流程再造以及社会资源的科学配置，实现了公共服务供给的合理化分工。技术创新的推动，供给过程整合现代信息技术，使得服务内容清晰化、合理化、标准化，公共服务体系运行效率不断提高。粗放式的公共服务供给下差异化的需求结构与行政指令型的供给结构造成的供需之间的不匹配，在精细化治理下得以弥补，公共服务的数量、质量和可及性等不断改善。技术的利用以及制度的改革，使得居民动态变化的需求被满足成为可能，多样化、多层次的公共产品以及可及便利的公共服务设施使得居民获得改善自身经济社会条件的实际的产品与服务，同时伴随着持续增长的获得感。

2. 公共服务精细化下居民的主观获得

经济发展以及社会阶层的分化产生了异质性的群体，群体间的公共服务需求出现差异。居民对于公共服务的需求受到个人特征的影响，同时也随着时间和空间的变化而变化。面向全体的公共服务，满足的是聚集成为公共利益的群体需求，可是基于社会地位、教育背景等个人特征异质性的个体对于面向群体的公共服务有着自己的感知。与异质性个体引至的多样化公共服务需求相比，尝试多样化的公共服务还是显得相对单一。利益分化的个体对于相对单一的公共服务有着各自不同的期望，期望与自己感知到的公共服务之间往往存在着差距，这一差距也成为影响居民获得感的重要因素。

公共服务的感知是居民对于公共服务供给效果的主观评价，公共服务的感知来源于公共服务质量本身，受到个人期望与公共服务体验的影响①。公共服务的感知是公众在消费公共服务过程中伴随着公共服务生产对于公共服务的直接评价，是公共服务对于多样化需求满足程度的感知，直接反映了居民消费公共服务后的主观获得。公众对于公共服务的期望，是居民在对现有的公共服务水平的认知基础上对未来公共服务的一种心理预期。公共服务的满意度是公共服务感知与服务期望耦合的一面“镜子”，感知的服务水平高于自身期望时，居民的公共服务满意度就高，主观的获得就高，反之亦然。公共服务的精细化供给，整合碎片化的信息与需求，通过制度上政府主导的多主体协作、技术的整合以及载体的重构等提供以需求为导向的多样化服务内容，提高了居民感知到的公共服务水平，同时也伴随着居民对于公共服务期望水平的提高。一方面，居民在消费公共服务的过程中对于公共服务的充足性、便利性、均衡性、普惠性等方面存在主观感知，感知最终表现为居民因享有公共服务获得的主观获得感。另一方面，公共服务的精细化供给通过作用于居民感知水平与期望水平间接影响居民的主观获得感，感知绩效高于期望成为居民主观获得感提升的重要途径。

3. 公共服务供给精细化下居民参与机会的获得

传统的公共服务供给方式中，受制于公共服务的价值导向以及参与成本的原因，公众参与的广度与深度具有一定的局限性。精细化治理中，居民既参与到公共服务的供给过程，同时也是公共服务最终的消费者，参与的广度与深度都进一步拓展。这一方面是因为精细化治理下公共服务的公共价值导向，居民是公共服务的主要受益人，理应成为公共服务供给的核心，公众参与公共服务链条中的各个环节；另一方面，现代信息技术的使用使得参与获得了更为便利的渠道，降低了参与的成本。技术+治理逻辑下的精细化治理为公众与公共部门之间的沟通构建了理想的对话平台，二者之间就公共服务的决策与供给进行有效对话，个人的需求得到回应，提高公共服务的效率与质量，居民在这一平台中获得了

① Osborne S P, Radnor Z, Nasi G. A New Theory for Public Service Management? Toward a (Public) Service - Dominant Approach. American Review of Public Administration, 2013, 43 (2): 135 - 158.

参与的机会。

以需求为导向的公共服务供给，在兼具可及性与均等性的条件下，居民都获得参与公共服务的机会，在公共资源的享用面前机会平等，通过有效的对话，个人动态化的需求得到回应，居民通过参与提升获得感。政府主导下的多主体协作的公共服务供给模式使居民成为公共服务的参与主体，居民不仅要考虑自身利益还要兼顾他人利益，公共责任意识得以树立。公共部门公开的信息以及其他促进参与的配套制度使得居民参与的能力不断提高。公共责任意识以及不断提高的参与意识与能力为实现自治的权利提供了保障，这一参与机会的获得也是居民获得感提升的重要途径。

综上可知，从公共服务的精细化供给到居民需求的满足过程中，居民获得感的提升主要有三个路径：居民因为消费公共服务而改善自身经济社会状况等的实际获得，居民对于公共服务的期望与感知之间的差距引致的主观获得，由于参与到公共服务整个链条中个人参与能力得以提高、参与机会得以实现的参与机会的获得。从供给到需求，居民获得感提升的逻辑如图 4—2 所示。

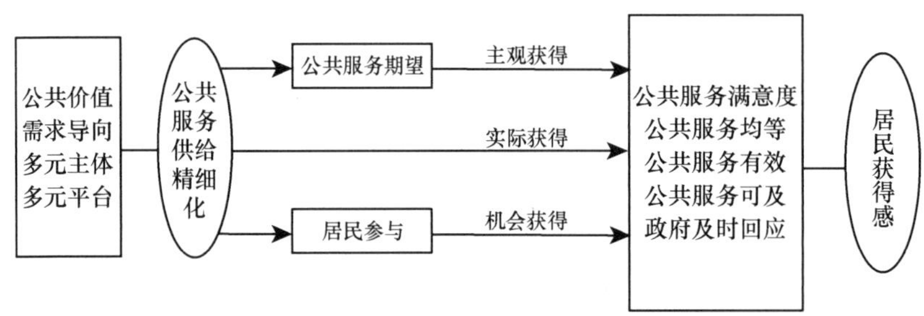

图 4—2　公共服务供给精细化视角下居民获得感提升路径

本章小结

本章分析了随着时空的演进公共服务需求的变化状况及结构特征。居民对公共服务的需求受经济发展阶段的影响，公共服务需求的变化表现在两个方面：一方面是个人角度，个人需求量的变化以及需求层次呈螺旋式上升状态；另一方面是社会角度，社会总体需求的逐渐增多，且不同时期、不同空间下公共服务需求的类别侧重不同。社会阶层分化造成需求差异，经济社会非均衡发展造成空间差异。差异化的公共服务需求需要公共服务供给的多样性与充足性。公共服务需求的特殊性决定其不能够按照市场交易的规则来满足。因为搭便车心理的存在，居民不愿意表达自己对于公共服务需求的偏好，公共服务需求也就不能仅仅依靠价格来表达。为此，要在需求表达、需求整合的基础上充分掌握需求信息，作出公共服务供给决策，满足居民公共服务需求。

然而在现实中公共服务需求得到满足的情况并不多见，这是因为地方政府选择性供给公共产品，与居民多样性的公共产品需求偏好出现了矛盾。公共服务领域出现供需结构性失衡，这种失衡表现为一部分公共服务供给过剩与一部分公共服务供给不足并存，居民的公共服务需求得不到满足，这些问题严重影响了居民获得感。面对这一状况通过公共服务供给精细化来解决。在精细化治理的要求下，公共服务供给过程兼顾价值理性与工具理性，在公共价值优先的指引下，以居民需求为导向，利用现代信息技术，提供供给主体的多元化参与平台，公共服务的水平因此不断提升。居民的公共服务需求随着消费供给水平逐渐提高的公共服务而得到满足，居民获得感也相应提升。为了探寻居民获得感提升的“黑箱”，本章选取公共服务供给水平较高的中新天津生态城作为研究对象，采用扎根理论的质性研究方法。研究发现：从公共服务的精细化供给到居民需求的满足过程中，居民获得感的提升主要有三个路径：居民因为消费公共服务而改善自身经济社会状况等的实际获得，居民对于公共服务的期望与感知之间的差距引致的主观获得，由于参与到公共服务整个链条中个人参与能力得以提高、参与机会得以实现的机会获得。

第五章

基于精细化治理的公共服务供给提升获得感的路径研究

第一节　公共服务供给影响居民获得感：路径假设与概念模型

一　路径假设

1. 公共服务供给与居民获得感

“获得感”作为一个新概念，国内对于其研究还比较少。与之联系甚密的满意度研究无论是国外和国内，已经十分成熟，形成了一系列理论。在顾客满意度指数（ACSI）模型中，感知质量和感知价值都是满意度的原因变量[①]，这说明公众通过感知质量进而形成自己的服务受益性判断。不管是感知质量还是感知价值都会对总体满意度产生直接的影响，公众感知的质量越好则满意度会更高，公众感知的价值越高则满意度也会越高[②③]。国内关于公众满意度的影响因素研究，基本上也是在此基础之上展开的，且研究结论类似，即公众感知显著影响公众评价结果[④]。例如在

① Fornell C, Johnson M D, Anderson E W, et al. The American Customer Satisfaction Index: Nature, Purpose, and Findings, Journal of Marketing, 1996, 60 (4): 7 - 18.

② Sims B, Hooper M, Peterson S A. Determinants of citizens' attitudes toward police: Results of the Harrisburg Citizen Survey - 1999, Policing An International Journal of Police Strategies & Management, 2002, 25 (3): 457 - 471.

③ 李艺、马钦海、张跃先：《顾客个人价值嵌入的顾客满意度指数扩展模型》，《管理评论》2011 年第 3 期。

④ 刘武、朱晓楠：《地方政府行政服务大厅顾客满意度指数模型的实证研究》，《中国行政管理》2006 年第 12 期。

对公共文化服务的研究中，中青年群体认为“公共文化供给质量不高”对于满意度也有着重要的影响[①]。因此，可以认为公众满意度是基于公众感知到的具体服务状况做出的，二者之间具有显著相关性[②]。

本书作为探索性研究，认为居民获得感和满意度有着相似的触发路径，居民获得感是基于居民感知到的具体的公共服务供给状况而生成的感受。居民对于公共服务供给的感受与评价影响着居民获得感。一般来说，对于公共服务客观供给水平（及质量）的评价较高，则居民具有更高获得感。由此，提出假设1。

假设1：公共服务供给对居民获得感有正向影响。

2. 公共服务期望与居民获得感

获得感受多种因素共同作用，除了对于公共服务供给水平的感知以外，本书还考虑到其他因素的作用，将居民对于公共服务的期望引入模型。

公共服务的主体包括提供主体和接受主体，一般来说，由政府提供的公共服务，面向居民。居民作为接受公共服务的主体，其角色非常重要，居民对于公共服务的期望影响着居民获得感。诚然，研究公共期望与获得感之间关系的文献很少，而作为获得感的一个重要维度，满意度与公共期望之间关系的研究却很翔实。在一些实证研究中，顾客感知服务质量和自身期望共同决定满意度[③]，顾客预期对感知服务质量和顾客满意度呈显著正向影响[④]，而公民期望与实际公共服务感知的差距是造成居民不满意的重要原因[⑤⑥]。由此可见，居民对于公共服务的期望影响满意度。同样地，不同群体（如城镇和农村的区别、收入差距的区别）对公

---

① 彭雷霆、王桢：《影响我国社区居民参与公共文化及其评价的因素分析——基于全国17个省51个社区的抽样调查》，《文化软实力研究》2016年第2期。

② 曾莉、李佳源、李民政：《公共服务绩效评价中公众参与的效度研究——来自Z市基层警察服务的实证分析》，《管理评论》2015年第3期。

③ 查金祥、王立生：《网络购物顾客满意度影响因素的实证研究》，《管理科学》2006年第1期。

④ 程龙生、牛俊磊、时建中：《公路长途客运顾客满意度模型及其应用》，《数理统计与管理》2012年第1期。

⑤ 李晓园、张汉荣：《SERVQUAL模型下县域公共服务质量的改进——基于江西省六县公共服务的调查分析》，《南昌大学学报》（人文社会科学版）2009年第4期。

⑥ 姚绩伟、杨涛、丁秀诗等：《城市社区体育公共服务公众满意度的概念溯源、概念界定及含义分析》，《西安体育学院学报》2016年第1期。

共服务的期望不一样，即使在相同的公共服务供给水平下，怀有不同期望的居民其获得感也是不同的。居民对公共服务的期望越高，期望就越难以满足，因此，他们与期望相比的满意度也就越低，现提出假设2。

假设2：公共服务期望对居民获得感有负向影响。

3. 公众参与与居民获得感

公众参与等变量都是影响公众对服务评价的重要因素，这些因素为公共服务的改革措施提供了很好的借鉴①。居民对政府工作的参与度越高，对公共服务满意度也越高，与知晓度相比，居民对政府工作参与度对公共服务满意度影响的显著性更高，这也提示我们，不仅要注重提高居民对政府工作的知晓度，还应注重提高参与度。居民对政府工作的参与度能显著提升公共服务满意度，提高公共服务活动的参与水平是提高公共服务满意度的可行途径②。在居民的生活中，公众参与的地位越来越重要，一方面影响了居民对于自身利益需求的表达，在治理部门方面则决定了其掌握居民需求信息的能力以及政策的可接受度③。也有研究从反向考虑提出公众满意度会对公众参与带来正向影响④。

鉴于满意度作为获得感的一个重要维度，本书提出假设居民的参与度会对居民获得感产生影响。

假设3：居民参与对居民获得感有正向影响。

4. 公共服务供给与居民期望

期望理论认为，顾客购买产品前，会对服务的绩效即将产生的综合效用形成主观期望；购买后，通过消费产品产生的实际绩效同购买前的主观期望相比得出差距，顾客依据相比差距表达相应的“满意”态度。同样，在公共服务供给领域，居民对于公共服务的期望也会对居民获得感产生影响，这在假设2中有所论述。但是，居民对于公共服务期望的

① 邹凯、马葛生：《社区服务公众满意度测评研究》，《中国软科学》2009年第3期。

② 龚佳颖、钟杨：《公共服务满意度及其影响因素研究——基于2015年上海17个区县调查的实证分析》，《行政论坛》2017年第1期。

③ 李彦伯、诸大建、王欢明：《新公共服务导向的城市历史街区发展模式选择——基于上海市居民满意度的实证分析》，《城市规划》2016年第2期。

④ 应瑛、寿涌毅、吴晓波：《城市管理公众满意度指数模型实证分析》，《城市发展研究》2009年第1期。

形成并不是凭空产生的，一定是基于特定的公共服务供给水平之下。公共服务供给的有形因素或无形因素，如设备、设施和服务态度等，会使居民顾客对公共服务供给者的形象或印象产生重要影响。在选择服务和接受服务过程中，居民会首先根据这些因素形成对于公共服务供给者的印象和服务期望。公共服务供给水平高、质量好，则居民对于公共服务的期望就越高，反之，则抱有的期望就越低。现提出假设4。

假设4：公共服务供给对居民期望有正向影响。

5. 公共服务供给与居民参与

公共服务供给和公民参与是社区发展与建设过程中的重要内容，是促进社区公共服务有效性的保障。美籍著名社会学者罗斯强调了社区建设中的社区公共服务中公民参与的重要性，他认为要充分调动社区公民参与社区公共服务建设的积极性，务必要在社区内引导和培养社区公民的合作精神，并能够将这种精神切实应用于实践当中①。关于公共文化服务供给的研究提出由于城市居住群体的多重身份，居民的需求偏好与表达存有偏差，所以要建立文化服务沟通平台，拓宽交流渠道，必须注意提高居民的需求表达力，提升居民主体意识，支持和鼓励居民参与到文化活动中来。其中，公共文化参与质量是影响其参与文化生活的主要因素②。

综上，公共服务供给应在一定程度上促进居民参与。因此，提出假设5。

假设5：公共服务供给对居民参与有正向影响。

二 概念模型

虽然目前我国公共服务供给总量已有较大提升，但与公众的实际期望之间仍存在一定差距。而影响居民公共服务满意度评价的因素又是多方面的，既有居民自身的群体因素，也有公共服务供给本身。因此，要

---

① Vorwaller D J, Community Organization: Theory, Principles, and Practice, by Murray G. Ross; B. W. Lappin, Social Service Review, 1967, 42 (2): 284 - 285.

② 彭雷霆、王桢：《影响我国社区居民参与公共文化及其评价的因素分析——基于全国17个省51个社区的抽样调查》，《文化软实力研究》2016年第1期。

提升公众对公共服务的满意度，实现有效供给，就必须更加注重公共领域的供给侧结构性改革，从公众的实际需求出发，丰富供给内容，改善供给方式，提升服务质量。因此，本书建立概念模型如图5—1所示。

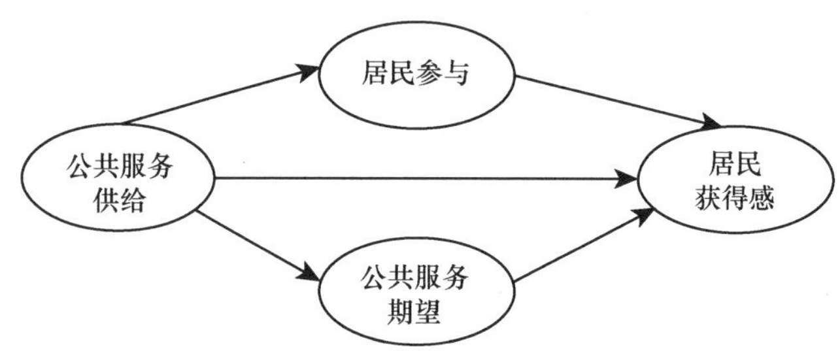

图5—1 公共服务供给影响居民获得感的概念模型

第二节 公共服务供给影响居民获得感：变量操作与数据获取

一 量表与问卷设计

1. 量表设计

本研究在量表设计上综合了目前较为成熟的设计。量表涉及4个核心概念，量表各个维度及操作化指标的设计首先参考了国内的大量文献（见表5—1），在此基础上补充发展。

表5—1 量表设计文献参考

模块	测量要素	出处
获得感	生活改善情况	孙远太：《城市居民社会地位对其获得感的影响分析——基于6省市的调查》，《调研世界》2015年第9期，第18—21页
	满意度	石庆新：《获得感对政党认同的影响：政治信任的中介作用——基于湖北省6所高校大学生的调查数据》，全国马克思主义理论及相关学科博士生学术论坛论文，2016年

续表

模块	测量要素	出处
获得感	遇到困难时得到的及时和有效的帮助	唐有财、符平：《获得感、政治信任与农民工的权益表达倾向》，《社会科学》2017 年第 11 期，第 67—79 页
	整体满意度	吕晖、夏冕：《我国城乡基本公共服务的居民满意度分析——基于五省一市数据的实证研究》，《四川行政学院学报》2017 年第 4 期，第 15—19 页
	居民对公共服务的预期效用和实际感受的差距认知	徐兴兴：《民主参与、社会资本与农村公共服务供给满意度——基于全国 10 省 95 县（市、区）数据的实证分析》，《四川行政学院学报》2017 年第 2 期，第 86—93 页
公共服务供给	公共服务供给覆盖面 公共服务供给开放度 公共服务供给便捷性 公共服务供给多样性	范柏乃、金洁：《公共服务供给对公共服务感知绩效的影响机理——政府形象的中介作用与公众参与的调节效应》，《管理世界》2016 年第 10 期，第 50—61 页
	公共服务投入 公共服务保障 公共服务活动产出	李娟：《公共文化服务水平综合评价与提升路径研究》，博士学位论文，天津大学，2015 年
	服务的有效性 服务的便捷性 服务获取途径的多样性	谌丽、张文忠等：《北京城市街区尺度对居民交通评价的影响》，《地理科学进展》2018 年第 4 期，第 525—534 页
	有形性 可靠性 响应性 保证性 便利性 规范性	吕维霞、王永贵：《服务设计、社会监督对公众感知行政服务质量影响的实证研究》，《山东社会科学》2010 年第 8 期，第 140—145 页

续表

模块	测量要素	出处
公共服务期望	居民对社区公共服务整体性的期望 居民对社区公共服务可靠性的期望 居民对社区公共服务满足其个性化需求的期望	徐金燕、范学工等：《我国城市社区公共服务居民满意度的现状及其影响因素研究——以长沙市为例》，《城市发展研究》2015 年第 2 期，第 7—10 页
	公共服务期望	冯菲、钟杨：《中国城市公共服务公众满意度的影响因素探析——基于 10 个城市公众满意度的调查》，《上海行政学院学报》2016 年第 17 卷第 2 期，第 58—75 页； 梁昌勇、代犟、朱龙：《基于 SEM 的公共服务公众满意度测评模型研究》，《华东经济管理》2015 年第 2 期，第 123—129 页
居民参与	参与意愿 参与行为	于海燕、黄文义：《新居民公共服务的供给决策优化机制》，《甘肃社会科学》2016 年第 6 期，第 224—228 页
	居民参与的正式途径 居民参与的非正式途径	孙婕：《公民参与政策评估研究》，《改革与开放》2015 年第 18 期，第 43—44 页

资料来源：作者整理。

公共服务（Public Service）是政府为满足社会公共需要而提供的产品与服务的总称，反映了政府及其工作人员与公民之间的服务供给者与接受者关系，强调了服务型政府的理念，强调政府的作用主要在于服务公民，实现社会公共利益的最大化①。公共服务以合作为基础，强调政府的服务性，强调公民的权利。

① 王磊：《当前我国公共文化服务的理论基础、概念界定与价值取向》，《河南教育学院学报》（哲学社会科学版）2014 年第 1 期。

公共服务涉及政治、经济、社会、文化、安全等与公民生活息息相关的方方面面。公共文化服务（Public Cultural Service）是公共服务的一部分，是公共服务在文化领域的表现。《公共文化服务保障法》明确将“公共文化服务”定义为：“由政府主导、社会力量参与，以满足公民基本文化需求为主要目的而提供的公共文化设施、文化产品、文化活动及其他相关服务。”①

关于“公共文化服务”的概念，主要存在两种不同的解读视角：一是从公共文化服务的供给主体出发，认为公共文化服务是政府为主导，社会共同参与的提供文化产品和服务的过程和活动②，强调政府在公共文化服务中的主体责任。二是从公共文化服务的内容和目的出发，认为公共文化服务是基于社会效益，不以营利为目的，为社会提供具有非竞争性、非排他性的文化产品的资源配置活动③，强调公共文化服务的公益性。

综合上述两种观点，本书将“公共文化服务”界定为：公共文化服务是指从社会公益性出发，以政府为主导，社会组织与公民个人广泛参与的，为满足公民的公共文化需求、保障公民的基本文化权益、增进社会公共利益和福祉而提供文化产品和服务的活动及其过程。包括公共文化服务设施、资源和服务内容，以及人才、资金、技术和政策保障机制等方面内容。与一般的公共服务、市场文化服务相比，公共文化服务具有以下特征：（1）文化性。公共文化属于文化范畴，具有很强的非物质性和意识形态属性，公众在享受公共文化服务的同时可能自觉或不自觉地接受其中所包含的价值诉求、理想信念和审美态度。（2）公益性。公共文化服务大多由政府直接投资并拨付经费进行管理，不以营利为目的，其最终目的在于保障公民文化权益、满足公民文化需求，实现社会公共利益的最大化。（3）共享性。公共文化服务的资金和资源绝大多数来源于政府，来源于税收，所以必然要求公共文化服务要

---

① 《中华人民共和国公共文化服务保障法》。

② 李景源、陈威、章建刚等：《中国公共文化服务发展报告（2007）》，社会科学文献出版社2007年版。

③ 周晓丽、毛寿龙：《论我国公共文化服务及其模式选择》，《江苏社会科学》2008年第1期。

惠及全体社会成员，为公众所共享。（4）多样性。每个人都是独立的个体，有着自己独特的公共文化服务需求，公共文化服务必须在符合国家意识形态和主流价值观的前提下，实现公共文化服务主体、内容、形式、手段的多元化和多样化，满足公众多元的、多层次的公共文化服务需求。

公共文化服务作为一种典型的公共服务，在居民的日常生活中使用频率较高，“十三五”规划纲要要求丰富文化产品和服务，推进文化事业和文化产业双轮驱动，实施重大文化工程和文化名家工程，为全体人民提供昂扬向上、多姿多彩、怡养情怀的精神食粮。推进基本公共文化服务标准化、均等化。完善公共文化设施网络，加强基层文化服务能力建设。但当前，我国的公共文化服务存在诸多问题，如理念意识薄弱①、形式单一、供给不足②、缺乏公民参与③等。因此，本书选取公共文化服务作为研究对象，探讨公共服务供给对居民获得感的影响，既能够满足受众面的广泛性、利益关系的非复杂性，同时又具有重要的实践意义。

本书将公共文化服务供给的测量分为设施、产品和保障三个维度。

设施和产品等必要的公共文化服务供给是公共文化服务得以顺利进行的物质基础和前提条件，而公共文化服务的保障机制则是使公共文化服务得以有效开展并顺利按照较好方向发展的必要条件。健全和完善公共文化服务的保障机制对于公共文化服务的标准化及均等化发展，更好地满足公众的基本文化需求均具有十分重要的现实意义。因此，结合以往研究对公共服务供给的各个维度的要求，本研究拟采用公共服务设施、公共服务产品、公共服务保障三个维度对公共服务供给进行测量。

---

① 黎敏茜：《广西农村公共文化服务供给现状与对策——基于百色市平果县 X 乡的调查分析》，《农村经济与科技》2016 年第 7 期。

② 郑孟七：《绍兴市公共文化服务体系建设现状分析》，《绍兴文理学院学报》（自然科学）2011 年第 2 期。

③ 赵新峰、王洛忠：《地方公共文化服务现状探析——基于河北省 A 市的实证研究》，《中国行政管理》2013 年第 5 期。

公共服务期望的测量相应地针对产品、设施、保障三个维度进行。

衡量公共文化服务质量的高低，不仅要看博物馆、图书馆、文化站等基础设施建设投入的程度以及公共文化活动开展的情况，更重要的是要看建好的设施群众用不用，开展的活动公众是否参与。结果是投入产出的最终环节，考量公共文化服务效果的重要依据。因此，在公共文化服务体系运行过程中，只有不断增强公众的参与性和促进良性互动，才能更好地增强公民的社会责任感和文化认同感，从而激发他们参与各类公共文化活动的积极性和主动性。一方面居民需要主动参与，另一方面政府和相关部门要采取有效的措施切实保障公民的基本文化权利，满足他们的文化需求，激发公众的参与积极性，最终促使公共文化服务效能的提升。因此，本书居民参与根据主动参与和被动参与两个维度进行测量。

获得感是主观感受，是人们对主观状况的客观映射，体现为“拿在手里，喜在心里”，是指实际社会生活中的人们享受改革发展成果的多寡和对于这种成果享受的主观感受与满意程度，它包括客观获得和主观获得两个方面，二者缺一不可。客观获得包括公共服务是否能获得以及水平如何，主观获得则包括基于客观获得所产生的主观感受。主要包括：民众在基本公共服务是否有获得感，是否真正的从基本公共服务中获得好处，民众在基本公共服务方面是否有公平感，是否真正地感受到被公平对待，看民众是否因为获得基本公共服务而有一种安全感与幸福感。

如上所述，本书在对获得感的测量方面借鉴了关于满意度的测量，并且创新性地丰富了其他要素，最终选定可及性、公平感、回应性、有效性和满意度五个维度进行测量。对公共服务供给的测量综合目前的研究，选用公共服务产品、公共服务设施、公共服务保障三个维度进行测量。居民期望直接用居民对服务预期与实际差距的评价来进行测量。居民参与分为政治参与和生活参与两个维度，前者侧重居民的公共服务供给主体方面的测量，后者侧重居民公共服务使用者角度的测量。本研究的变量测量具体见表5—2、表5—3、表5—4、表5—5所示。

表 5—2 公共服务供给的测量

变量		测量问题
公共服务供给	公共服务设施	X11 服务设施数量的充足性
		X12 服务设施种类的充足性
		X13 服务设施开放时间的合理性
		X14 到达该设施花费的时间的合理性
		X15 到达该设施的距离的合理性
		X16 服务设施能被居民很好地利用
	公共服务产品	X21 公共服务产品内容的充足性
		X22 公共服务产品内容的多样性
		X23 使用频率能够满足需要的程度
		X24 费用支付的合理性
		X25 产品质量合乎标准的程度
	公共服务保障	X31 近年来政府的经济投入力度
		X32 近年来政府配备的服务人员充足程度
		X33 使用手续很便利
		X34 大数据、“互联网 +” 等技术的应用程度

表 5—3 公共服务期望的测量

公共服务期望	X4 公共服务设施是否达到期望
	X5 公共服务产品是否达到期望
	X6 公共服务保障是否达到期望

表 5—4 居民参与的测量

居民参与	X7 积极建言献策
	X8 经常参与公共服务活动

表 5—5 居民获得感的测量

居民获得感	Y1 公共服务可及性
	Y2 公共服务均等化
	Y3 政府及时回应
	Y4 公共服务有效性
	Y5 公共服务满意度

2. 问卷设计

公共文化服务相关数据的收集采用问卷调查的方式。问卷调查是一种通过电子、书面、电话等有效形式，用经过仔细设计的度量问题，向发送对象收集所需数据的研究方法。问卷设计的最主要内容是根据研究基础和研究目的，确定问卷量表的构成及问卷项目的内容。问卷设计在问卷调查中占有极其重要的地位，问卷设计的好坏，将直接影响所收集资料的真实性、准确性，影响问卷的实际回收率，进而影响整个问卷调查的过程。在问卷设计中要考虑到调查者的需求和被调查者的实际情况。在问卷设计的全程中，需要做到问卷质量的控制、问卷设计合理以及问卷最终的修改①。

本书在问卷设计的过程中遵循以下基本原则：清晰性、单一性、非诱导性、简单性、间接性。在问卷首页对"公共文化服务"等术语进行了详细解释；在问题设计过程中先易后难，先询问客观的个人基本信息，随后是对公共文化服务的评价和获得感。问卷量表的基本结构包含了问卷调研的目的、理论构思、问卷的格式构成以及问卷的用词四个层次。

本书以公共文化服务为代表研究公共服务供给影响居民获得感的路径，在问卷的设计中，要求问卷收集的数据可以反映公共文化服务供给情况和居民获得感的相关问题，为公共文化服务水平和居民获得感的评价与提升提供有用的信息。利用结构方程模型对数据进行分析和处理，考察公共文化服务供给中的设施、产品、保障、公共文化服务预期与居民获得感评价之间是否存在相关关系。按照上述研究目的，确定问卷基于李克特量表进行设计，问卷的结构具体包括四部分内容，详见附录一。

问卷题目以及选项的设置，是问卷的核心部分，包括公共文化服务供给中的设施、产品、保障、公共文化服务预期与居民获得共五个方面。问题答案的设置均采用李克特 5 分量表的尺度来评估，根据问题从 1 分到 5 分配以不同等级的描述性语句，有助于被调查者轻松、准确地回答。

---

① 阿迪力·努尔：《浅谈调查问卷设计中的有关技巧》，《统计科学与实践》2012 年第 6 期。

研究者在设计问卷的过程中通常按照以下方法设立问卷的问题：采用其他问卷使用过的问题，这些问题已经经过检验，能够有效收集数据；在其他问卷中使用过的问题的基础上修改并形成自己的问题，这样既能借鉴前人的研究成果，又能满足自身的研究需求。本书设计问卷量表的问题时，以上述设立问题的方法为参考，根据实际研究需要提出问题。

本章公共文化服务供给影响获得感的路径研究是基于前面研究之上进行的，上一节构建了科学的评价指标体系，通过进一步筛选居民获得感共有 5 个维度，设置 10 个问题进行测量；公共文化服务供给共有 3 个维度下的 15 个问题进行测量，居民对公共文化服务供给的预期分为 3 个维度，用 3 个问题来测量并进行收集数据，在此基础上与专家学者、公共文化服务机构的工作人员以及其他相关人员进行讨论，通过反复修改最终确定了本书的问卷结构。

最后通过试调查，根据试调查数据分析的结果，对问卷题项做进一步整理和修改，形成问卷终稿。

二 问卷发放与信效度检验

1. 问卷发放

天津市从发展群众文化事业到构建公共文化服务体系，从计划性的文化产品供应到尊重人民群众文化消费的自主性和选择权，已使公共文化服务体系初步形成。特别是近年来，市委、市政府不断加大对公共文化设施建设的投入，使本市城乡文化设施面貌发生了较大变化。目前，天津市已经形成了以大型文化设施为支撑、以基层文化设施为基础的公共文化设施网络。大型文化设施，如天津图书馆三大馆区、三座国家一级博物馆、天津美术馆等均已建成并投入使用。数字广播大厦、电影艺术中心等重点项目建设进展顺利，遍布各区县的图书馆、美术馆、博物馆、纪念馆、剧院、音乐厅、文化中心等相继竣工。在基层公共文化设施方面，天津市已经实现了乡镇文化体育活动中心、村文化室的全覆盖，形成了以两馆为龙头、以乡镇街文化站为枢纽、以社区和村文化室为基础的设施网络，实现了“县有图书馆、文化馆，乡有综合文化站”的建设目标，市、县、乡、村四级公共文化设施网络基本建立。

为使问卷调查更具有客观性、普遍性和可比性，本课题组首先进行了小范围的预调查，采用随机抽样的方法发放问卷共计 30 份，回收 28 份，其中有效问卷 27 份。问卷通过了信度、效度检验，具体见表 5—6。通过对预调查的数据进行描述性统计分析可以发现公共文化服务供给的评分均值均在 2—3 之间，供给水平在一般偏上；公共文化服务供给与预期的差距评分均值均在 3—4 之间，供给普遍低于预期；获得感的评分均值在 2—4 之间，获得感水平在一般左右；描述性统计分析的结果和预期比较符合。回归分析显示只有居民对公共服务供给的预期与获得感的关系表现显著，其他变量与获得感之间的关系表现不显著，这可能与问卷数量过少有关。抛开显著性水平，大部分变量的系数还是可以接受的。问卷预调查结果比较满意，可以进行正式调查。

表 5—6　　预调查问卷信度检验

维度（涉及问题）	公共文化服务设施（B11 - B16）	公共文化服务产品（B21 - B25）	公共文化服务保障（B31 - B34）	公共文化服务供给（B11 - B34）	公共文化服务期望（C1 - C4）
Cronbach's α	0.866	0.925	0.719	0.905	0.917
获得感维度（涉及问题）	回应性（D3 - D4）	参与度（D5 - D6）	有效性（D7 - D9）		
Cronbach's α	0.726	0.679	0.854		

注：α 为 0.91 具有可靠的信度。

问卷发放过程中采用了简单随机抽样方法确定问卷调查的范围。具体而言，本课题组在天津市内六区抽取四个街道，每个街道再随机抽取 2 个社区，共 8 个社区，于 2017 年 12 月至 2018 年 1 月进行了为时两个月的问卷调查。在调研的组织实施期间，本课题组得到了天津市有关区、街道乡镇、社区负责人的大力支持，尤其是广大居民的协助。最后回收发放问卷 631 份，经整理后排除作答不完整或者随意乱作答的无效问卷份，获得有效问卷 413 份。

表 5—7 问卷发放及回收情况

街道名称	发放数量（份）	回收数量（份）
红桥区邵公庄街道	200	185
河北区宁园街道	250	239
河北区光复道街道	110	104
和平区南市街道	110	103

2. 样本的信效度检验

数据的可靠性又称为信度，是指调查结果的可信程度，是衡量数据质量的一个重要指标。数据的可靠性越高说明测量结果的一贯性、一致性、再现性和稳定性越好，即量表越稳定，采用该量表测试的数据结果就越可信越有效。信度概念是关于一种现象的测度提供的稳定性和一致性结果的程度。信度越高，代表同一量表内不同问题所测量到的分数受到误差的影响越小，因而量表在不同居民的回答之间体现出一致的变动方式，能反映真实状态。信度有外在信度和内在信度两大类。外在信度通常指不同时间测量时，量表一致性的程度，重测信度是外在信度最常使用的检验法。本研究旨在研究问卷的内部一致性，所以不存在外在信度的问题。内在信度是指每一个量表测量单一概念—单维度性，可看作对计算信度的一种假设，同时，组成量表题项的内在一致性程度如何也影响着调查结果。

问卷测量的信度是指：在实际的测量、观测以及数据获得过程中，指标值所测结果的可靠程度。本研究对信度分析采用的指标是 Cronbach's alpha 系数，在单一维度内考察测量问题之间内在一致性最通用，也是当前比较流行而且效果较好的信度评定方法，包括检验各指标的信度、整个量表的总体信度。它是估计某一测度中测量条款所能表示的要测量的结构变量内涵的程度。

利用 5 级李克特量表法，对问卷的指标体系进行问卷调查，通过数据分析，得到问卷变量的 Cronbach's alpha 系数，如表 5—8 所示。

表 5—8　　　　问卷信度分析

潜变量	观测变量数	Cronbach's alpha 系数
公共服务设施	6	0.941
公共服务产品	5	0.940
公共服务保障	4	0.909
公共服务期望	3	0.889
居民参与	2	0.821
居民获得感	5	0.921
总表	25	0.973

通常利用信度系数的大小表示测量的可信程度，信度系数越大，测量可信程度越高，学者 De Vellis（1991）认为，信度系数在 0.60—0.65，最好不要；信度系数在 0.65—0.70，是最小可接受值范围；信度系数在 0.70—0.80 之间，可信度相当好；信度系数在 0.80—0.90 之间，可信度非常好。Nunnally 建议一般信度系数的界值为 0.7。由表 5—8 中可以看出，公共文化服务水平评价的子指标体系的 Cronbach's alpha 系数都大于 0.7，说明所构建的评价指标体系具有较好的可信度，比较合理。

效度是测验对其所要测量的特性能测量到什么程度的估计。一般地，效度分为三种类型：内容效度、准则关联效度和结构效度。内容效度目的是检查问卷内容的适当性，以及测量工具或者问卷所能涵盖主题的程度。若问卷能够代表研究的主题内涵，则具有足够的内容效度。准则关联效度是指测验分数对某一行为表现的预测能力，一般用测验分数和准则分数之间的相关来表示。结构效度是指量表能够测量所建立的理论的概念或者特征的程度，所产生的结构能够符合原来的结构，则具有良好的结构效度，也就是说，问卷所要测量的概念具有科学的意义并符合理论上的设想。

本研究采用结构效度分析，以 KMO 值和累计方差贡献率作为效度检验的评判标准，通常认为 KMO 统计量在 0.7 以上效果较好，累计方差贡献率大于 60% 则效度较好。

表5—9　问卷的效度分析

潜变量	KMO 值	累计方差贡献率
公共服务设施	0.896	77.296
公共服务产品	0.881	80.821
公共服务保障	0.823	78.659
公共服务期望	0.740	81.870
居民获得感	0.867	76.157

除居民参与采用两个问题测量未进行效度检验，本研究其他所有因子的 KMO 值与累计方差贡献率均达标准，具有较强的解释力与较好的代表性。

三　描述性统计分析

通过 SPSS 软件对问卷的变量进行描述性统计。公共文化服务设施的统计情况见表 5—10。

表5—10　公共文化服务设施描述性统计

	N	极小值	极大值	均值	标准差
B11. 数量是充足的	413	1	5	3.68	0.797
B12. 种类是充足的	413	1	5	3.62	0.772
B13. 开放时间是合理的	413	1	5	3.73	0.792
B14. 到达该设施花费的时间是合理的	413	1	5	3.66	0.787
B15. 到达该设施的距离是合理的	413	1	5	3.69	0.789
B16. 能被居民很好地利用	413	2	5	3.68	0.773
有效的 N（列表状态）	413				

由表 5—10 中可知，居民对公共文化服务设施的各个维度的平均评价均处于一般和比较同意之间，说明目前公共文化服务设施的配备水平尚可。其中居民对公共文化服务设施的开放时间最满意，据了解，天津市的部分图书馆等公共文化服务设施不仅白天全天开放，晚上也会开放至 22 时，极大地便利了居民对服务的利用。居民对公共文化服务设施的种

类最不满意，政府应当丰富公共文化服务设施的种类，开创一些较为新颖、具有创新性的公共文化服务设施，以便更好地满足居民日益增长的文化需求。

表5—11　　公共文化服务产品描述统计

	N	极小值	极大值	均值	标准差
B21. 内容是充足的	413	1	5	3.68	0.794
B22. 内容多种多样	413	1	5	3.67	0.776
B23. 频率能够满足您的需要	413	1	5	3.65	0.804
B24. 您支付的费用是合理的	413	1	5	3.64	0.828
B25. 质量是达到标准的	413	2	5	3.69	0.780
有效的 N（列表状态）	413				

由表5—11中可知，居民对公共文化服务产品的各个维度的平均评价均处于一般和比较同意之间，其各个维度的均值都处于3.6—3.7之间，说明目前公共文化服务产品的配备水平尚可，且公共文化服务产品的各个维度发展水平比较均衡。

表5—12　　公共文化服务保障描述统计

	N	极小值	极大值	均值	标准差
B31. 近年来政府对公共文化服务的经济投入力度很大	413	1	5	3.75	0.765
B32. 近年来政府对公共文化服务配备了足够的服务人员	413	1	5	3.67	0.771
B33. 使用手续很方便	413	1	5	3.72	0.762
B34. 大数据、“互联网+”等技术在保障公共文化服务中得到了应用	413	1	5	3.69	0.778
有效的 N（列表状态）	413				

由表5—12中可知，居民对公共文化服务保障的各个维度的平均评价均处于一般和比较同意之间，说明目前公共文化服务保障水平尚可。其

中，评分最低的是“近年来政府对公共文化服务配备了足够的服务人员”这一题项，说明政府应当适度增加公共服务人员的数量，选拔任用高水平的公共服务工作者，以公共文化服务人才建设为核心，提升公共文化服务水平。评分最高的是“近年来政府对公共文化服务的经济投入力度很大”这一题项，说明居民对政府在财力方面的投入比较认可，政府可以考虑在其他方面加大投入力度。

表5—13　　　　公众期望描述统计

	N	极小值	极大值	均值	标准差
BA. 综合来看，公共文化服务设施的整体情况符合您的预期吗	413	1	5	3.03	0.655
BB. 综合来看，公共文化服务产品的整体情况符合您的预期吗	413	1	5	3.03	0.703
BC. 综合来看，公共文化服务保障的整体情况符合您的预期吗	413	1	5	3.06	0.662
BD. 综合来看，公共文化服务整体效果的整体情况符合您的预期吗	413	1	5	3.05	0.633
有效的 N（列表状态）	413				

由表5—13中可知，居民普遍认为公共文化服务供给的各个维度均处于达到期望和超过期望之间，非常接近达到期望，说明目前天津市公共文化服务供给情况基本满足了居民的期望，但是依然有很大的上升空间。政府应当强化需求导向意识，尽力满足居民期望。

表5—14　　　　居民参与描述性统计

	N	极小值	极大值	均值	标准差
C5. 您为推进公共文化服务发展积极建言献策	413	1	5	3.65	0.797
C6. 您经常参与公共文化活动	413	1	5	3.74	0.788
有效的 N（列表状态）	413				

由表5—14中可知，天津市居民在公共文化服务中的参与比较充分，无论是政治参与还是生活参与都处于“一般”和“比较同意”之间，其中居民作为公共文化服务享受者的生活参与水平更高，这与目前居民作为公共服务供给主体中参与较少的一方的情况相吻合。政府应当积极号召居民参与到公共文化服务水平提升的行动中来，合力打造更加优质高效的公共文化服务供给圈。

表5—15　　　　居民获得感描述性统计

	N	均值			标准差
		总	男	女	
C1. 能够容易方便地享受到公共文化服务	413	3.75	3.76	3.75	0.748
C2. 与周围的人相比，您享受到的公共文化服务是公平的	413	3.78	3.76	3.80	0.757
C3. 有途径去反映对于公共文化服务的意见	413	3.68	3.64	3.71	0.815
C4. 您对公共文化服务的意见可以得到政府的回应	413	3.68	3.68	3.68	0.785
C7. 现有的公共文化服务有助于您文艺技能和知识的提升	413	3.77	3.79	3.77	0.785
C8. 现有的公共文化服务有助于您业余生活的丰富	413	3.77	3.78	3.77	0.761
C9. 现有的公共文化服务适合不同人群的需求	413	3.77	3.71	3.81	0.793
C10. 您对现有的公共文化服务是满意的	413	3.80	3.76	3.83	0.788
有效的N（列表状态）	413		161	252	

由表5—15中可知，目前居民基于公共文化服务的获得感的评价均处于“一般”和“比较同意”之间，说明目前公共文化服务带给居民的获得感水平还可以。其中，居民的满意度水平是最高的，达到了3.80，说明居民主观上对公共文化服务比较满意，但是仍需要政府基于居民需求的角度从回应性和可及性等角度入手提升居民获得感。从表5—15中可以看出按性别区分的居民的获得感的均值有一定的差异性，但是差异并不十分明显。其中，“有途径去反映对于公共文化服务的意见”这一题项的男女差异较大，女性反映出获得了更多的途径，这应该与一般情况下女性具有较多的空余时间且对公共文化服务更为关注有关。

四 公共文化服务供给评价

为精简公共文化服务供给的测量也使其更具代表性，本书采用因子分析的方法将公共文化服务供给的三个维度公共服务设施、产品、保障分别进行内部因子提取。公共文化服务设施提取公共因子的过程见表5—16至表5—23。

表5—16 公共服务设施解释的总方差

成分	初始特征值			提取平方和载入		
	合计	方差的 %	累计 %	合计	方差的 %	累计 %
1	4.638	77.296	77.296	4.638	77.296	77.296
2	0.485	8.081	85.377			
3	0.275	4.578	89.955			
4	0.260	4.328	94.283			
5	0.205	3.415	97.698			
6	0.138	2.302	100.000			

提取方法：主成分分析。

表5—17 公共服务设施成分得分系数矩阵

	成分
	1
X11	0.192
X12	0.190
X13	0.191
X14	0.191
X15	0.185
X16	0.189

提取方法：主成分分析。

根据公共服务设施主成分分析的两个表可得：

公共服务设施评价 =0.192 × X11 +0.190 × X12 +0.191 × X13 +0.191 × X14 +0.185 × X15 +0.189 × X16

公共服务设施评价的描述性统计分析见表5—18，由表5—18中可知，公共服务设施供给的评价分值超过了4，处在比较高的水平，说明天津市公共服务配套设施的配建水平较好。

表5—18　　公共文化服务设施描述性统计

	N	极小值	极大值	均值	标准差
VAR00004	413	1.89	5.69	4.1859	0.78401
有效的N（列表状态）	413				

同理，对公共服务产品的观测变量进行公因子提取。见表5—19和表5—20。

表5—19　　公共服务产品解释的总方差

成分	初始特征值			提取平方和载入		
	合计	方差的%	累计%	合计	方差的%	累计%
1	4.041	80.821	80.821	4.041	80.821	80.821
2	0.360	7.196	88.017			
3	0.245	4.904	92.921			
4	0.214	4.289	97.211			
5	0.139	2.789	100.000			

提取方法：主成分分析。

表5—20　　公共服务产品成分得分系数矩阵

	成分
	1
X21	0.225
X22	0.225
X23	0.226
X24	0.217
X25	0.220

提取方法：主成分分析。

根据公共服务产品主成分分析的两个表，可得：

公共服务产品评价 =0.225 × X21 +0.225 × X22 +0.226 × X23 +0.217 × X24 +0.220 × X25

表 5—21　　公共文化服务产品描述性统计

	N	极小值	极大值	均值	标准差
VAR00005	413	1.55	5.57	4.0802	0.79654
有效的 N（列表状态）	413				

公共服务产品评价的描述性统计分析见表 5—21，由表 5—21 中可知，公共服务产品供给的评价分值超过了 4，处在比较高的水平，说明天津市公共服务产品的供给水平较高。

同理，对公共服务保障的观测变量进行公因子提取。见表 5—22 和表 5—23。

表 5—22　　公共服务保障解释的总方差

成分	初始特征值			提取平方和载入		
	合计	方差的 %	累计%	合计	方差的%	累计%
1	3.146	78.659	78.659	3.146	78.659	78.659
2	0.402	10.040	88.699			
3	0.242	6.059	94.758			
4	0.210	5.242	100.000			

表 5—23　　公共服务保障成分得分系数矩阵

	成分
	1
X31	0.276
X32	0.289
X33	0.287
X34	0.276

提取方法：主成分分析。

根据公共服务保障主成分分析的两个表可得：

公共服务保障评价 =0.276 × X31 +0.289 × X32 +0.287 × X33 +0.276 × X34

表 5—24　　　　公共文化服务保障描述性统计

	N	极小值	极大值	均值	标准差
VAR00006	413	1.13	5.64	4.1812	0.76944
有效的 N（列表状态）	413				

公共服务产品保障的描述性统计分析见表 5—24，由表 5—24 中可知，公共服务保障供给的评价分值超过了 4，处在比较高的水平，说明天津市公共服务保障的供给水平较高。

为了全面且均衡地考虑公共服务供给的测量评价，赋予公共服务供给的三个维度相同的权重，计算公共服务供给的综合评价：

公共服务供给评价 = 1/3 × 公共服务设施评价 + 1/3 × 公共服务产品评价 + 1/3 × 公共服务保障评价

对公共服务供给的综合评价进行描述性统计分析，具体见表 5—25。由表 5—25 中可以看出，天津市公共文化服务整体供给情况较好，大多数居民对公共文化服务供给的评价都是比较满意的情况，且结合表 5—18、表 5—21、表 5—24 可知，公共文化服务供给的设施、产品、保障三个维度的分值相差不大，因此公共文化服务供给较为均衡。但是也存在少数居民对公共文化服务供给的评价偏低，因此，政府应当基于自己的能力和服务特性有针对性地提升这部分居民对公共文化服务供给的感知。

表 5—25　　　　公共文化服务供给描述性统计

	N	极小值	极大值	均值	标准差
VAR00008	414	1.52	5.63	4.1491	0.71795
有效的 N（列表状态）	414				

第三节　居民获得感影响路径的模型构建与检验

一　初始模型的建立

作为一个复杂的社会治理系统，公共管理是通过对一整套理论范畴的合理界定而在社会结构中得以推广的。和大多数社会科学研究领域一样，公共管理领域也存在着许多不可直接观测的概念和难以直接量化的指标，并给这些概念准确地反映社会结构的本质和规律带来了巨大的困难①。如何将抽象的概念进行计量化、精确化分析，使其像自然科学一样，能够准确地反映社会发展的本质规律，成为公共管理研究方法论创新的理论焦点②。

结构方程模型（Structural Equation Model，SEM）正是通过精确化、概念化的计量结构，为公共管理研究所涉及众多难以测量的概念提供了一个数据化的建模及其验证过程，因而成为有效分析公共管理范畴的工具之一。在公共服务满意度评价领域，相关学者利用结构方程模型在对中国高等教育顾客满意度指数模型的构建③，政府部门公共满意度评价④、公共卫生服务效果评价⑤、城市道路公共服务设施满意度测评⑥时，揭示公共服务某一范畴的内涵及其所反映的本质属性，既考察了影响这个范畴的多个变量之间的相互关系，又考察了这些变量与其他各相关要素之间的关系，从而使得由此得出的研究结果尽可能拟合现实，反映事物的

---

① 吴瑞林、杨琳静：《在公共管理研究中应用结构方程模型——思想、模型和实践》，《中国行政管理》2014 年第 3 期。

② 张玉、王淼：《公共管理研究的方法论新探——论结构方程模型在公共管理研究中的效用及其边界》，《中国行政管理》2008 年第 6 期。

③ 刘武、杨雪：《中国高等教育顾客满意度指数模型的构建》，《公共管理学报》2007 年第 1 期。

④ 梁昌勇、朱龙、冷亚军：《基于结构方程模型的政府部门公众满意度测评》，《中国管理科学》2012 年第 S1 期。

⑤ 屈振超、韩玉珍、刘国栋等：《基于结构方程的公共卫生服务提供效果影响因素研究》，《中国医院管理》2015 年第 9 期。

⑥ 冯焕东、杨静、张蕊等：《城市道路公共服务设施满意度测评研究》，《现代城市研究》2017 年第 10 期。

本质规律。居民获得感同样作为一个具有复杂内涵的范畴，难以被直接观测，而结构方程模型主要用于研究不可直接观测变量（潜变量）与可测变量之间关系以及潜变量之间的关系，这一方法正适用于居民获得感的研究。

结构方程模型最早由瑞典统计学者 Karl Joreskog 在 1970 年提出，也称“协方差结构分析”（Analysis of Covariance Structure）、“因果建模”（Causal Modeling）、“线性结构方程”（Linear Structural Equation）等，属于多变量统计模型，运用线性方程来表示观测变量与潜变量以及潜变量内部之间的相互关系①。随着结构方程模型的逐渐成熟，其应用领域也越来越广泛，由于它可以很好地解决市场、经济、管理等领域中的多原因多结果问题，已成为社会科学领域研究中应用最为广泛的统计方法之一。其优势在于：能同时处理多个自变量和因变量、允许自变量和因变量都含有测量误差、同时估计因子结构和因子关系、检验整个模型的拟合好坏程度、允许更大弹性的测量模型②。

在实际应用过程中，研究者首先根据已有的经验或者研究成果，提出合理的、逻辑性强的理论假设；其次，基于理论假设，通过采集相关的数据来验证构建的模型的关系，称为验证性因子分析；再次，如果理论假设与数据有不符之处，提出对理论假设的修改意见；最后，根据修改意见对模型进行修正，直到理论假设与数据样本吻合，并最终得出结论。

运用结构方程对样本数据进行分析，对于样本数据的要求，学术界没有统一的认识。虽然有证据表明，即便是很小的样本量也能够用简单模型进行有意义的检验，但通常认为 100—150 是进行结构方程模型分析的最小样本量。邱皓政和林碧芳基于 Breckler（1990）的研究结论基础上提出，低于 200 的样本数难以得到稳定的 SEM 分析结果③。本研究最终获得有效问卷数 413 份，满足结构方程对于样本数量的要求。此外，上节通

---

① 梁昌勇、代犟、朱龙：《基于 SEM 的公共服务公众满意度测评模型研究》，《华东经济管理》2015 年第 2 期。

② Bollen K. A. , Scott Long J. Testing Structural Equation Models, BMS: Bulletin of Sociological Methodology / Bulletin de Méthodologie Sociologique, 1993.

③ 邱皓政、林碧芳：《结构方程模型的原理与应用》，中国轻工业出版社 2009 年版。

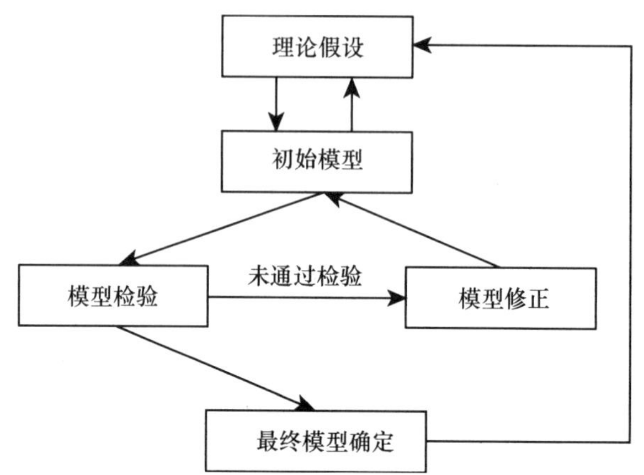

图5—2　结构方程模型分析的具体步骤

过对样本数据的信度和效度进行分析，发现信度和效果的结果都很好，可以满足结构方程的要求。

建立适用于AMOS21的初始结构方程模型，图5—3是初始结构方程路径图。在初始结构方程路径图中，变量除了有潜变量、观测变量外，还有残差变量。残差变量的作用是保证模型的检验过程顺利进行，残差变量能够在模型验证的过程中将存在的误差表现出来，残差变量的路径系数默认值是1。在图中潜变量用椭圆表示，观测变量用矩形表示，残差变量用圆形表示。同时各变量间的关系用带箭头的连线表示。如果变量之间用连线表示，则表示变量之间具有相关关系。连线如果是双向箭头，则表示变量之间具有相关关系；连线如果是单向箭头，则表明变量间具有因果关系，箭头指向反映从原因变量到结果变量。

本研究建立的初始结构方程路径图中，共有7个潜变量、25个观测变量以及32个残差变量，在每个潜变量与其题项下的观测变量的路径中，系统默认的每条路径的系数值均为1。潜变量之间用单线箭头表示潜变量之间存在因果关系，5个单线箭头表示模型要检验的5条路径假设。

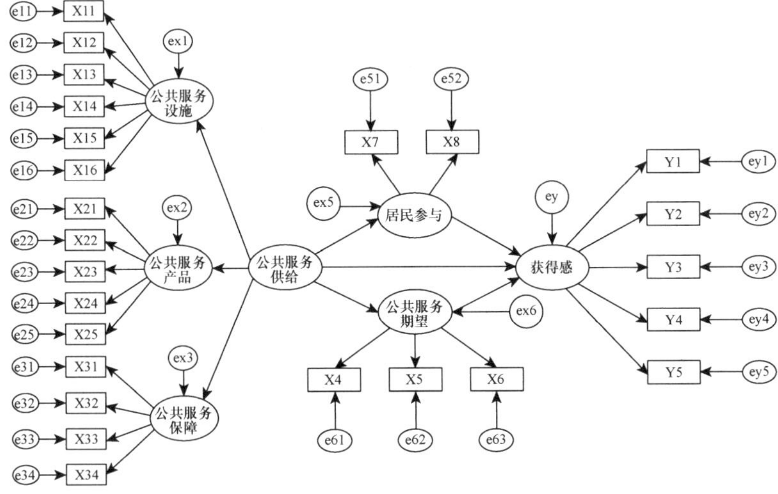

图 5—3 初始结构方程路径

二 模型的检验与修正

本节对构建的获得感提升路径模型进行拟合验证，确定各观测变量与外生潜变量以及外生潜变量与内生潜变量之间的关系。模型的拟合检验主要分为两个步骤：模型拟合、模型评价与修正。

导入样本数据，在 AMOS21 中运行，得出相应路径图（图 5—4）、路径系数（表 5—26）和拟合优度指标（表 5—27）。

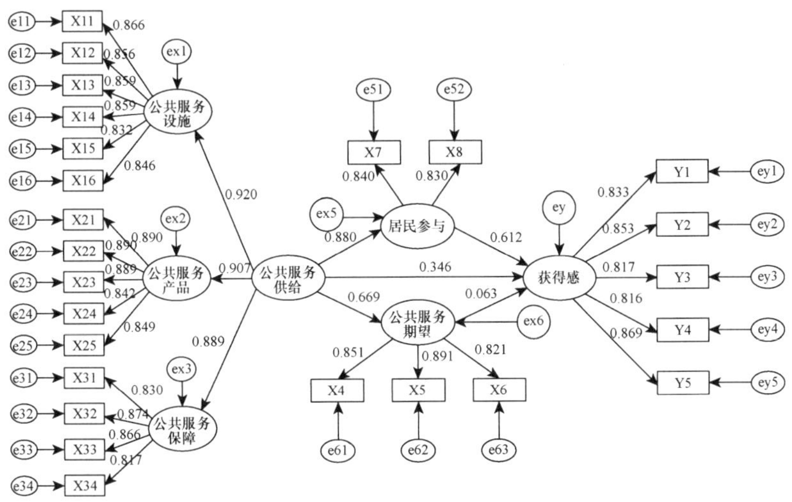

图 5—4 非标准化路径系数

表 5—26 **路径系数**

			非标准化路径系数	标准化路径系数	S. E.	C. R.	P	
公共服务期望	←	公共服务供给	0. 584	0. 669	0. 047	12. 433	***	显著
居民参与	←	公共服务供给	0. 946	0. 880	0. 056	16. 808	***	显著
获得感	←	公共服务供给	0. 347	0. 346	0. 091	3. 791	***	显著
获得感	←	公共服务期望	0. 072	0. 063	0. 040	1. 784	0. 074	显著
获得感	←	居民参与	0. 570	0. 612	0. 086	6. 612	***	显著
公共服务产品	←	公共服务供给	1. 029	0. 907	0. 054	19. 118	***	显著
公共服务保障	←	公共服务供给	0. 906	0. 889	0. 053	17. 104	***	显著
公共服务设施	←	公共服务供给	1. 000	0. 920				
X6	←	公共服务期望	1. 000	0. 821				
X5	←	公共服务期望	1. 152	0. 891	0. 056	20. 737	***	显著
X4	←	公共服务期望	1. 025	0. 851	0. 052	19. 804	***	显著
X7	←	居民参与	1. 000	0. 840				
X8	←	居民参与	0. 977	0. 830	0. 049	20. 098	***	显著
Y1	←	获得感	1. 000	0. 833				
Y2	←	获得感	1. 036	0. 853	0. 048	21. 692	***	显著
Y3	←	获得感	1. 029	0. 817	0. 051	20. 255	***	显著
Y4	←	获得感	1. 028	0. 816	0. 051	20. 226	***	显著
Y5	←	获得感	1. 099	0. 869	0. 049	22. 402	***	显著
X13	←	公共服务设施	1. 007	0. 859	0. 043	23. 665	***	显著
X14	←	公共服务设施	0. 999	0. 859	0. 042	23. 645	***	显著
X23	←	公共服务产品	1. 012	0. 889	0. 038	26. 875	***	显著
X15	←	公共服务设施	0. 971	0. 832	0. 044	22. 291	***	显著
X16	←	公共服务设施	0. 966	0. 846	0. 042	22. 945	***	显著
X12	←	公共服务设施	0. 976	0. 856	0. 042	23. 469	***	显著
X11	←	公共服务设施	1. 000	0. 866				
X22	←	公共服务产品	0. 977	0. 890	0. 036	26. 897	***	显著
X25	←	公共服务产品	0. 937	0. 849	0. 039	24. 288	***	显著
X21	←	公共服务产品	1. 000	0. 890				
X32	←	公共服务保障	1. 061	0. 874	0. 048	21. 898	***	显著
X33	←	公共服务保障	1. 040	0. 866	0. 048	21. 601	***	显著

续表

			非标准化路径系数	标准化路径系数	S. E.	C. R.	P	
X34	←	公共服务保障	1.001	0.817	0.051	19.757	***	显著
X31	←	公共服务保障	1.000	0.830				
X24	←	公共服务产品	0.987	0.842	0.041	23.898	***	显著

注：*** 表示显著性水平 $P<0.01$。

通过表5—26可以看出在0.01的显著性水平下，除公共服务期望对获得感的影响不显著，其余路径系数都显著；在0.1的显著性水平下，则所有路径系数都显著。

接下来是对初始结构方程模型进行检验，核心就是检验模型的拟合性。常用的指标主要有：绝对拟合优度指标，包括卡方检验值χ^2、卡方值/自由度χ^2/d. f.、拟合优度指数GFI、调整拟合优度指数AGFI、近似误差均方根RMSEA、残差平方根RMR；增量拟合优度指标，包括相对拟合指数CFI、非正态拟合指数TLI、递增拟合指数IFI；简约拟合优度指标，包括简约规范优度指数PNFI、简约拟合优度指数PGFI。各指标的检验结果如表5—27所示。

表5—27　　　　初始模型拟合检验结果

拟合指标	模型取值	判断标准
卡方值/自由度χ^2/d. f.	4.256	<3.0
拟合优度指数GFI	0.797	≥0.9
调整拟合优度指数AGFI	0.793	≥0.8
近似误差均方根RMSEA	0.089	≤0.1
相对拟合指数CFI	0.915	≥0.9
非正态拟合指数TLI	0.905	≥0.9
递增拟合指数IFI	0.916	≥0.9
简约规范优度指数PNFI	0.794	≥0.5
简约拟合优度指数PGFI	0.655	≥0.5

从表5—27中的分析结果可以看出，大部分拟合指标通过检验，只有卡方值/自由度χ^2/d. f.、拟合优度指数GFI、调整拟合优度指数AGFI三个指标没有通过初始模型的检验，因此需要对初始的结构方程模型进行改进。由于在初始模型中没有考虑变量之间的相关性问题，进而导致部分路径无法达到分析条件，因此需要对初始的模型进行进一步修改。AMOS21.0软件不仅能够显示模型的检验结果，而且还能够给出修改建议，可以根据AMOS21.0软件的提示，发现在哪些变量之间存在一些相关关系，进而可以通过增加残差间的协方差以及增加潜变量之间的路径对模型进行修改。模型调整过程需要根据每次的运算结果进行，并通过反复调整变量间的相互关系来消除路径的偏差，得到拟合结果理想的修改模型。

AMOS模型反复修改及调整的过程省略，最终需要增加的残差间的协方差关系和变量间的路径关系见表5—28。

表5—28　修改后的结构方程模型中增加的残差间协方差关系

e12 ↔ e11	e21 ↔ e31	ey1 ↔ ey2	e22 ↔ e21
e11 ↔ e21	e15 ↔ e12	e14 ↔ e15	e21 ↔ e24
e21 ↔ e34	e16 ↔ e25	e34 ↔ e31	e15 ↔ e11
ey2 ↔ ey4	e11 ↔ e34	e15 ↔ e31	e16 ↔ e21
e11 ↔ e31	e15 ↔ e34		

通过修正之后的模型适配度指标如表5—29所示，除拟合优度指数GFI等于0.888<0.9之外，其他指标都符合判断标准。模型的绝对拟合优度指标只有拟合优度指数GFI略低。Bagozzi & Yi指出在具体运用SEM模型时，在大部分指数均达到标准的情况下，个别拟合指标与标准略有差距是可以接受的。因此，可以认为模型的绝对拟合优度指标通过检验。

表5—29　修正模型拟合检验结果

拟合指标	模型取值	判断标准
卡方值/自由度χ^2/ d. f.	2.599	<3.0

续表

拟合指标	模型取值	判断标准
拟合优度指数 GFI	0.888	≥0.9
调整拟合优度指数 AGFI	0.854	≥0.8
近似误差均方根 RMSEA	0.062	≤0.1
相对拟合指数 CFI	0.961	≥0.9
非正态拟合指数 TLI	0.949	≥0.9
递增拟合指数 IFI	0.961	≥0.9
简约规范优度指数 PNFI	0.779	≥0.5
简约拟合优度指数 PGFI	0.680	≥0.5

三　假设检验与结果分析

修正后的模型其内在结构拟合状况、基本拟合标准、整体拟合情况都通过检验，因此，可以参考修正后的模型中各潜变量间的路径关系系数来验证理论假设是否成立。表5—30显示了修正后的模型中各潜变量间路径关系系数的标准化估计值、临界比（C. R.）以及路径关系系数的显著性检验结果。

表5—30　　修正后的路径系数

			未标准化路径系数	标准化路径系数	S. E.	C. R.	P	
公共服务期望	←	公共服务供给	0.588	0.667	0.048	12.309	***	显著
居民参与	←	公共服务供给	0.961	0.885	0.057	16.738	***	显著
获得感	←	公共服务供给	0.306	0.314	0.093	3.281	0.001	显著
获得感	←	公共服务期望	0.062	0.056	0.038	1.629	0.103	显著
获得感	←	居民参与	0.589	0.655	0.088	6.658	***	显著
公共服务产品	←	公共服务供给	1.024	0.902	0.051	19.952	***	显著
公共服务保障	←	公共服务供给	0.940	0.879	0.051	18.260	***	显著
公共服务设施	←	公共服务供给	1.000	0.926	—	—	—	—
X6	←	公共服务期望	1.000	0.821	—	—	—	—
X5	←	公共服务期望	1.151	0.890	0.056	20.717	***	显著
X4	←	公共服务期望	1.026	0.852	0.052	19.808	***	显著

续表

			未标准化路径系数	标准化路径系数	S. E.	C. R.	P	
X7	←	居民参与	1.000	0.839	—	—	—	—
X8	←	居民参与	0.979	0.831	0.048	20.277	***	显著
Y1	←	获得感	1.000	0.803	—	—	—	—
Y2	←	获得感	1.054	0.837	0.041	25.879	***	显著
Y3	←	获得感	1.067	0.817	0.056	19.171	***	显著
Y4	←	获得感	1.086	0.831	0.055	19.590	***	显著
Y5	←	获得感	1.146	0.874	0.054	21.116	***	显著
X13	←	公共服务设施	1.021	0.857	0.045	22.763	***	显著
X14	←	公共服务设施	1.010	0.854	0.045	22.490	***	显著
X23	←	公共服务产品	1.028	0.895	0.039	26.322	***	显著
X15	←	公共服务设施	1.015	0.857	0.049	20.899	***	显著
X16	←	公共服务设施	0.992	0.853	0.044	22.705	***	显著
X12	←	公共服务设施	0.973	0.839	0.032	30.099	***	显著
X11	←	公共服务设施	1.000	0.854	—	—	—	—
X22	←	公共服务产品	0.953	0.860	0.031	30.890	***	显著
X25	←	公共服务产品	0.956	0.859	0.039	24.289	***	显著
X21	←	公共服务产品	1.000	0.880	—	—	—	—
X32	←	公共服务保障	1.017	0.869	0.044	22.928	***	显著
X33	←	公共服务保障	0.996	0.860	0.044	22.565	***	显著
X34	←	公共服务保障	0.993	0.844	0.052	19.026	***	显著
X31	←	公共服务保障	1.000	0.854	—	—	—	—
X24	←	公共服务产品	1.024	0.865	0.046	22.323	***	显著

注：*** 表示 P<0.01。

根据修正后的路径系数，对各假设进行检验。

路径假设 H1 验证：路径公共服务供给→获得感（公共服务供给与获得感的路径系数）的估计值为0.306，标准误0.093，临界比（C. R.）为3.281，路径系数在0.001显著性水平下显著，各项指标均在规定的标准值内，因此假设 H1 成立。说明公共服务供给对获得感产生正向影响，公共服务供给力度的增加将提升居民获得感。

路径假设 H2 验证：路径公共服务期望→获得感（公共服务期望与获得感的路径系数）的估计值为 0. 062，标准误 0. 038，临界比（C. R.）为 1. 629，虽然路径系数为正表明公共服务供给符合期望的程度越大，居民获得感就越强，但是并未通过显著性检验，因此假设 H2 不成立。说明居民对于公共服务的期望对获得感没有产生影响。

路径假设 H3 验证：居民参与→获得感（居民参与与获得感的路径系数）的估计值为 0. 589，标准误 0. 088，临界比（C. R.）为 6. 658，路径系数在 0. 001 显著性水平下显著，各项指标均在规定的标准值内，因此假设 H3 成立。说明居民参与对获得感产生正向影响，提升居民参与有助于提高居民获得感。

路径假设 H4 验证：公共服务供给→居民参与（公共服务供给与居民参与的路径系数）的估计值为 0. 961，标准误 0. 057，临界比（C. R.）为 16. 738，路径系数在 0. 001 显著性水平下显著，各项指标均在规定的标准值内，因此假设 H4 成立。说明公共服务供给对居民参与产生正向影响，不断提高公共服务供给能够有效提升居民更多地参与到公共服务中去。

路径假设 H5 验证：公共服务供给→公共服务期望（公共服务供给与公共服务期望的路径系数）的估计值为 0. 588，标准误 0. 048，临界比（C. R.）为 12. 309，路径系数在 0. 001 显著性水平下显著，各项指标均在规定的标准值内，因此假设 H5 成立。说明公共服务供给对公共服务期望产生正向影响。

假设检验及关键路径系数汇总如表 5—31 所示。

表 5—31　　　　假设检验结果

路径	标准化路径系数	P	假设检验
获得感←公共服务供给	0. 314	0. 001	通过
获得感←公共服务期望	0. 056	0. 103	未通过
获得感←居民参与	0. 655	***	通过
居民参与←公共服务供给	0. 885	***	通过
公共服务期望←公共服务供给	0. 667	***	通过

注：*** 表示在 0. 01 的水平上显著。

通过运用结构方程模型对居民获得感路径关系假设进行了分析，表明公共服务供给和公众参与的提高均能够带来居民获得感的提升。实际关系路径如图5—5所示。

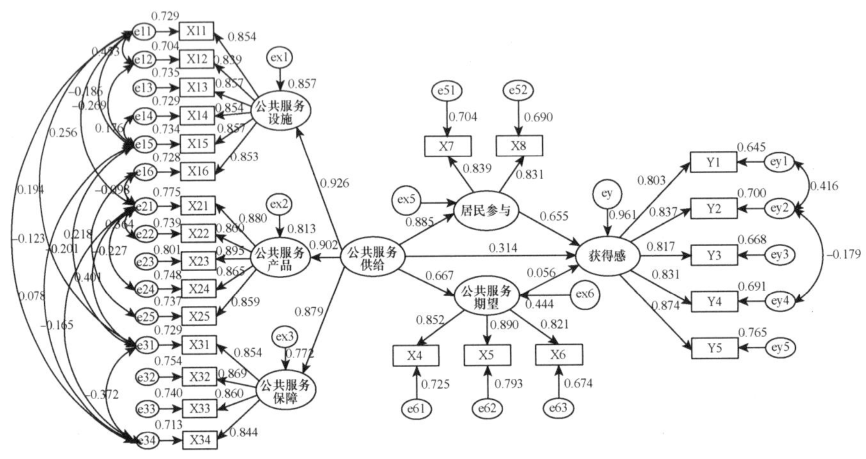

图5—5 获得感路径分析

在模型假设之初，隐含了居民参与和公共服务期望对公共服务供给影响居民获得感的中介作用，讨论变量的中介作用对模型的理解有重要作用。但是，由于公共服务期望对居民获得感的路径系数并不显著，所以公共服务期望对公共服务供给影响居民获得感的中介效应并不成立。

下面仅对居民参与的中介效应的进行检验，采用因果步骤法，居民参与的中介效应检验模型图如图5—6所示。

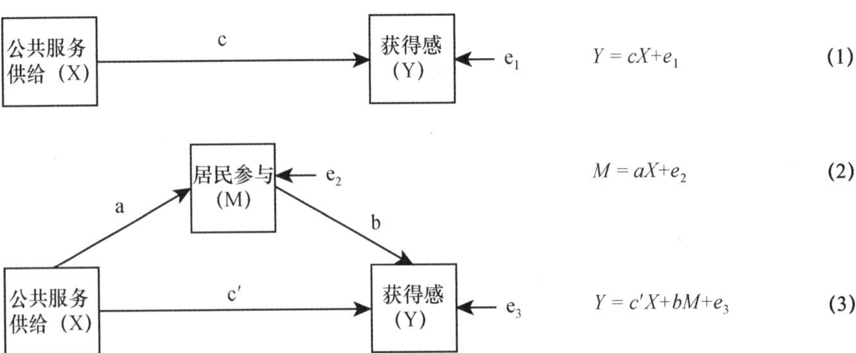

图5—6 居民参与的中介效应检验模型

具体步骤如下：第一步，自变量公共服务供给对因变量获得感的回归，通过构建只包含公共服务供给和获得感这两个潜变量的结构方程，计算得出回归系数 c，并检验其显著性；第二步，自变量公共服务供给对中介变量居民参与的回归，通过构建只包含公共服务供给和居民参与这两个潜变量的结构方程，计算得出回归系数 a，并检验其显著性；第三步，自变量公共服务供给和中介变量居民参与对因变量获得感的回归，假设公共服务供给与居民参与不相关，计算得出回归系数 b 和 c′，并检验其显著性。如果系数 c，a 和 b 都显著，就表示存在居民参与的中介效应。此时如果系数 c′不显著，就称这个中介效应是完全中介效应；如果回归系数 c′显著，但 c′ < c，就称这个中介效应是部分中介效应。

利用此方法计算的相关数值及显著性，如表 5—32 所示，系数 c，a 和 b 都显著，表示存在居民参与的中介效应。c′也显著且 c′ < c，所以居民参与在公共服务供给对居民获得感的影响中起部分中介作用。

表 5—32　　　　中介效应检验的系数及显著性

系数	数值	是否显著性
c	0.934	显著
a	0.882	显著
b	0.667	显著
c′	0.698	显著

四　实证分析的结果讨论

通过上文对于路径假设的验证，本研究所提出的 5 个假设中，除 H2 假设不成立外，其余假设均成立。下面对研究结果分别讨论。

1. 公共服务供给与居民获得感提升之间的关系

从上述分析结果可以得出，公共服务供给与居民获得感提升具有显著的正相关关系，即加大公共服务供给力度势必导致居民获得感的提升。公共服务供给是居民获得感提升的首要环节，不断提升公共服务供给水平，使公共服务惠及更多居民，保障居民公平享有公共服务带来的便利，在这个过程中政府要积极回应居民的诉求，从而不断提高居民对于公共服务的满意度，居民才拥有更多获得感。

党的十七大、十八大和十九大报告相继强调要加强基本公共服务供给改革以满足人民的需求，各级政府都规划了基本公共服务供给侧改革的目标，加大了财政投入力度，普遍建立了基本公共服务体系。但是既有研究认为我国基本公共服务供给存在着总量不足、供给效率不高、均等化程度差、供给体制机制僵化、局部缺口较大等一系列突出问题①。供给侧改革的目标在于寻找公共服务满足居民需求的契合点，不仅仅是在公共服务供给数量，还需着眼于供给效率和供给模式。在这个过程中，多元参与机制和保障监管机制的建立尤为重要②。

2. 公共服务期望与居民获得感提升之间的关系

在本书的研究中，公共服务期望与居民获得感提升之间的相关关系并不显著。居民对于公共服务的期望是对公共服务需求实现的一种主观性的判断，它关系着公共服务需求的实现程度。本书选取的是公共文化服务，有其发展特点，《中国公共文化服务发展报告 2015》指出，从“十二五”时期以来，我国公共文化投入得到财政有力支持，人均文化事业费持续增长；公共文化服务体制更趋合理，文化机构、从业人员数量总体提升个别有降；公共文化服务供给进步显著。总体来说，我国的城市公共文化服务发展迅猛，已经能够基本满足居民的需求，期望与公共文化服务实际供给之间的差距越来越小，这种差距的继续缩小对于获得感的提升影响甚微。在其他的相关公共服务领域，一些学者选取公共体育服务③、公共交通服务④的研究，认为感知绩效低于期望时，会造成公众的不满意。在公共服务过程中，公众期望经常性地不能够得到良好的表达或者受到政府的足够重视，导致政府提供的公共服务总有一部分不能满足居民的需求。准确认知公众期望，改进公共服务供给，才能有效提升居民获得感。

---

① 李红霞：《基本公共服务供给不足的原因分析与强化政府财政责任的对策》，《财政研究》2014 年第 2 期。

② 刘兰：《我国政府公共服务质量提升困境及策略探究》，《经济研究导刊》2018 年第 9 期。

③ 姚绩伟、杨涛、丁秀诗等：《城市社区体育公共服务公众满意度的概念溯源、概念界定及含义分析》，《西安体育学院学报》2016 年第 1 期。

④ 程龙生、牛俊磊、时建中：《公路长途客运顾客满意度模型及其应用》，《数理统计与管理》2012 年第 1 期。

3. 居民参与与居民获得感提升之间的关系

从上述分析结果可以得出，居民参与与居民获得感提升具有显著的正相关关系，引导居民参与公共服务活动势必导致居民获得感的提升。公共民主参与是居民公共服务满意度的主要来源①。公共参与通过政府与民众的互动关系，吸纳公众的智慧和建议，通过公众的意志表达，使公共服务更贴合公众需求。而公众参与大多是基于自身利益的被动诉求②，只有化被动为主动，引导居民主动提出诉求、建言献策，才能提升居民获得感。

新形势下，参与式治理模式已成为当下最被关注的社会治理创新实践。社区居民的民主化参与的进程中，政府部门为解决社区问题，满足社区居民的需求，需要为居民公共精神和参与性的提升提供有效的渠道和路径③。

4. 公共服务供给与公共服务期望之间的关系

本书假定公共服务的供给能够影响居民的期望，实证结果也显示公共服务供给对居民期望有正向影响，这表明，公共服务的实际供给越多，居民对其期望的满足就越大。在社会发展的过程中，人们对公共服务的期望越来越高，在提供足够的公共服务，居民的期望被满足的同时，又产生新的期望，获得感的产生就是期望不断被满足的过程，公共服务供给与居民期望不断契合，获得感不断提升，但是期望的增长并不是持续和无限的，发展到一定程度这种提升的幅度越来越小。但是随着经济与科技水平的发展，公共服务供给水平持续提升，同居民期望不断契合是有可能的。

5. 公共服务供给与居民参与之间的关系

从上述分析结果可以得出，公共服务供给对居民参与提升具有显著的正相关关系，提高公共服务供给水平，使得更多居民能够享受到并积

---

① 官永彬：《民主与民生：民主参与影响公共服务满意度的实证研究》，《中国经济问题》2015 年第 2 期。

② 张廷君：《城市公共服务政务平台公众参与行为及效果——基于福州市便民呼叫中心案例的研究》，《公共管理学报》2015 年第 2 期。

③ 缑红霞、周晓涛：《共建共享：社区参与式治理模式构建》，《科学发展》2017 年第 11 期。

极参与更广泛更深入的公共服务。李浩在研究城市公共健身服务供给水平与城市居民健身行为之间关系时，发现两者呈显著正相关关系，即良好的公共健身服务供给能够有效促进居民参与到健身活动中去[①]。“巧妇难为无米之炊”，缺乏足够的公共服务，居民也无从参与，更不用说获得感。实际上，居民参与在公共服务供给和获得感之间起到了部分中介的作用。居民的参与行为本身就是一种生产合作行为[②]，居民的参与过程，实际上就是公共服务的提供者与公共服务的使用者之间相互交换、传递信息的过程[③]。参与公共服务过程提升了居民对服务内容的了解，从而产生更高的获得感。

本章小结

根据第三章案例研究和第四章理论研究的观点，本章提出路径假设并构建概念模型，对此进行验证。首先进行问卷设计，针对预调查中存在的问题，调整相关测量题项，最后经过专家论证，形成问卷终稿。接着进行问卷调查，选取天津市城区四个街道实施了问卷调查，并对调查结果进行了描述分析。最后运用结构方程模型对提出的路径假设进行验证，得到居民获得感提升的路径关系。结果表明，公共服务供给水平、居民参与与居民获得感的提升具有显著的正相关关系，即提高公共服务供给水平、引导居民参与能有效提高居民获得感。在新时代背景下，政府除了要继续加强公共服务供给水平，还要引导居民更深程度地参与到社会治理中去，这样有助于居民获得感的提升。

---

① 李浩：《公共健身服务供给、生态环境质量对城市居民健身行为影响的实证分析——基于 CFPS 数据》，《天津体育学院学报》2017 年第 32 期。

② 刘丽杭、张昱、龙娟等：《居民参与社区卫生服务对公民行为影响的实证研究》，《中南大学学报》（社会科学版）2015 年第 4 期。

③ 杨荣：《加拿大的社区居民参与——以渥太华市森玛锡西社康中心为例》，《中国民政》2005 年第 10 期。

第 六 章

结论与建议

第一节 主要研究成果

一 基于精细化治理的公共服务供给提升获得感的理论基础

1. 核心概念之间的关系

公共服务和社会治理是提升国家治理能力的两个重要维度，而在地方社会的实践中，公共服务的实现又依赖于社会治理水平尤其是社会治理精细化的水平。在实际发展中，往往是公共服务供给的最后一站也就是神经末梢出了问题，直接影响到居民对公共服务的感受，影响居民对改革进程的判断。所以，无论从哪个方面，社会治理、公共服务、居民获得感这三者之间都存在着内在的关联。

进一步，在精细化的社会治理方式下，通过对公共服务产品和服务过程的精心设计，满足民众的需求，提高人民群众的获得感，促进共建—共治—共享的治理结构的形成，是新时期社会治理的根本目标所在，也是一切社会治理的逻辑所在。地方部门在实践中，积极推进社会治理精细化，加大公共服务供给的质量和水平，最终目的都是为了提升居民获得感。在各方压力的推动下，公共服务成为各方力量的汇聚点，也成为满足公众期望、提升获得感的必要出发点。

2. 相关理论

关于社会治理、公共服务的研究目前已经很多了。而关于获得感的研究相对较新，有的研究没有对获得感与幸福感、满意度等进行明确区分。本书在相关理论部分，对公共服务供给提升获得感的相关理论进行了溯源和梳理。

马斯洛的需求层次理论以及后来的ERG理论，为我们理解获得感奠定了基础。需求理论为我们分析公共服务供给与获得感提供了最基础的框架。但是在需求理论之外，社会认知理论、社会公平理论、期望理论为理解获得感提供了更丰富的视野。在需求获得满足和主观感受（是否公平，是否符合期望，是否满意）的基础上，我们才能理解获得感的阶段性、层次性和复杂性。正是因为如此，对获得感的理解不是抽象的，它离不开社会治理和公共服务供给。

二　基于精细化治理的公共服务供给影响获得感的机理及路径

1. 社会治理精细化的要素

正如研究者指出的，地方治理体系的基本趋势是：治理主体多元化、治理层级扁平化、治理体系网络化、治理过程公开化、治理行为法治化、治理方式科学化和治理技术现代化[①]。社会治理的精细化，包含了各个层面的内容。

本书认为，从社会治理的过程来看，社会治理精细化的要素至少包括：多主体参与、运用信息技术、网格化治理、一站式服务等。这些治理手段的运用使得社会治理越来越趋于精细化。第三章的案例研究也显示出，不同的案例在精细化要素方面有所侧重，随着实践的发展，要素的组合关系也越来越多，体现出精细化水平的发展与演进趋势。

2. 影响机理与路径

通过第三章的案例分析，本书归纳出基于精细化治理的公共服务供给提升居民获得感的两种方式，即“服务供给—获得感”和“居民参与—获得感”，这两种方式与需求层次理论相呼应。

已有研究者细分不同维度的获得感，利用中国综合社会调查（CGSS）的调研数据，对我国人民获得感进行时序比较：十八大以来我国人民获得感总体呈现上升趋势，不同维度的获得感呈现复杂的态势，

---

① 徐邦友：《改革开放四十年来地方治理体系的现代嬗变——基于浙江省地方治理实践的分析》，《治理研究》2018 年第 3 期。

人民获得感存在不平衡与不充分的现实问题[①]。因为获得感的复杂性，关于获得感的生成机理和路径就更是复杂了。

从本书的逻辑出发，第四章基于社会治理精细化、公共服务供给以及居民参与的综合视角来构建获得感的生成机理，给出了精细化治理视角下公共服务供给提升居民获得感的路径设想，公共服务供给的精细化沿着 3 条路径对居民获得感产生直接和间接的影响，获得感也相应地表现出不同的层面，分别是：实际获得、主观获得、机会获得。

第五章的实证研究，以公共文化服务领域为例，验证了基于精细化治理的公共服务供给对居民的实际获得和机会获得的影响，也即公共服务供给直接影响居民的实际获得，同时通过居民参与影响机会获得。这一结论也与案例研究相呼应，证明了“服务供给—获得感”和“居民参与—获得感”两种方式。不过，公共服务供给对主观获得的影响不够显著，这可能与公共文化服务的特点有关。

本书的研究证实：立足于社会治理的精细化，公共服务供给水平直接影响居民获得感，同时也会通过居民参与而对居民获得感产生显著的间接效应。这一事实提醒我们，公共服务对获得感的影响不是单向度的，而是会有复杂的效应。随着居民的社会意识增强，自组织能力的成长，居民获得感的提升不再满足于简单的公共服务供给。

第二节　对策建议

精细化治理的目标是实现公共服务的需求与供给、成本与效益、协同与共享、差异与平衡各层面的最优匹配，以此激发和提升居民的获得感。其基本策略是将精细化理念嵌入到公共服务供需两端，实现基层治理的逻辑、机制、过程、技术等诸多环节的规范化、科学化、标准化、协同化以及智能化。简单地说，精细化治理是实现善治的有效手段，从有效解决“最后一公里”等问题入手，进而提升居民获得感。

基于本书的研究，围绕治理逻辑、治理路径以及治理目标，就精细

① 文宏、刘志鹏：《人民获得感的时序比较——基于中国城乡社会治理数据的实证分析》，《社会科学》2018 年第 3 期。

化治理视角下的公共服务供给提升获得感提出相应的对策建议。

一 转变治理逻辑，适应基层发展形势

目前中国已经进入一个现代化与后现代化齐头并进，工业化、全球化、信息化与城镇化相互交织的深度转型期，经济体制的深化改革以及社会结构的深层变动正冲击和颠覆着传统的粗放式治理模式。与此同时，与现阶段基层治理环境相适应的指导思想却迟迟未能建构起来，表现在运动式治理、僵化的管理模式、落后的制度建设等严重影响公共服务供给效率和质量，导致基层社会在急剧变化的转型时期缺乏适应力，治理效能低下，成为引发大量问题的根源。因此，现阶段基层社会治理有必要从转变治理逻辑入手。

1. 长效逻辑

改革开放之后，运动式治理在经济领域慢慢淡出，但是对于基层社会领域，运动式治理一直占据重要位置。不可否认，运动式治理通过政治动员短时间内多部门强势联动，结果往往成效显著，在一定程度提升了公众的满意度。但作为一种非良性的治理，运动式治理与国家治理能力现代化的内在要求严重背离，并无益于获得感的提升。首先，运动式治理更多体现为人治，在一定程度上侵蚀法律的权威，违背法治原则；其次，社会问题会在运动式治理期间迅速得到解决，但随着行动的结束，社会问题往往会迅速死灰复燃，治标不治本，还会在一定程度上会助长投机心理和行为；最后，运动式治理短时间集中多部门人力、物力、财力，属于高成本的粗放式治理，不但与现代社会治理精简高效的目标相背离，而且更多地暴露出党和政府长效治理能力的不足。因此，必须克服这种路径依赖，突破“运动式治理”窠臼，保持基层治理不断调整创新的持续性和有效性。而保持基层社会精细化治理长效性的关键是具备合法性并进一步制度化。

精细化治理的合法性一方面意味着公众的认可和自觉服从；另一方面符合有效治理的某些价值规范，例如公平、民主、高效等。基层治理得到合法性确认，那些其积极性、持久性以及推广的范围将会增强；反之则会减少或减弱。对此有学者指出“基层法治秩序的构建，应立足于社会文化的视角，宏观层面确立适当的发展进路，中观层面探索适宜承

担价值融合角色的实体，微观层面着眼于个体精神培育以及谋求价值共识"①。基层治理的制度化是一项系统工程，包括整合现有制度、健全匮乏制度以及创新空白制度。整合现有制度就是将现有制度进行重新梳理，理顺上行制度和下行制度之间的关系，删除交叉重复制度及相互冲突的制度；健全匮乏制度就是根据新时期基层社会治理的特点，对各治理主体能否进入、怎样进入以及进入基层治理体系后的权利、义务及活动范围和程度等一般性法规层面进行细致且具可操作性的规范；创新空白制度就是要提高制度供给的时效性，对于社会治理过程中出现的新问题及时做到规范协调，避免治理混乱。但是制度供给应注意一个原则，即最小约束原则，"治理的艺术建立在最小的约束原则之上：为了达到共同的利益目标，将对每个人的约束限制在最小的程度上"②。这就要求政府对于社会组织或企业组织的准入程序和行政审批，给予充分的自由发展权限。

2. 恰适逻辑

随着经济以及社会体制转型进入深水期，基层社会面临的内外情况都发生着深刻的变化，而之前本来极具活力和弹性的各项制度或规则由于惯性而产生了制度惰性，使得制度对于新形势、新变革的感应变慢，在应对各类现实问题时变得苍白无力甚至阻碍新生事物的发展。在高度复杂、快速变迁且异质化程度越来越高的基层社会，政府主导的治理结构逐渐丧失回应和创新能力。如果不能对发展和变化做出主动调整和及时妥协，那么历史进步趋势必将以巨大的能量动摇或摧毁基层社会稳定。

与预期选择相联系的是结果性逻辑，与责任行为相联系的是恰适性逻辑。恰适性逻辑可能和结果逻辑是矛盾的。从结果逻辑来看，行为是由结果的偏好和预期所驱动的。行为是固执的，反映了一种尽力使输出满足主观愿望的企图，保持了行为与现实期望之间的一致性；从恰适性逻辑看，行为是蓄意的，但并不是固执任性的。马奇和奥尔森认为作为政治行为的一个基本逻辑，恰适性逻辑强调行为要依据身份观念中的恰适性而符合当时的情境。"相异性，而不是重复性，造成交叉使用，因此

---

① 梁平：《基层治理的法治秩序与生成路径》，《河北法学》2017 年第 6 期。

② ［法］皮埃尔·卡默蓝：《破碎的民主》，高凌翰译，生活·读书·新知三联书店 2005 年版，第 95 页。

也促使一个人对比他所在街区更大的地方认同感。”① 基层生态的不同造就治理场域的多样化，国家抽象原则下的“因地制宜”，一向是正当合法的，国家总是通过地方权威，而不是企图取代他们治理地方社会②。治理的最高境界应该是因境生策，顺势而为。鉴于各地区的政治、经济、文化等方面发展不均衡，因此在治理的过程中要更多地结合本地区的实际情况，因地制宜，与时俱进。恰适性逻辑依靠的是治理过程中的弹性因素。从本质上看，弹性因素是为社会发展中可能出现的各种问题做制度的预设，避免将要面临的不稳定的产生③，是同时作用于基层治理场域中各个组织间关系以及社会稳定发展的机制，也可以将其理解为在城市基层治理场域中，常规的基层治理过程中发挥调节结构排斥、结构同构和结构紧张的各种非制度化的成分。一般而言，弹性因素没有制度化的运作机制那么规范化和经常化，但都是被政府和政党所默许或预设的。弹性因素因为缺乏具体规定性也就容易避免在时空上的局限性，其非规范性避免了因为规范所产生的僵化。

3. 韧性逻辑

韧性最初在生态系统中使用，被定义为衡量系统持久性及其吸收变化和干扰的能力。韧性逻辑特别强调基层社会尤其是特定区域在面临不确定的情况下，其自身的营建和维护，及其反映和协调能力。这种能力建立在以下因素相互作用之上：其一，包括政府、非政府组织、民间组织、社会团体、民众等利益相关者；其二，以制度、规章、社会特征、人力资本、社会资本等为代表的制约促进因素④。

治理的有序运行需要精细而科学的制度来实现，但是现有很多公共物品脆弱性风险治理制度设计系统性和灵活性不强，目标和内容过于笼统抽象，系统整体综合评估不足对实践中可能出现的问题缺乏灵活的处置、响应和调节机制，而体制机制的保障健全需要一个漫长的过程。类似制度真空的状态直接导致人们无法进行真正意义上的市场竞争，于是，

---

① ［美］简·雅各布斯：《美国大城市的死与生》，金衡山译，译林出版社 2006 年版。

② 张静：《基层政权：乡村制度诸问题》，上海人民出版社 2006 年版。

③ 朱光磊：《现代政府理论》，高等教育出版社 2011 年版，第 185—186 页。

④ 邵亦文、徐江：《城市韧性：基于国际文献综述的概念解析》，《国际城市规划》2015 年第 2 期。

组织以及其他行动者开始寻找一种非制度化的渠道实现治理的有序运行。在社区层面，这种非制度性的渠道就是关系网络，即承载着各种资源的关系网络在资源获取中成为不可小觑的一种途径。韧性逻辑将“关系网络”视作实现可持续发展的一种新思路，它的提出标志着对可持续发展的意义和实现模式全新认知。换言之，在制度真空状态下，基层社会的行动者没有制度化的资源获取手段或者无法获得资源时，这种关系网络顺势成为首要选择。有学者在分析社会资本时将“关系”分为三类，即义务性关系、情感性关系和工具性关系。义务性关系指基于社会道德、伦理或者习俗而建立的关系，虽然没有强制性但具有约束性；情感性关系强调的是人与人之间存在的一种超越世俗的精神联系，以个人情感的自愿性为基础；工具性关系指基于理性经济人的原则，建立在个人利益最大化基础上的关系。单位制下的总体性社会解体，市场改革成为社会转型的先导。胡同、街坊这类传统的城市基层单位开始凋敝，居民之间浓厚的人情关系相应淡化，利益驱动成为关系构建的主要动力。但义务性关系和情感性关系能够建立信任，减少合作难度，节约治理成本。因此，构建富有人情的关系网络的关键是将目前城市基层关系回归到“义务性关系”和“情感性关系”。

二　优化服务结构，奠定精细治理基础

十九大报告指出，中国特色社会主义进入新时代，我国主要社会矛盾已经转化为人民日益增长的美好生活需要和不平衡不充分的发展之间的矛盾。主要矛盾的变化反映的是公共服务由较低层次供需矛盾向中高层次供需矛盾的转变，从“数量短缺型”向“优质不足型”的供需矛盾转变。此外，公共服务供给信息公开不及时、不完整也容易造成民众期望失衡，进一步降低获得感。因此，提升居民获得感的基础就要从公共服务的需求识别和生产供给两端发力。

1. 精准识别服务需求

由于制度、技术以及观念等多方面的影响，目前“一刀切”的基本公共服务供给模式与差异化的公共需求之间无法得到有效匹配，导致公众的满意度和获得感不高。这种困境的背后实际上是政府对公众的实际需求的不敏感，缺乏识别和回应能力。众所周知，公共服务需求主要受

需求对象的经济、社会和文化背景影响，需求识别即对需求对象的经济、社会和文化背景所关联的要素进行细分，这些要素涉及户口年龄、教育背景、工作行业、经济收入等。按照时间序列，公共服务需求可以分为现实需求、潜在需求和未来需求。现实需求是目前区域内民众对于公共服务的显性需求，该类服务需求具有确定性、清晰性、紧迫性；潜在需求指区域内民众尚未感知，但是随着社会或者本区域的发展已经初露端倪的隐形需求，该类需求具有模糊性，有待于进一步挖掘；未来需求是指根据社会发展形势以及未来主要矛盾转向而产生的战略性需求，具有不确定性、前沿性，需要专业研判能力。精细化治理强调靶向意识，要求在治理过程中要根据服务对象瞄准服务需求性质和时间序列等因素高效解决问题。

提升公共服务需求精准识别的关键在于改变政府“单中心—自上而下”的需求信息获取途径，建立互动导向战略。一方面畅通基层民众公共服务诉求表达渠道，在基层社区层面建立公共服务供需双方沟通交流机制，保障民众参与、批评和建议的权利。政府主动征集、民意调查等手段实时收集社会公众对公共服务的需求，通过需求信息分析研判变迁规律与趋势，同时就公共服务的体验感和满意度及时征询基层民众意见和要求，必要时适当尝试颁布相应奖励政策激发民众参与互动的热情。

在技术层面，有学者指出“数据治理有助于树立深入公众行为的需求识别理念，畅通双向的需求表达与识别制度，提供对差异化需求的精准识别技术，从而实现对公众真实需求的精准识别”①。以大数据技术为核心的数据治理是目前较为前沿的治理模式，其基本理念是“一切皆为数据”和“一切皆可量化”。“大数据不仅承载体量巨大的用户行为数据，而且用户行为数据结构复杂，数据信息层次多元，数据承载丰富的信息，具有深度挖掘的潜力。”② 因此，政府部门应适时突破电子政务模式，加强数据的挖掘能力、监测能力以及分析能力，敏锐识别公共服务需求的空间分布、群体分布以及变化趋势。此外，传统公共服务需求识别过程

---

① 王玉龙、王佃利：《需求识别、数据治理与精准供给——基本公共服务供给侧改革之道》，《学术论坛》2018 年第 2 期。

② 谢文：《大数据经济》，北京联合出版公司 2016 年版，第 46 页。

中民众参与程度不高一直是制约公共服务供给效能提升的重要因素，而借助大数据挖掘也可以有效解决这一问题。

2. 主动公开服务信息

除了公共服务供需矛盾之外，影响公民获得感提升的一个重要因素是公共服务信息不对称，这极易造成公众对于公共服务期望失衡，同时也会导致寻租腐败等现象，进一步引发政府合法危机。公共服务供给背后的运行逻辑为“公民缴纳个人税款，让渡个人权利委托政府为自身服务”，因此，政府有义务向民众公开公共服务信息。这一方面有利于提升公共服务供给质量和效率，另一方面能够增进民众对于公共服务供给的理解，同时公共服务信息及时披露的过程也是民众学习相关知识的过程，特别政府对政策制定依据、财政资金约束等问题的权衡过程，公众对于公共服务供给的期望和评价更加趋于现实合理。但政府包括参与生产和供给公共服务的企业或社会组织对于其公共性认识不足，将信息公开视为负担。毋庸置疑，公共服务信息汇编、处理和公开都需要一定的财政和人力成本，但是相对于其长远意义而言，主动公开公共服务信息十分必要。

公共服务供给信息需要及时公开的主要内容包括：（1）全面梳理公共服务目录清单，具备责任清单和权力清单的双重属性，对服务事项逐项编制指南，列明要求、流程、示范文本和时限。（2）公共服务供给决策信息，包括决策的起草、讨论、通过形成决议等信息以及后续政策的权威性解读信息。（3）公共服务获取信息，即公民获取该项公共服务具体程序信息，尤其是社会保障、社会救助等需要个人申请和政府审核的服务项目，政府需要详细公开其服务标准、流程以及规范等信息。（4）服务供给成本和价格信息。加强公共服务机构和部门预决算以及“三公”经费的公开，使公共服务供给的行政成本一目了然。

公共服务供给信息公开可以借助互联网技术使其发布和更新更具可及性和高效性。地方政府切实落实地方的公共服务供给信息，建议建立全国性单一的公共服务供给信息公开网络平台，平台可以提供分地区、分部门、时限和服务类别的全方位信息链接，公众只要登录平台就可以通过条件筛查检索到具体机构、部门的网上公共服务供给信息，实现信息获取的简便化。网站公开方式专题化、模块化、多样化，以文字、图形、表格、图片、视频等生动清晰易懂的方式展现，切实提高民众对公共服务真实、具体、细微的体验感和满意度。

3. 提升服务供给能力

美国经济学家伯顿认为政府、市场和社会组织都是满足个人不同需求的组织载体。公共物品具有不可分割性和非排他性，消费者通过市场机制购买这种产品无法获得效用最大化，因此政府是提供公共物品的最佳人选。然而随着城市基层社会流动性和异质化的加快，个人对于公共产品以及公共服务需求的差异化也愈加明显。但政府提供公共产品和公共服务的过程是一个政治决策过程，它倾向于满足“中位选民”的偏好。基于个人需求多样化以及政府供给中位化的错位在政府职能转变压力的同时也为不同类型组织介入基层治理场域提供了机会。市场失灵理论则认为，市场中存在难以克服的信息不对称等问题，加之公共物品的自身属性，使得市场上的企业难于同消费者达成最优契约，或者即使达成契约也可能因为企业组织自身的机会主义倾向而无法有效履行，进而出现契约失灵。此时社会组织“非分配约束”的特征正好可以弥补这一缺陷。所谓“非分配约束”指的是社会组织不能把所获得的净收入分配给对该组织实施控制的个人，而是必须用于组织的可持续发展。因为“非分配约束”的存在，使得公共服务提供过程中的机会主义大大降低，从而维护了良好的治理格局。此外，持续加强地方财政对基本公共服务的投入力度，建立稳定的基本公共服务投入增长机制，努力提高财政支出中的基本公共服务比重也是公共服务能力提升的关键。在合理划分中央和地方的财权和事权的基础上，清理、整合、规范专项转移支付，增加一般性转移支付规模，促进转移支付规范化，最终增强地方政府提供基本公共服务的能力并促进区域基本公共服务均等化。

目前国内有两种比较成熟的提高公共服务供给举措，可以概括为市场化模式和公益化模式。（1）市场化的典型模式是政府购买公共服务且项目化运作。政府购买公共服务主要通过合同外包、补贴、特许经营、公益创投等形式，采取竞争或者非竞争方式，将企业或者社会组织引入公共服务过程中，实现公共服务供给与生产的分工与协作。“项目制作为国家资源再分配的机制，在一定条件下有着集中力量办大事、高效率配置资源的优势”[①]，而且项目制以顾客为中心的理念契合了基层公共服务“需求侧”改革的出发点。（2）公益化的典型模式是社区基金会。作为一种西方舶来品，社区基金会的“社区”并不是一般意义上理解的居住小区，也不是国内官方定义的居委会辖区，更多地体现为“地区”“区域”的理念，社区基金会的核心并不在区域大小，而是强调“本地”概念。结合中国实际，一般将社区基金会界定为一定区域内（以社区居委会或街道地域为界限）为解决本社区问题而成立的具有独立性、公益性的一种枢纽性社区社会组织[②]。通过对全国社区基金会的考察，根据发起方式的不同可以分为三种：企业发起的社区基金会（深圳桃源居社区基金会）、政府发起的社区基金会以及居民发起的社区基金会（深圳光明新区社区基金会），其中政府发起的社区基金会是目前的主要发展模式（深圳蛇口社区基金会）。社区基金会在社区中扮演着公益事业培养者的角色，为其提供社区组织战略发展规划，内部制度建设及创建社区组织资本、资产、人力资源开发，从而实现社区公益服务转化为社区福利的良性循环，自我独立运营且可持续发展。以深圳桃源居社区基金会为例，它一方面是经营管理社会型企业及公建资产（社区内体育俱乐部以及物业公司等），实现其“造血”功能。产生的收益三分之一用于补充政府社区公共服务（就业、养老、教育、卫生等），另外三分之一用于滚存社区可发展资金，剩余三分之一则作为社区民办非企业单位的运营经费。另一方面是培养指导社区内各类社会组织，实现其“输血”功能。目前社区已形成包括邻里中心、老年协会、儿童中心等在内的“八大社会组织”格局。

三　强调数据共享，构建精细服务系统

信息和网络技术已经渗透到社会的每一个角落，中国也已经形成了一个深入社会、经济、文化生活等各个领域的庞大网络社会，一方面，网络释放了社会诉求的多元化和差异化，增加了提供公共服务的难度；

---

① 周雪光：《项目制：一个“控制权”理论视角》，《开放时代》2015 年第 2 期。

② 原珂、许亚敏、刘凤：《英美社区基金会的发展及启示》，《社会主义研究》2016 年第 6 期。

另一方面，信息网络也为多元治理主体提供协作平台，快速降低信息沟通成本，此外大数据还可以帮助政府、企业以及社会组织快速了解社会民众需求，促进治理主体与公众之间的互动，掌握社会舆情的动向和民意情况，预测人们的需求趋势，有效提升公共服务能力。就目前基层公共服务系统建设而言，部门之间存在数据孤岛效应，这成为制约构建精细服务系统的关键因素，有必要在不违反相关法律规定的前提下整合部门信息，构建智慧服务平台，完善精细化服务体系。

1. 打破数据信息孤岛

网络社会的时间是无时间之时间，网络社会的空间是流动的空间。有学者将其解读为在以信息技术革命为基础的网络社会中，事物进入快速流转之中，原来可以呈现为环节、节奏和次序的变化序列被压缩到无法辨清，于是，原来反映事物变化序列的时间观念已经把握不了网络社会中的时间，即出现了无时间之时间①。网络社会下生活与社会的节奏性以及与之相关的生命周期观念开始破灭。弹性时间、生涯工作时间的缩短与扭转、生命周期的模糊化、否定死亡、瞬间战争、虚拟时间等社会现实出现端倪并逐步显性化。曼纽尔·卡斯特认为社会是围绕流动建构起来，例如资本流动、信息流动、技术流动等。他将流动空间定义为“通过流动而运作的共享时间之社会实践的物质组织”②。

在此背景下，互联网技术特别是新媒体技术应用广泛，如微博、微信、网络论坛等虚拟空间开始深入影响人们的日常生活。信息交流的便捷化，社会交往范围的扩大化极大开拓了人们的视野，产生显著的社会动员效应。与此同时，单纯的电子政务已经远远不能满足基层需求。基层普遍反映的负担过重的问题，很大一部分源于现有各类信息、工作平台不兼容。目前，在街道社区层面，人社、计生、民政、文化、公安、综治、城管等部门都建有自己的信息库和工作平台。出于部门利益，各平台相互不兼容，无法实行信息资源的共享，甚至操作终端也不能通用。如一个人口信息的变更，就必须在人口、计生、民政、公安、综治等多

① 刘少杰：《后现代西方社会学理论》，北京大学出版社 2014 年版，第 332 页。

② ［英］曼纽尔·卡斯特：《网络社会的崛起》，夏铸九、王治弘等译，社会科学文献出版社 2000 年版，第 505 页。

个平台逐一修改，缺一不可，大量的重复劳动牵扯很多精力，重复的平台建设也浪费政府资源。由于这些平台基本是条口职能部门垂直延伸下来的，因此必须从市级及以上层面加以整合。当前，在大力开展社会建设管理创新，努力推进平扁化的背景下，可以预见，将有更多部门会把职能和工作平台延伸下去，只有及时解决好这个问题，才能为基层减负。城市基层治理也应该与时俱进地运用大数据信息化手段，整合互联网、电子地图、移动通信设备、虚拟社区等新传播媒介，实现海量数据采集，并通过网络工具实时呈现和分析治理状况，为信息化多元治理提供支撑。此外，政府机构、企业以及社会组织之间应适当地打破数据分割，在不违反相关规定的前提下，根据各部门以及社区之间的数据需求融合共享，整合构建基层治理的大数据平台，争取让数据多跑腿，让百姓少跑路。

2. 搭建智慧服务平台

吉登斯认为时空分离、脱域机制以及知识的反思性作为三大动力机制将现代社会与传统社会分割开来。在分析现代性后果时，他指出现代生活中人们会花费大量时间与陌生人打交道。与脱域机制相对应，他尝试用“再嵌入”机制进行整合。智慧服务平台将打破传统的时空阻隔，对标网络社会的时空观念，实现公共服务需求主体与公共服务供给主体在同一时空下的“再嵌入”。

智慧服务平台表现为智慧性、集成性和系统性。这一平台主要以信息技术为支撑，集成基础空间地理技术、互联网技术、移动通信技术、物联网技术等多种资源，将参与公共服务供给的政府、企业、社会组织集合在同一平台，通过多部门信息共享、跨部门协作，实现对辖区内社会事务进行动态监管、处理、统计和分析。智慧服务平台能够促进基层公共服务环境的开放化、推送化以及个性化。具体而言，开放化表现为数据的开放和流动，代表了知识的开放和流动，在此背景下，居民的需求更加明确、政府服务配置更加优化、服务供给方式更加灵活、服务供给内容更加丰富、服务供给质量更加高效。推送化指在数据共享时代，基层公共服务的供给将由“索取”转向“推送”，一方面表明基层公共服务供给变得更加主动，另一方面推动服务能够提高受众群体数量，进而使得政府数据的外部性增加，成本变低的同时效应倍增。个性化指运用大数据治理下的数据挖掘技术，政府以及其他组织能够深入地了解和定位基层需求，进而有针对性地提供差异化和特色化服务。

以养老服务为例，南京物联网“智慧养老”项目利用物联网技术，通过各类传感器告知家人，使老人的日常生活处于远程监控状态。宁夏智能化社区居家养老服务平台则通过紧急救援系统和“一键式”紧急呼叫服务来保证老人居家养老的安全性。山西长治市则通过向老人提供名片手机来实现这一目的。浙江省西湖区的“智慧养老云服务平台”侧重提供远程健康监护服务。武汉的“智慧街道”侧重于提供远程健康咨询服务。郑州金水区通过给老年人提供一部集移动通信和一键通呼叫器为一体的手机，全天候提供紧急救援、信息查询、远程医疗、社区服务、家政上门、电气维修等服务项目。

3. 完善精细服务系统

精细化治理需要构建精细化、综合性的服务体系，借助公共服务供给相关部门之间有效互动、合作与配合，实现公共服务供给的协同化运作，提高公共服务供给能力。当前，各地、各部门都把运用“互联网+”技术作为“最多跑一次”改革的必备要素，通过推进政务标准化，促进不同部门、不同层级和不同区域政府的数据共享，形成了整体性政府的改革模式，在提高行政效率、规范权力运行和降低体制成本等方面都取得了显著成效。“最多跑一次”改革，需要进一步实现政务标准化和信息共享，其关键不只在于技术革命，也在于管理创新，尤其是部门协调①。

在社区层面，需要充分借助信息技术，将各种服务信息整合在一个高效的信息系统中，为社区居民提供安全、高效、舒适、便利的居住环境，实现服务网络化、智能化以及便捷化。

基层公共服务系统应该以社区为单位，提供的服务至少应该包括以下九方面：第一，社区基础信息系统。通过该系统社区居民可以了解社区内的基本信息，包括人口信息、建筑信息、交通信息、安全信息、消费信息等，同时在信息系统的社区公告中能够及时获得社区的最新动态。第二，社区电子政务系统。主要指由街道办事处提供的电子政务系统，其中包括政务公开信息、办事指南、办事机构、咨询电话等基本信息供

---

① 郁建兴、高翔：《浙江省“最多跑一次”改革的基本经验与未来》，《浙江社会科学》2018 年第 4 期。

居民查询。同时保证社区政务的在线化，以便及时受理居民的咨询、投诉以及办事预约。第三，社区物流服务系统。随着电子购物的普及，社区物流服务的建立和完善已经迫在眉睫。社区物流服务系统除了服务于社区周边商家的商品配送和仓储管理之外，还应提供快递查询端口，为社区居民提供收投服务。第四，社区物业服务系统。此系统可以对社区房产信息、业主信息、车位信息、缴费信息、环境卫生信息等进行全方位的信息化管理。因为物业服务的特殊性，所以此系统应该能够保障24小时在线服务。第五，社区交流服务系统。主要指社区居民之间的网络社区、网络论坛等网络交流平台。基于此，社区居民能够随时随地利用计算机、手机等工具进行在线交流和实时互动。第六，社区电子商务系统。此系统主要为社区居民提供在线购物业务。其中的商品主要来自社区周边商家，包括超市、药店、餐饮、理发、美容等多种服务内容。社区电子商务系统在服务社区居民的同时也为周边商家创造了商机和利润。第七，社区家政服务系统。该系统为社区居民提供全面丰富的家政服务项目，结合服务项目以及自己实际需要，居民可以提出个性化预约。一般服务项目完成后还会附有相应的打分或评价环节。第八，社区医疗卫生系统。该系统能够为社区居民提供远程就医指导、医疗保健、挂号预约、上门救助、医疗档案管理等多种服务项目。社区周边的医疗机构是该系统平台上的主要提供商。第九，社区养老服务系统。随着老龄化速度加快，我国目前的养老形势比较严峻。社区养老服务系统打破现实社区中的时间、空间限制，经由互联网构建出一个更加便捷的虚拟养老院。该系统主要为老年人提供紧急救助（一键发起救助）、生活服务（餐食、理疗、陪护、保洁、维修等）、老人社交（线上社交俱乐部）以及老人关爱（服药提醒、天气预报、疾病预防、养老政策、保健护理等）等服务项目。

四　推进协商民主，提升居民参与水平

实务界以及理论界均已证明居民参与对于居民获得感的提升具有显著的正相关关系。作为一种参与机制，基层协商民主为公共服务供给者与公共服务需求者架起了一座相互沟通与理解的桥梁，而参与型服务供给决策模式的构建除了强化基层政府公共服务决策的科学化和精准化，

还能通过不断增强的参与效能感带动获得感的提升。

1. 推进基层协商式民主

协商是从原始民意到提炼民意的必经阶段。协商展现了公共生活中一种开放的、不断变化和充满活力的“意见形成”过程[①]。协商可以克服个人观念的局限性，提高公共政策制定的质量。具体而言：第一，协商有助于集中和共享城市基层治理场域中信息和知识，基于此，基层社会中的治理主体能更好克服个体偏见并提升其处理复杂问题的能力。第二，协商有助于了解场域中各组织特定偏好的形成以及为相互理解奠定基础。第三，协商有助于在意见交换的基础上提升集体判断能力。即公共议题启动话语体系后，相关组织在协商的基础上是否做出有效回应。这也是验证话语体系是否完善的最重要环节。

推进协商民主的前提是倾听，福克斯和米勒将“倾听”视为公共行政的前摄角色，“倾听是工作，而且它也表明一种关切的态度，体现了真实话语的一种愿望”[②]。理查德·博克斯也认为公民治理引领21世纪美国社区发展方向，其中对于社会事务的发言权是公民参与的前提，“不管是从逻辑上还是从伦理上，这种发言权由两个方面来平衡，其一是必须保证其他成员拥有平等的自由权，其二是必须保证社区成员进入社区决策过程”[③]。基层社会的对话和协商虽然不一定最终达成共识，但也为互相宽容和理解奠定基础，这个过程本身就蕴含着丰富的价值底蕴。尤其是协商过程将为社会变革提供无限的可能，因此，民主协商是实现公共服务精细化和提升公民获得感的必然选择。

温岭民主恳谈是我国基层协商民主的生动实践，经过近20年的探索，目前已经发展出五种基本协商民主类型：对话型民主恳谈、决策型民主恳谈、党内民主恳谈、参与式预算和工资集体协商。从治理精细化的角度出发，结合温岭民主恳谈的经验来看，基层协商民主应根据本地

① ［美］戴维·赫尔德：《民主的模式》，燕继荣译，中央编译出版社2008年版，第272页。

② ［美］查尔斯·J. 福克斯、［美］休·T. 米勒：《后现代公共行政——话语指向》，楚艳红等译，中国人民大学出版社2003年版，第152页。

③ ［美］理查德·博克斯：《公民治理：引领21世纪的美国社区》，孙柏瑛等译，中国人民大学出版社2013年版，第57页。

实际状况制定协商民主推进的时间计划表和参与平台，进一步保证操作流程的有序性、规范性和科学化。其次完善协商民主法治的促进和保障机制，本地公共议题的受理登记、归类分流、承诺处理、监督反馈、绩效考核等流程环节均要强化责任落实机制，建立协商过程监督公开制度，将协商置于阳光之下，通过责任化和制度化为协商民主的发展注入强大而持续的动力。

2. 塑造参与型服务供给

基层民众是公共服务的消费主体且日益呈现多元化需求特征，因此，改变目前单一的公共服务供给模式，实施参与型公共服务供给模式是着力优化配置效率以及提升居民获得感的重要途径。其深层次原因在于与民生高度相关的公共服务，尤其是基本公共服务，无法通过市场机制有效供给，所以均被纳入政府职责范围内，这也就造成其供求决策是通过政治制度而非市场制度来实现，加之公共服务的非竞争性和非排他性极易导致消费者偏好与公共服务支出意愿信息出现扭曲。鉴于此，实现公共服务供给帕累托最优的最佳路径是引入居民参与机制，“一方面辖区居民可以真实表达对公共服务的需求意愿和利益主张，避免了信息的扭曲和漏损；另一方面地方政府可以准确识别辖区居民的公共服务需求偏好，减少信息搜寻成本”①。参与型公共服务供给模式下的公民不再是简单的“消费者”或者“合作者”，而是能够实实在在参与并影响政策输出，使得公共服务供给内容更加顺应民意。

现实中基层民众参与公共服务供给决策并不是积极的，有时候参与的动机是自利的，有时候建议仅仅是为了自我扩张，有时候提出的主张也不一定是真诚的。因此居民参与公共服务供给的话语必须具备一定规则。福克斯、米勒指出话语正当性的条件包括真诚、切合情境的意向性、自主参与和实质性的贡献。真诚是建立在参与者彼此信任的基础上，应避免由于不信任而产生的不真诚诉求、对不真诚诉求的进一步辩护以及精心计算有意识的迂回诉求。切合情境的意向性指的是话语的言说者考虑问题发生的情境，所表达的观点关注的是具体情境中的人或者相关公

---

① 官永彬：《民主与民生：民主参与影响公共服务满意度的实证研究》，《中国经济问题》2015 年第 2 期。

共利益。自主参与指的是参与者是一种积极主动甚至是热情参与的精神状态。实质性的贡献的最低标准是有助于话语的深入或者公共议题的解决。

此外针对目前居民参与度较低的现实，基层政府应着力增强居民参与效能感，进一步建立健全表达反馈机制。意愿是行动的前提，公共服务直接关系到居民的切身利益，多数居民均有一定的参与意愿，只是意愿很难转化为行动。研究发现“自我效能感低是居民社区参与意愿转化为行为的主观障碍”①，为此基层政府应从培养参与能力、增加参与渠道、强化反馈力度三个层面入手，创造参与机会，让基层民众在实践中增强自我效能感。就培养参与能力而言，需要加强基层尤其社区层面的宣传力度和引导力度，一方面强化参与公共服务供给的责任意识，另一方面在方式方法上给予正确引导；就增加参与渠道而言，除了民意调查、主动征询以及协商民主等方式以外，各级政府可以考虑利用居民网络参与率较高的特点，开辟专门的网站或者版块就公共服务供给决策征询意见和建议；就强化反馈力度而言，一是及时有效地反馈居民参与决策意见的处理结果，二是赋予居民更大的监督权力，其目的是要让居民能够看到自身对于公共服务供给决策影响力，进而激发参与意愿转化为行为。

五　重视地方差异，推进社会均衡发展

1. 重视地方异质性

基层社会治理的地方性异质性主要表现在地区发展不平衡和基层社区类型差异性两方面。首先我国地区发展不平衡。东部沿海地区例如深圳、杭州、上海等地区经济发达，社会组织培育、公民社会建设以及立法保障等诸方面遥遥领先，因此城市基层治理发展水平较高，创新力度较大，治理结构多样且高效。中部内陆地区城市基层治理还停留在行政主导层面，治理结构单一，自我调整和创新能力不足，治理结构主要为效仿。而西部地区，例如新疆、西藏地区，维稳一般是基层治理的头等大事。其次城市基层社区类型不同。由于城市发展、规划建设、社区管

---

① 田北海、王连生:《城乡居民社区参与的障碍因素与实现路径》,《学习与实践》2017 年第 12 期。

理体制等多方面因素影响，我国城市社区类型也呈多样化状态。第一类是传统街坊式社区，这类社区的存在历史较长，主要基于地缘集合而成，以本地居民为主。第二类是单一单位式社区，主要是计划经济时代单位制的产物，基于地缘和业缘集合而言，以本地居民为主。这两种社区形式存在的数量较少且开始逐渐消失。第三类是综合混合式社区，主要基于地缘和血缘关系集合而成，以本地城市居民和外来居民为主，这类社区一般出现于20世纪八九十年代的城市发展初期。第四类是过渡演替式社区，主要基于地缘、血缘和业缘关系集合而成，居民主要为本地农村居民和外来居民为主，这类社区一般处于城乡接合部，是城镇化的产物。第五类是现代商品房社区，产生于20世纪90年代住房商品化改革之后，基于业缘产生，以本地居民和外来居民为主，这类社区是目前的发展趋势。

把握地方异质性的关键是掌握地方性知识，它是基层社会治理精细化的基本要求和应有之义。科学实践哲学中的地方性知识指的是知识本身就具有地方性，“其地方性主要指在知识生成和辩护中所形成的特定情境，诸如特定文化、价值观、利益和由此造成的立场和视阈等”①。相对于普遍知识，地方性知识指具体情境下的知识，与当地知识掌握者密切相关的知识。地方性知识是影响基层治理效果的关键因素，它一方面构成基层社会治理的内在环境，另一方面凝结了基层治理的诸多智慧。基层社会治理的本质更应该是地方化的，以本地问题发现以及解决为导向。地方性知识强调“要重新在时空坐标下看到社区作为一个分离世界所具有的地方性意义和对多元社会文化案例所具有的贡献”②。

目前国内有效提升居民获得感的基层治理模式有三个典型，分别是浙江景昊社区党建引领的基层治理模式、武汉百步亭企业参与的基层治理模式、深圳桃源居社区基金会运作的基层治理模式。不同于20世纪90年代以来政府推进的基层管理体制创新与变革，二者均是结合本地治理

---

① 吴彤：《两种地方性知识——兼评吉尔兹和劳斯的观点》，《自然辩证法研究》2007年第11期。

② 崔应令：《回顾、反思与重构：近百年来中国社区研究》，《华中科技大学学报》（社会科学版）2001年第1期。

生态自发形成的创新模式，在优化整合社会资源的同时对基层治理产生积极深远影响。虽然在目前阶段很难对这类模式的普适性做一个刚性判断，但是它们确实拓宽了城市基层治理思路，一定程度上也代表了未来城市基层治理的发展方向。

2. 推进均衡化发展

均衡化发展的核心是共建共治共享，在行为模式上超越了政府管理过程中的公众参与，它要求众多的公共行动主体（包括政府部门、私营部门、社区自治组织和居民个体）以平等主体的地位分享公共权力，共同管理公共事务。以均衡理念为基础的合作一般基于两个理念：其一，获得比较优势；其二，产生聚集效益。均衡化发展目标之下的政府、市场和社会之间并不是简单的黏合，其重点在于不同参与组织的独特属性和资源在物理整合的基础上产生化学反应，实现治理效能的倍增效应。均衡的理念引入基层社会精细化治理，则是要求通过合作获得各个组织的比较优势，通过制度调整达到均衡，最后的目标是共享治理成果，以提高合作主体积极性，提高合作实效。

一个精细化的治理生态存在基础就是多元主体在场并发挥各自比较优势产生聚集效应。城镇化扩张后期社会不确定性和风险性的增长使得行政力量无论如何扩张也无法做到全面控制，而且事实也证明，行政力量的扩张带来的是控制力量的下降，“从政府管理设施所触及和达到的范围来看，政府在今天比以往任何时候都更有力量，但是却不能有效地调节其管辖范围之内的人力和物质资源的配置”①。虽然政府没有能力完全和充分地回应基层所有需求，但是政府完全可以通过引导的方式调动一切积极的社会因素来实现良性的基层治理。具体而言，政府应赋予各组织参与的合法性、制度化以及基层治理的使命感；企业组织通过私有资本市场获取的资金，不动产、企业精神、商业化的管理手段及实践；社会组织和自治组织的最大价值在于他们乐于奉献，积极创造社会资本，三者相互补充，相互支持。

由于中国幅员辽阔，各地区人口结构和发展水平存在极大的非均衡

---

① ［美］沃尔特·W. 鲍威尔、［美］保罗·J. 迪马吉奥：《组织分析的新制度主义》，姚伟译，上海人民出版社2008年版，第268页。

势差，出于实际考虑，均衡化发展的实现要建立在统筹协调的前提下，“公共服务均衡发展与人口调整变化相协调，与区域协同发展相促进，与户籍制度改革相统筹”①。均衡化发展追求的不是结果平等，而是全面深化改革与经济持续增长的基础上消除区域、城乡、收入、行业等方面的严重差距，保障广大人民群众的基本社会权益，在机会平等和过程公平的前提下推动公共服务的普遍受益。因此，政府应着力消除与公平正义相违背的体制性差异，例如户籍制度、社会保障制度、城乡二元体制等在不同区域及行业的现实差异。基层实践中的均衡化发展要求公共服务供给带有“保底性”而非“平均性”，公共服务内容应该是刚性需求和基本需求，公共服务的标准应该具有发展性，根据本地区经济发展水平和财政能力统筹公共服务体系建设进程，实现均衡化的同时要确保持续发展。

综上所述，就目前基层社会而言，应适应转型期的发展形势，转变运动式、粗放式发展逻辑，树立长效、恰适以及韧性治理逻辑。在此基础上，从公共服务的供需两端发力，借助大数据智慧平台，运用科学专业的技术手段搭建精细化服务体系，因地制宜地通过精细化治理推进基层社会均衡化发展。

第三节　未来研究建议

目前，围绕社会治理精细化、公共服务供给、获得感这三个核心概念开展的专门研究还较少见到。关于它们之间影响机理的研究仅限于规范性分析和比较抽象的层面。关于获得感的测量更是缺少直接的参考资料。此外，由于时间和精力所限，本书主要采用的方法是文献法、案例法和在天津市开展的问卷调查，后者只涉及公共文化服务这一专门领域，研究结论可能无法代表其他的公共服务地带。这些都限制了本书的深度和广度。在未来的研究中，可以通过长期的跟踪调查，了解获得感的时间变化，以及获得感自身在各个维度上的发展。还可以进一步扩大

① 魏义方、张本波：《特大城市公共服务均衡发展的重点、难点与对策——以北京市为例》，《宏观经济管理》2018 年第 5 期。

公共服务研究的范围，选取其他与民生更加紧密的领域来进行专门研究。

此外，本书从多个角度，揭示了基于精细化治理的公共服务供给提升居民获得感的方式和路径，但这些研究基本上是对静态的二维结构的探讨。在未来的研究设计中，可以以二维研究为基础，进一步地从三维的角度来理解社会治理精细化、公共服务供给、居民参与这几个核心概念与居民获得感之间的内在结构关系。图 6—1 显示了获得感的三维生成结构。

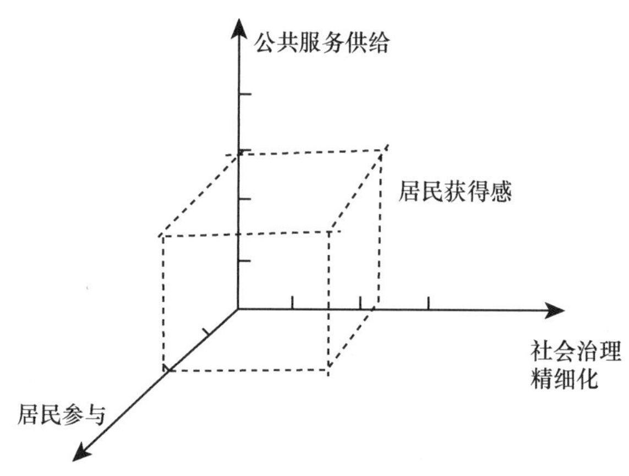

图 6—1 居民获得感的三维生成结构

相比于获得感的静态机理研究，获得感的生成结构更加复杂。在图 6—1 中，由三个核心概念（社会治理精细化、公共服务供给、居民参与）命名的坐标共同构成获得感的立体结构。居民获得感的形成来源于这三者的互动。单一公共服务供给水平的单方面发展，并不能扩展获得感的体积。当居民参与水平较低，或者社会治理精细化水平较低的时候，获得感的质量和深度会受到影响。未来研究中，有必要从社会治理精细化、公共服务供给、居民参与这三个核心概念出发，深入探讨不同治理模式的选择及特点，在此基础上研究居民获得感的生成与结构，从而推动获得感研究的立体性、丰富性。

附　　录

问卷编号□□□

附录一　公共文化服务调查问卷

天津市________区________街道________小区

调查员____________________

尊敬的市民：

您好！此次由天津大学管理与经济学部公共管理学院展开的社会调查，旨在收集公共文化服务供给方面的信息。各项数据将用于科学研究和政策分析。对问卷中问题的回答，没有对错之分，您只要根据平时的想法和实际情况回答。对于您的回答，我们将按照《统计法》的规定，严格保密，并且只用于统计分析，请您不要有任何顾虑。根据《中华人民共和国统计法》第三章第十四条，我们会对您所提供的所有信息绝对保密，不会造成您个人、家庭、居委会信息的泄漏。请您放心。

* * * * * * * * * * * * * * * * *说　明* * * * * * * * * * * * * * * * *

公共文化服务是指由政府主导、社会力量参与，以满足公民基本文化需求为主要目的而提供的公共文化设施、文化产品、文化活动以及其他相关服务。

公共文化设施是指用于提供公共文化服务的建筑物、场地和设备，主要包括图书馆、博物馆、文化馆（站）、美术馆、科技馆、纪念馆、体育场馆、工人文化宫、青少年宫、妇女儿童活动中心、老年人活动中心、乡镇（街道）和村（社区）基层综合性文化服务中心、农家（职工）书屋、公共阅报栏（屏）、广播电视播出传输覆盖设施、公共数字文化服务点等。

* *

S 公共文化服务参与情况

S1. 您一般在哪些地方参与公共文化活动，或享受公共文化服务？（可多选）
①广场 ②博物馆 ③图书馆 ④文化馆 ⑤运动场 ⑥电影院 ⑦书店 ⑧青少年活动室 ⑨老年活动中心 ⑩社区图书室 ⑪社区文化室 ⑫街道文化中心 ⑬社区文化室 ⑭其他（请注明）____________

A 基本信息调查表

A1. 性别	①男 ②女
A2. 年龄（周岁）	________岁
A3. 文化程度	①初中及以下 ②高中或中专 ③大专或本科 ④硕士及以上
A4. 婚姻状况	①已婚 ②未婚 ③丧偶 ④离婚 ⑤其他______
A5. 个人月收入	①2000 元以下 ②2001—4000 ③4001—7000 ④7001—10000 ⑤10001—15000 ⑥15001—20000 ⑦20001—30000 ⑧30001 以上
A6. 您觉得自己的健康状况怎么样？	①很好 ②好 ③一般 ④不好 ⑤很不好
A7. 您目前的职业	①政府单位工作人员 ②事业单位工作人员 ③企业工作人员 ④自由职业者 ⑤个体经营户/私营业主 ⑥军人 ⑦待业/下岗/无业 ⑧进城务工人员 ⑨学生 ⑩其他（请注明）________

B 公共文化服务供给情况调查表

B1 以下问题询问的是您享受到的公共文化服务设施的具体情况，您同意以下说法吗？请您按照自己的真实感受进行作答：

公共文化服务设施	非常同意	比较同意	一般	不同意	非常不同意
B11. 数量是充足的					
B12. 种类是充足的					

续表

公共文化服务设施	非常同意	比较同意	一般	不同意	非常不同意
B13. 开放时间是合理的					
B14. 到达该设施花费的时间是合理的					
B15. 到达该设施的距离是合理的					
B16. 能被居民很好地利用					
BA. 综合来看，您经常去的公共文化服务设施的整体情况符合您的预期吗					
①远远超过预期　②超过预期　③达到预期　④低于预期　⑤远远低于预期					

B2 以下问题询问的是您享受到的公共文化服务产品的具体情况，您同意以下说法吗？请您按照自己的真实感受进行作答：

公共文化服务产品	非常同意	比较同意	一般	不同意	非常不同意
B21. 内容是充足的					
B22. 内容多种多样					
B23. 频率能够满足您的需要					
B24. 您支付的费用是合理的					
B25. 质量是达到标准的					
BB. 综合来看，您享受到的公共文化服务产品的整体情况符合您的预期吗					
①远远超过预期　②超过预期　③达到预期　④低于预期　⑤远远低于预期					

B3 以下问题询问的是公共文化服务供给过程中获得的保障情况，您同意以下说法吗？请您按照自己的真实感受进行作答：

公共文化服务保障	非常同意	比较同意	一般	不同意	非常不同意
B31. 近年来政府对公共文化服务的经费投入力度很大					
B32. 近年来政府对公共文化服务配备了足够的服务人员					
B33. 使用手续很方便					

续表

公共文化服务保障	非常同意	比较同意	一般	不同意	非常不同意
B34. 大数据、“互联网 +” 等技术在保障公共文化服务中得到了应用					
BC. 综合来看，公共文化服务保障的整体情况符合您的预期吗					
①远远超过预期 ②超过预期 ③达到预期 ④低于预期 ⑤远远低于预期					

B4 本题询问的是您对公共文化服务的整体期望情况，请您根据自己真实感受作答：

BD. 您体验到的公共文化服务的整体实施效果
①远远超过预期 ②超过预期 ③达到预期 ④低于预期 ⑤远远低于预期

C. 获得感情况调查表

以下问题请您按照自己的真实感受进行作答：

获得感	非常同意	比较同意	一般	不同意	非常不同意
C1. 能够容易方便地享受到公共文化服务					
C2. 与周围的人相比，您享受到的公共文化服务是公平的					
C3. 有途径去反映对于公共文化服务的意见					
C4. 您对公共文化服务的意见可以得到政府的回应					
C5. 您为推进公共文化服务发展积极建言献策					
C6. 您经常参与公共文化活动					
C7. 现有的公共文化服务有助于您文艺技能和知识的提升					

续表

获得感	非常同意	比较同意	一般	不同意	非常不同意
C8. 现有的公共文化服务有助于您业余生活的丰富					
C9. 现有的公共文化服务适合不同人群的需求					
C10. 您对现有的公共文化服务是满意的					

附录二　2017 年全国创新社会治理典型案例获奖名单

最佳案例获奖名单（排名不分先后）

湖北省武汉市武昌区："红色业委会"化解纠纷

天津市滨海新区：构建"互联网＋泰达新市民综合服务平台"

陕西省西安市：构建"五方联动"社会治理新格局

浙江省嘉兴市嘉善县："智安小区"推动社会治理创新

河南省商丘市虞城县：微治理撬动大综治

江苏省淮安市：阳光信访网络时代的治理新路径

四川省成都市武侯区：探索"三转双向两护"基层网络空间治理

山西省晋中市："五查五治"提升脱贫攻坚获得感

重庆市南岸区：探索建立"微益坊"

浙江省台州市仙居县：美丽乡村治理新模式

优秀案例获奖名单（排名不分先后）

北京市海淀区：小院民主自治盘活老旧空间

河北省保定市：探索"三社联动"社区治理模式

上海市浦东新区：探索人民调解专业化

安徽省合肥市：法治思维改善民生

河南省商丘市宁陵县：法院家事的实践与创新
吉林省延边朝鲜族自治州延吉市：突破四项改革加速全面小康建设
浙江省杭州市桐庐县：互联网+社会治理的小县“大”思路
湖南省怀化市：社会管理创新模式的新探索
吉林省四平市：创建“行政执法监督+”工作机制
重庆市渝中区：创新党建引领社会治理
广东省珠海市香洲区：“议治相济”以需求为导向
辽宁省铁岭市：破解实有人口管理难题
陕西省延安市：推行“问题墙+回音壁”制度
内蒙古自治区包头市：创新机制保护“户户通”用户权益
湖北省武汉市武昌区：探索城市精准扶贫新路径
广东省广州市番禺区：搭建电梯事务社区治理平台
安徽黄山风景区：“四位一体”救援筑安全屏障
广西壮族自治区河池市东兰县：七民一站一阵地工作法
山西省朔州市朔城区：“三个融合”社会治理新路子
甘肃省酒泉市：推行“一办四室一中心”工作模式

附录三 2015年度中国社区治理十大创新成果及提名奖名单

序号	成果名称	创新主体
1	“政社互动”开创社会治理新格局	中共江苏省太仓市委 江苏省太仓市人民政府
2	“居民提案”激活社区自治细胞	北京市朝阳区人民政府
3	“社区参与式治理工作坊”实践	中共福建省厦门市思明区委 福建省厦门市思明区人民政府
4	“民生大盆菜”创新社区治理新模式	中共广东省深圳市龙岗区委 广东省深圳市龙岗区人民政府
5	城乡一体的社区网络化治理体系	中共浙江省杭州市西湖区委 浙江省杭州市西湖区人民政府

续表

序号	成果名称	创新主体
6	宁海36条	中共浙江省宁波市宁海县委 浙江省宁波市宁海县人民政府
7	枢纽型社区服务平台建设	广东省深圳市坪山新区管理委员会
8	“343”社区协商共治机制	中共四川省成都市温江区委 四川省成都市温江区人民政府
9	多元参与协商共治社区新模式	北京市东城区人民政府
10	“互联社区”治理服务新模式	中共山东省青岛市市北区委 山东省青岛市市北区人民政府
11	“334”楼院协商治理模式	中共河南省焦作市解放区委 河南省焦作市解放区人民政府

提名奖

序号	成果名称	创新主体
1	“六个规范”织密乡村“法治”“德治”围栏	中共山西省阳泉市郊区委 山西省阳泉市郊区人民政府
2	社区协商“六化”模式	中共江苏省南京市鼓楼区委 江苏省南京市鼓楼区人民政府
3	“捆绑式”物业管理	中共天津市和平区委 天津市和平区人民政府
4	“加减乘除法”精准孵化社区社会组织	中共广西壮族自治区柳州市柳南区委 广西壮族自治区柳州市柳南区人民政府
5	村级治理规范化建设	中共上海市松江区石湖荡镇委员会 上海市松江区石湖荡镇人民政府
6	“由民做主”助推社区协商模式创新	中共山东省潍坊市奎文区委 山东省潍坊市奎文区人民政府
7	“1+10”基层社会治理体系	中共湖北省武汉市委 湖北省武汉市人民政府
8	“五家”建设破解“三留守”难题	中共重庆市北碚区委 重庆市北碚区人民政府
9	“民情理事会”协商治理平台建设	中共江西省南昌市红谷滩新区管理委员会

参考文献

包国宪、王学军：《以公共价值为基础的政府绩效治理——源起、架构与研究问题》，《公共管理学报》2012 年第 2 期。

蔡礼强：《政府向社会组织购买公共服务的需求表达——基于三方主体的分析框架》，《政治学研究》2018 年第 1 期。

曹海军：《功能、技术、场景：社区公共服务供给侧改革的三维向度》，《求索》2018 年第 1 期。

曹现强：《获得感的时代内涵与国外经验借鉴》，《人民论坛·学术前沿》2017 年第 2 期。

曾莉、李佳源、李民政：《公共服务绩效评价中公众参与的效度研究——来自 Z 市基层警察服务的实证分析》，《管理评论》2015 年第 3 期。

［美］理查德·博克斯：《公民治理——引领 21 世纪的美国社区》，孙柏英等译，中国人民大学出版社 2013 年版。

陈国权、张岚：《从政府供给到公共需求——公共服务的导向问题研究》，《人民论坛》2010 年第 1 期。

陈水生：《城市公共服务需求表达机制研究：一个分析框架》，《复旦公共行政评论》2014 年第 2 期。

陈潭：《乡镇公共服务供给的体制困境与转轨路向》，《中国行政管理》2008 年第 4 期。

陈文科、吴春梅：《新农村建设中的公共服务供给体制转型问题》，《广东社会科学》2007 年第 2 期。

陈振明、李德国：《基本公共服务的均等化与有效供给——基于福建省的思考》，《中国行政管理》2011 年第 1 期。

陈振明：《政府治理变革的技术基础——大数据与智能化时代的政府改革述评》，《行政论坛》2015 年第 6 期。

迟福林：《政府转型与基本公共服务》，《中国浦东干部学院学报》2009 年第 1 期。

崔应令：《回顾、反思与重构：近百年来中国社区研究》，《华中科技大学学报》2001 年第 1 期。

［美］戴维·赫尔德：《民主的模式》，燕继荣译，中央编译局出版社 2008 年版。

邓念国、翁胜杨：《“理性无知”抑或“路径闭锁”：农民公共服务需求表达欠缺原因及其对策》，《理论与改革》2012 年第 5 期。

丁辉侠：《财政分权、制度安排与公共服务供给——基于中国省级面板数据的实证分析》，《当代经济科学》2012 年第 5 期。

丁元竹：《让居民拥有获得感必须打通最后一公里——新时期社区治理创新的实践路径》，《国家治理》2016 年第 2 期。

丁元竹：《推进社会治理现代化的基本思路》，《北京师范大学学报》2016 年第 2 期。

丁元竹、江汛清：《我国社会公共服务供给不足原因分析》，《经济管理文摘》2006 年第 12 期。

董礼胜、李玉耘：《工具——价值理性分野下西方公共行政理论的变迁》，《政治学研究》2010 年第 1 期。

董晓松：《公共部门创造市场化公共价值的实证研究——基于公民为先的善治理念视角》，《公共管理学报》2009 年第 4 期。

范柏乃、金洁：《公共服务供给对公共服务感知绩效的影响机理——政府形象的中介作用与公众参与的调节效应》，《管理世界》2016 年第 10 期。

范逢春：《建设“民生政府”：提高改革“获得感”的关键》，《人民论坛》2016 年第 36 期。

傅利平、涂俊：《城市居民社会治理满意度与参与度评价》，《城市问题》2014 年第 5 期。

傅利平、贾才毛加：《公共服务满意度、社会资本与居民主观幸福感关系研究——基于中国综合社会调查（CGSS）2013 的实证分析》，《天津大学学报》（社会科学版）2017 年第 4 期。

傅利平、何勇军、李军辉：《政府公共文化服务绩效评价研究》，《中国财政》2013 年第 7 期。

傅利平、何兰萍：《天津市社会治理科学化评价研究》，经济科学出版社 2015 年版。

龚佳颖、钟杨：《公共服务满意度及其影响因素研究——基于 2015 年上海 17 个区县调查的实证分析》，《行政论坛》2017 年第 1 期。

缑红霞、周晓涛：《共建共享：社区参与式治理模式构建》，《科学发展》2017 年第 11 期。

顾严：《“十二五”亟需理顺公共服务需求表达机制》，《中国经贸导刊》2010 年第 12 期。

官永彬：《民主与民生：民主参与影响公共服务满意度的实证研究》，《中国经济问题》2015 年第 2 期。

郭金喜、鲁娜：《农村公共服务供给：基于公共政策视角的分析》，《农村经济》2010 年第 5 期。

何兰萍、周西蓓、李雪：《公共服务供给模式比较研究——基于典型城市案例分析》，《天津大学学报》（社会科学版）2017 年第 5 期。

何兰萍：《我国公益创投存在的几个问题》，《中国社会组织》2017 年第 2 期。

何艳玲：《“公共价值管理”：一个新的公共行政学范式》，《政治学研究》2009 年第 6 期。

何增科：《中国地方政府创新的类型与趋势（2000—2012）——基于前六届“中国地方政府创新奖”获奖项目的定量研究》，《当代中国政治研究报告》2014 年第 1 期。

何增科：《地方治理创新与地方治理现代化——以广东省为例》，《公共管理学报》2017 年第 2 期。

后哲、吴光芸：《第三部门提供公共服务——满足公共服务需求的重要思路》，《行政论坛》2004 年第 1 期。

胡畔：《任重道远：从基本公共服务供给看新型城镇化》，《城市发展研究》2012 年第 7 期。

胡颖廉、罗俊锋：《如何推进社会治理精细化》，《学习时报》2015

年12月17日。

黄艳敏、张文娟、赵娟霞:《实际获得、公平认知与居民获得感》,《现代经济探讨》2018年第11期。

贾凌民、吕旭宁:《创新公共服务供给模式的研究》,《中国行政管理》2007年第4期。

贾先文:《公共服务供给中政府失灵及其角色的动态转换》,《理论视野》2011年第5期。

姜晓萍:《基本公共服务应满足公众需求》,《人民日报》2015年8月30日。

姜晓萍:《国家治理现代化进程中的社会治理体制创新》,《中国行政管理》2014年第1期。

江必新:《以党的十九大精神为指导加强和创新社会治理》,《国家行政学院学报》2018年第1期。

江治强:《当前基层社会治理机制的建构路径》,《社会治理》2015年第2期。

蒋云根:《提升基层政府公共服务供给能力的路径思考》,《甘肃行政学院学报》2008年第3期。

蓝志勇、魏明:《现代国家治理体系:顶层设计、实践经验与复杂性》,《公共管理学报》2014年第1期。

李大宇、章昌平、许鹿:《精准治理:中国场景下的政府治理范式转换》,《公共管理学报》2017年第1期。

李和中、钱道赓:《公共服务供给视角下的服务型政府建设》,《郑州大学学报》(哲学社会科学版)2007年第4期。

李红霞:《基本公共服务供给不足的原因分析与强化政府财政责任的对策》,《财政研究》2014年第2期。

李莉、刘晓燕:《“协同治理”视角下的社会组织公共服务供给》,《城市观察》2012年第2期。

李晓园、张汉荣:《SERVQUAL模型下县域公共服务质量的改进——基于江西省六县公共服务的调查分析》,《南昌大学学报》(人文社会科学版)2009年第4期。

李彦伯、诸大建、王欢明:《新公共服务导向的城市历史街区发展模式选择——基于上海市居民满意度的实证分析》,《城市规划》2016 年第 2 期。

李艺、马钦海、张跃先:《顾客个人价值嵌入的顾客满意度指数扩展模型》,《管理评论》2011 年第 3 期。

林万龙:《中国农村公共服务供求的结构性失衡:表现及成因》,《管理世界》2007 年第 9 期。

梁昌勇、代犟、朱龙:《基于 SEM 的公共服务公众满意度测评模型研究》,《华东经济管理》2015 年第 2 期。

栗智宽:《新时代人民群众“获得感”及其提升论析——基于中国特色社会主义公平正义的视角》,《甘肃理论学刊》2018 年第 1 期。

刘银喜、任梅:《精细化政府:中国政府改革新目标》,《中国行政管理》2017 年第 11 期。

刘波、崔鹏鹏:《省级政府公共服务供给能力评价》,《西安交通大学学报》(社会科学版)2010 年第 4 期。

刘兰:《我国政府公共服务质量提升困境及策略探究》,《经济研究导刊》2018 年第 9 期。

刘蕾:《基于 KANO 模型的农村公共服务需求分类与供给优先序研究》,《财贸研究》2015 年第 6 期。

刘丽杭、张昱、龙娟:《居民参与社区卫生服务对公民行为影响的实证研究》,《中南大学学报》(社会科学版)2015 年第 4 期。

刘少杰:《后现代西方社会学理论》,北京大学出版社 2014 年版。

刘书明:《多元合作公共服务供给理论与民族地区农民需求表达机制——基于甘肃省临夏回族自治州的实证研究》,《财政研究》2016 年第 9 期。

刘武、杨雪:《中国高等教育顾客满意度指数模型的构建》,《公共管理学报》2007 年第 1 期。

刘武、朱晓楠:《地方政府行政服务大厅顾客满意度指数模型的实证研究》,《中国行政管理》2006 年第 12 期。

娄兆锋、曹冬英:《公共服务导向中基本公共服务与非基本公共服务之研究》,《中国行政管理》2015 年第 3 期。

吕炜、王伟同:《我国基本公共服务提供均等化问题研究——基于公共需求与政府能力视角的分析》,《财政研究》2008 年第 5 期。

［英］曼纽尔·卡斯特:《网络社会的崛起》,夏铸九、王治弘等译,社会科学文献出版社 2001 年版。

毛寿龙、刘茜:《政府“放管服”改革及其“获得感”的秩序维度》,《江苏行政学院学报》2018 年第 1 期。

孟兆敏:《快速城市化背景下城市公共服务需求偏好研究——以上海为例》,《南方人口》2014 年第 5 期。

潘建红、杨利利:《习近平“人民获得感思想”的逻辑与实践指向》,《学习与实践》2018 年第 2 期。

彭华民:《社会福利与需要满足》,社会科学文献出版社 2008 年版。

彭雷霆、王桢:《影响我国社区居民参与公共文化及其评价的因素分析——基于全国 17 个省 51 个社区的抽样调查》,《文化软实力研究》2016 年第 2 期。

彭英、唐刚:《基于需求与满意度耦合视角的“村改社”社区体育公共服务供给研究——以成渝实验区为例》,《中国体育科技》2016 年第 3 期。

［法］皮埃尔·卡默蓝:《破碎的民主》,高凌翰译,生活·读书·新知三联书店 2005 年版。

钱海梅:《长三角经济一体化与区域公共服务供给——基于区域公共服务供给模式的分析》,《政治与法律》2008 年第 12 期。

钱林:《中国城市社区公共服务的转型:从供给导向走向需求导向》,《安徽行政学院学报》2013 年第 4 期。

邱皓政、林碧芳:《结构方程模型的原理与应用》,中国轻工业出版社 2009 年版。

屈群苹:《对农村公共服务供给问题的思考》,《中共浙江省委党校学报》2007 年第 3 期。

屈振超、韩玉珍、刘国栋等:《基于结构方程的公共卫生服务提供效果影响因素研究》,《中国医院管理》2015 年第 9 期。

冉光和、张明玖、张金鑫:《公共服务供给与经济增长关系区域差异的实证研究》,《财经问题研究》2009 年第 11 期。

荣华:《地方政府公共服务供给模式创新——北京市石景山区的实证

研究》,《中国行政管理》2009 年第 2 期。

容志:《规范与表达:公共服务需求的分析框架及其政策意涵》,《管理世界》2017 年第 10 期。

鄯爱红:《公共需求管理与公共服务标准化》,《北京行政学院学报》2012 年第 2 期。

宋小宁、陈斌、梁若冰:《一般性转移支付:能否促进基本公共服务供给?》,《数量经济技术经济研究》2012 年第 7 期。

宋妍、晏鹰、朱宪辰:《多中心理论视角下的中国地方公共服务供给——从民间“老板消防队”得到的启示》,《公共管理学报》2009 年第 3 期。

孙涛:《近年来服务型政府建设研究述评》,《中国行政管理》2011 年第 1 期。

孙涛、刘凤:《转型期城市基层治理:机制、逻辑与策略》,《学海》2016 年第 4 期。

孙永军、刘国辉:《居民消费需求与公共服务水平关系研究》,《山东工商学院学报》2010 年第 1 期。

孙远太:《城市居民社会地位对其获得感的影响分析——基于 6 省市的调查》,《调研世界》2015 年第 9 期。

邵雅利:《习近平“人民获得感思想”的深刻意蕴与实践路径》,《理论导刊》2017 年第 9 期。

唐钧:《公共服务:公众需求的风险评估与供给建议》,《中国机构改革与管理》2015 年第 9 期。

唐钧:《在参与与共享中让人民有更多获得感》,《人民论坛・学术前沿》2017 年第 2 期。

唐喆:《老年人社区公共服务需求与对策分析——以成都市锦江区现状调查为例》,《决策咨询》2014 年第 6 期。

田华、陈静波:《论社区公共服务供给中的多元化主体》,《云南行政学院学报》2007 年第 6 期。

田旭明:《“让人民群众有更多获得感”的理论意涵与现实意蕴》,《马克思主义研究》2018 年第 4 期。

童星:《从科层制管理走向网络型治理——社会治理创新的关键路

径》,《学术月刊》2015 年第 10 期。

童星:《发展社区居家养老服务以应对老龄化》,《探索与争鸣》2015 年第 8 期。

涂荣庭、赵占波:《顾客满意度测量探讨:量表设计、信度和效度》,《管理学报》2008 年第 1 期。

汪敏:《从阿伦特、哈贝马斯到桑内特——关于公共性问题中的理论变迁》,《新闻传播》2016 年第 12 期。

汪玉凯:《公共需求强烈与公共服务提供能力有限的矛盾凸显》,《中国城市经济》2007 年第 3 期。

汪智汉、宋世明:《我国政府职能精细化管理和流程再造的主要内容和路径选择》,《中国行政管理》2013 年第 6 期。

王东旭、郑慧:《基层社会治理何以实现》,《人民日报》2018 年 5 月 21 日。

王寒:《居家养老模式下的公共服务需求研究》,《统计科学与实践》2015 年第 10 期。

王礼鹏:《社会治理创新的地方经验及启示》,《国家治理》2016 年第 21 期。

王礼鹏:《基层社会治理创新的"互联网 +"思维——对地方实践的比较、分析与总结》,《国家治理》2017 年第 9 期。

王浦劬:《国家治理、政府治理和社会治理的含义及其相互关系》,《国家行政学院学报》2014 年第 3 期。

王浦劬、季程远:《新时代国家治理的良政基准与善治标尺——人民获得感的意蕴和量度》,《中国行政管理》2018 年第 1 期。

王思斌:《整合制度体系保障人民可持续的获得感》,《行政管理改革》2018 年第 3 期。

王蔚、彭庆军:《论农村公共服务需求表达机制的构建》,《湖南社会科学》2011 年第 5 期。

王晓霞:《社会主要矛盾转化与人民群众获得感探究——学习贯彻党的十九大精神》,《中共天津市委党校学报》2018 年第 2 期。

文宏、刘志鹏:《人民获得感的时序比较——基于中国城乡社会治理数据的实证分析》,《社会科学》2018 年第 3 期。

魏娜、刘昌乾：《政府购买公共服务的边界及实现机制研究》，《中国行政管理》2015 年第 1 期。

魏娜：《城市社区治理的网络参与机制研究》，《教学与研究》2011 年第 6 期。

［美］沃尔特·W. 鲍威尔、［美］保罗·J. 迪马吉奥：《组织分析的新制度主义》，姚伟译，上海人民出版社 2008 年版。

吴瑞林、杨琳静：《在公共管理研究中应用结构方程模型——思想、模型和实践》，《中国行政管理》2014 年第 3 期。

吴素雄、陈字、吴艳：《社区社会组织提供公共服务的治理逻辑与结构》，《中国行政管理》2015 年第 2 期。

吴彤：《两种地方性知识——兼评吉尔兹和劳斯的观点》，《自然辩证法研究》2007 年第 11 期。

吴新叶：《社会治理精细化的框架及其实现》，《华南农业大学学报》（社会科学版）2016 年第 4 期。

徐邦友：《改革开放四十年来地方治理体系的现代嬗变——基于浙江省地方治理实践的分析》，《治理研究》2018 年第 3 期。

徐双敏、宋元武：《农民公共文化服务需求的区域差异性——基于在 H 省内的实证调查研究》，《湖北行政学院学报》2014 年第 5 期。

徐选国、徐永祥：《基层社会治理中的“三社联动”：内涵、机制及其实践逻辑——基于深圳市 H 社区的探索》，《社会科学》2016 年第 7 期。

许欢科、杨宝强：《基于公共服务需求复杂性条件的公共服务组织结构变革》，《广西社会科学》2014 年第 1 期。

许继芳、周义程：《公共服务供给三重失灵与我国公共服务供给模式创新》，《南京农业大学学报》（社会科学版）2009 年第 1 期。

杨博、谢光远：《论“公共价值管理”一种后新公共管理理论的超越与限度》，《政治学研究》2014 年第 6 期。

杨东东：《公共性观念的价值——哈贝马斯公共性思想的功能分析》，《山东社会科学》2007 年第 1 期。

杨宏山：《公共服务供给与政府责任定位》，《中州学刊》2009 年第 4 期。

杨宏山、李娉:《中国地方治理的理论解释与比较分析》,《治理研究》2018 年第 3 期。

杨金龙、王桂玲:《乡镇政府治理范式转换的路向选择——基于新农村建设公共服务需求的视角》,《长白学刊》2009 年第 1 期。

杨柳:《公共服务供给中的需求管理》,《中国党政干部论坛》2017 年第 1 期。

杨荣:《加拿大的社区居民参与——以渥太华市森玛锡西社康中心为例》,《中国民政》2005 年第 10 期。

杨宜勇、曾志敏、辛向阳、刘志昌、魏娜:《助推国家治理体系现代化 促进均等化 提升获得感——〈“十三五”推进基本公共服务均等化规划〉专家解读(下)》,《宏观经济管理》2017 年第 10 期。

应婉云、罗小龙、吴春飞等:《市民化视角下就地城镇化地区基本公共服务设施的需求——基于福建省泉州市的实证研究》,《规划师》2015 年第 3 期。

应瑛、寿涌毅、吴晓波:《城市管理公众满意度指数模型实证分析》,《城市发展研究》2009 年第 1 期。

尹栾玉:《基本公共服务:理论、现状与对策分析》,《政治学研究》2016 年第 5 期。

[德] 尤根·哈贝马斯:《公共领域的结构转型》,曹卫东等译,学林出版社 1999 年版。

俞可平:《中国的治理改革(1978—2018)》,《武汉大学学报》(哲学社会科学版)2018 年第 3 期。

俞可平:《中国社会治理评价指标体系》,《中国治理评论》2012 年第 2 期。

郁建兴、吴玉霞:《公共服务供给机制创新:一个新的分析框架》,《学术月刊》2009 年第 12 期。

郁建兴、高翔:《浙江省“最多跑一次”改革的基本经验与未来》,《浙江社会科学》2018 年第 2 期。

郁建兴:《中国地方治理的过去、现在与未来》,《治理研究》2018 年第 1 期。

原珂、许亚敏、刘凤:《英美社区基金会的发展及启示》,《社会主义研究》2016 年第 6 期。

张静:《基层政权:乡村制度诸问题》,上海人民出版社 2006 年版。

张开云、张兴杰、李倩:《地方政府公共服务供给能力:影响因素与实现路径》,《中国行政管理》2010 年第 1 期。

张岚:《基于公民需求导向的公共服务》,《中共杭州市委党校学报》2010 年第 1 期。

张立荣、李军超、樊慧玲:《基于收入差别的农村公共服务需求偏好与满意度研究》,《中国行政管理》2011 年第 10 期。

张菀洺:《政府公共服务供给效率的经济学分析》,《数量经济技术经济研究》2008 年第 6 期。

张品:《"获得感"的理论内涵与当代价值》,《河南理工大学学报》(社会科学版)2016 年第 4 期。

张玉、王淼:《公共管理研究的方法论新探——论结构方程模型在公共管理研究中的效用及其边界》,《中国行政管理》2008 年第 6 期。

赵新峰、王洛忠:《地方公共文化服务现状探析——基于河北省 A 市的实证研究》,《中国行政管理》2013 年第 5 期。

赵勇、张浩、吴玉玲:《面向智慧城市建设的居民公共服务需求研究——以河北省石家庄市为例》,《地理科学进展》2015 年第 4 期。

赵子建:《公共服务供给方式研究述评》,《中共天津市委党校学报》2009 年第 1 期。

郑风田、陈思宇:《获得感是社会发展最优衡量标准——兼评其与幸福感、包容性发展的区别与联系》,《人民论坛·学术前沿》2017 年第 2 期。

郑功成:《加快社会保障改革 提升社会治理水平》,《社会治理》2015 年第 1 期。

周红云:《全民共建共享的社会治理格局:理论基础与概念框架》,《经济社会体制比较》2016 年第 2 期。

周红云:《从社会管理走向社会治理:概念、逻辑、原则与路径》,《团结》2014 年第 1 期。

周晓丽、毛寿龙:《论我国公共文化服务及其模式选择》,《江苏社会科学》2008 年第 1 期。

周雪光：《项目制：一个“控制权”理论视角》，《开放时代》2015年第2期。

朱光磊：《现代政府理论》，高等教育出版社2011年版。

邹凯、马葛生：《社区服务公众满意度测评研究》，《中国软科学》2009年第3期。

Akinboade O A, Mokwena M P & Kinfack E C (2014). Protesting for Improved Public Service Delivery in South Africa's Sedibeng District. *Social Indicators Research*, 119 (1): 1 – 23.

Flumian M, Coe A & Kernaghan K (2007). Transforming service to Canadians: The Service Canada model. *International Review of Administrative Sciences*, 73 (4): 557 – 568.

Fornell C, Johnson M D & Anderson E W, et al (1996). The American Customer Satisfaction Index: Nature, Purpose, and Findings. *Journal of Marketing*, 60 (4): 7 – 18.

Gallet W & O'Flynn J & Dickinson H, et al (2015). The Promises and Pitfalls of Prime Provider Models in Service Delivery: The Next Phase of Reform in Australia? . *Australian Journal of Public Administration*, 74 (2): 239 – 248.

Johnson Norman (1987). The Welfare State in Transition: The Theory and Practice of Welfare Pluralism. *British Journal of Sociology*, 40 (1): 150.

Bollen K. A. & Scott Long J (1993). Testing Structural Equation Models. BMS: Bulletin of Sociological Methodology, 69 (39): 66 – 67.

Kelly G. , Mulgan G. & S. Muers (2002). Creating Public Value: An Analytical Framework for Public Service Reform. London: Strategy Unit, Cabinet Office.

Li Z, Hou J & Lu L, et al (2012). On residents' satisfaction with community health services after health care system reform in Shanghai, China, 2011. Bmc Public Health, 12 (S1): S9.

Moore & M. H (2014). Public Value Accounting: Establishing the Philosophical Basis. *International Journal of Public Administration Review*, 74 (4): 465 – 477.

Moore & M. H (1995). Creating public Value: Strategic Management in Government. Cambridge, MA: Harvard University Press.

Osborne S P, Radnor Z & Strokosch K (2016). Co – Production and the Co – Creation of Value in Public Services: A suitable case for treatment? . *Public Management Review*, 18 (5): 639 – 653.

Rose R (1986). Common Goals But Different Roles: The State's Contribution to the Welfare Mix. Oxford: Oxford University Press.

Sims B, Hooper M & Peterson S A (2002) Determinants of citizens' attitudes toward police: Results of the Harrisburg Citizen Survey – 1999. *Policing An International Journal of Police Strategies & Management*, 25 (3): 457 – 471.

Tsai L L (2011). Friends or Foes? Nonstate Public Goods Providers and Local State Authorities in Nondemocratic and Transitional Systems. *Studies in Comparative International Development*, 46 (1): 46 – 49.

Vorwaller D J (1967). Community Organization: Theory, Principles, and Practice, by Murray G. Ross; B. W. Lappin. *Social Service Review*, (2): 284 – 285.

Wenene M T, Steen T & Rutgers M R (2015). Civil servants' perspectives on the role of citizens in public service delivery in Uganda. *International Review of Administrative Sciences*. 82 (1).

后　记

撰写本书，起源于国家社会科学基金项目“政府购买服务视角下慈善事业与社会救助衔接模式研究”，在此过程中，我们加深了对政社合作、社会组织参与基层社会治理等的认识。随着研究的深入，我们深感慈善组织通过积极主动地参与社会救助，提升了社会治理的水平，也推动了社会治理精细化。在研究过程中，我们撰写了几篇案例，被收录到中国专业学位教学案例中心公共管理案例库。之后，本课题组又承担了天津市教委人文社会科学重大项目，“推进社会治理精细化与提升基层公共服务水平研究”，这一课题引导我们从社会治理精细化的视角观察公共服务供给与居民获得感。正是基于过去几年中对社会治理的观察和思考，促使我们动手写这样一本书，对已有的思路进行总结和提升。

全书的总体思路和框架结构由何兰萍、傅利平确定，之后在书稿会上进行了反复讨论。本书是团队合作的结果，具体任务分工如下：前言，傅利平；第一章，何兰萍；第二章，贾才毛加、梁莹；第三章，周西蓓、李雪、高珺；第四章，滕涛、罗月丰；第五章，党子芳、施康；第六章，刘凤、何兰萍。此外，许凯渤参与了第四章的思路构建；王玉辉在数据分析方面给予了帮助；王晟昱校对了部分文字，更新了一些统计数据。初稿完成后，何兰萍、罗月丰负责全书的统稿。

在书稿撰写过程中，主要成员忙于“京津居民家庭结构和生命历程调查”，以及其他急迫工作，因此书稿耽搁较久。中国社会科学出版社的责任编辑张林老师，十分耐心地跟踪我们的进度。此书得以出版，十分感谢中国社会科学出版社和责任编辑张林老师。

最后，对于本书中可能的错误和疏漏，恳请读者批评指正。

何兰萍　傅利平

天津大学卫津路校区

2018 年 6 月